ENTREPRENEUR THEORY
AND
ENTREPRENEURSHIP MANAGEMENT

企业家理论与创业管理

左文进 等◎编著

上海财经大学出版社

图书在版编目(CIP)数据

企业家理论与创业管理 / 左文进等编著. -- 上海：上海财经大学出版社, 2025.1. -- ISBN 978-7-5642-4478-1

Ⅰ.F273.1;F272

中国国家版本馆 CIP 数据核字第 20248WQ276 号

本书由上海财经大学浙江学院发展基金资助出版

□ 责任编辑　杨　闯
□ 封面设计　张克瑶

企业家理论与创业管理

左文进 等　编著

上海财经大学出版社出版发行
（上海市中山北一路 369 号　邮编 200083）
网　　址:http://www.sufep.com
电子邮箱:webmaster@sufep.com
全国新华书店经销
上海叶大印务发展有限公司印刷装订
2025 年 1 月第 1 版　2025 年 1 月第 1 次印刷

710mm×1000mm　1/16　15.75 印张(插页:2)　256 千字
定价：49.80 元

编委会成员

顾　问　贺小刚

主　编　左文进　叶君红

副主编　傅怀谷　王玉惠　包欣宜　祁　芮

参编人员
　　方　菲　闻传震　刘玉婕　杨中奥　肖琳琬
　　周　怡　王睿骁　陈　敏　徐　婷　王梦磊

前 言

企业家理论是一个古老而年轻的学科。说它古老，是因为"企业家"的概念最早由理查德·康替龙于18世纪30年代提出，比被誉为西方经济学圣经的《国富论》的首次出版早了约半个世纪，可见企业家理论的源远流长。说它年轻，是因为企业家理论不是传统经济学的主流，自熊彼特创新经济学创立后，企业家理论的发展才开始受到众多学者的关注，我国高校也是近年才开始专门开设企业家理论课程。本人连续承担本科生企业家理论课程的教学工作，其中最大的困难在于没有合适的教材。组织编撰企业家理论课程教材既是我们教学工作的现实需求，也包含了我们为创业教育贡献绵薄之力的殷切期望。随着创新创业实践的发展，特别是近年来我国政府对创业教育的重视，企业家理论及其创业实践日益受到社会各界的关注。因此，企业家理论与创业管理的紧密联系具有特殊的时代意义。

基于以上思考，我们将本书命名为《企业家理论与创业管理》。本书共十章内容：前五章围绕企业家理论的历史沿革展开，基于经济学发展视角将企业家理论分为传统经济学的企业家理论和现代经济学的企业家理论，基于我国企业家理论应用视角将其分为新中国成立前的企业家理论与实践、中国当代企业家理论与实践和外国当代企业家理论与实践，力求全面阐述企业家理论的内涵和外延；后五章围绕企业家理论应用视角下的创业管理展开，基于企业家精神本质进行阐述，主要涵盖创业环境、创业规划、创业融资和创业组织管理等主题。每章均编写相关案例及问题，同时在部分章节结合相关内容列举案例。

本书由左文进教授担任主编，承担大纲拟订、书稿审定和部分章节的编写工作，叶君红老师协助开展了相关工作。贺小刚教授担任顾问，为本书编写提供咨询意见。五名担任创业管理相关课程教学的年轻教师承担了教材编写工作，他们或毕业于国内名校，或拥有海外留学经历，具有宽广的知识视野和良好的理论基础。

各章及其编写负责人分别为:第一章傅怀谷、第二章包欣宜、第三章王玉惠、第四章叶君红、第五章祁芮、第六章王玉惠、第七章傅怀谷、第八章祁芮、第九章包欣宜、第十章叶君红。此外,方菲、闻传震、杨中奥、周怡、王睿骁、徐婷、肖琳琬、刘玉婕、陈敏和王梦磊等参与了资料收集和案例编写工作。

在编写本书的过程中,我们参考了大量文献资料并在正文及参考文献部分进行了相应标注,在此向各位作者表示诚挚的感谢!本书得到了上海财经大学浙江学院发展基金项目(编号:2022FZJJ06)资助。由于作者水平有限,本书存在许多错漏和不足,如有任何问题和建议,请发邮件至 zuowenjin@shufe-zj.edu.cn。

左文进
2024 年 3 月 1 日

目 录
Contents

第一章　传统经济学的企业家理论　1
- 第一节　传统经济学视野中的企业　2
- 第二节　企业家与"企业家"概念的发展　10
- 第三节　代表性的企业家理论观点　13

第二章　现代经济学的企业家理论　22
- 第一节　奥地利经济学派企业理论概述　23
- 第二节　熊彼特企业家理论的主要观点　29
- 第三节　企业家理论对经济增长的解释和贡献　34

第三章　新中国成立前的企业家理论与实践　38
- 第一节　先秦时期的企业家思想　40
- 第二节　唐宋时期的企业家思想　44
- 第三节　明清时期的企业家实践　49
- 第四节　晚清及民国时期的企业家理论与实践　53

第四章　当代中国企业家理论与实践　58
- 第一节　改革开放与民营企业家　61
- 第二节　国有企业改革与企业家理论　68
- 第三节　新时代企业家理论及实践　76

第四节 港台企业家理论及实践 80

第五章 当代外国企业家理论与实践 89
第一节 欧美企业家理论与实践 92
第二节 日韩企业家理论与实践 98
第三节 其他国家企业家理论与实践 104

第六章 企业家精神的本质 110
第一节 企业家的目标 114
第二节 企业家的特性 120
第三节 企业家的职业发展 126

第七章 企业环境分析与评价 131
第一节 创业环境分析 132
第二节 创业市场调查 139
第三节 创业机会识别 153
第四节 创业机会评价 157

第八章 创业规划 162
第一节 创业规划概述 174
第二节 创业计划书的主要内容 176
第三节 创业计划书的撰写实例 181

第九章 创业融资管理 182
第一节 创业融资概述 183
第二节 创业企业成长及融资需求 191
第三节 创业融资方式的选择 195

第十章　创业团队管理 203
　　第一节　创业团队的特质　205
　　第二节　创业团队组织的影响因素　208
　　第三节　创业团队管理的实施　216

附录 220

参考文献 237

第一章

传统经济学的企业家理论

导入案例

陶华碧的创业启示

陶华碧,这位"老干妈"辣椒酱的创始人,最初只是一个普通的山村妇人。不识字的她靠着省吃俭用积攒下的微薄资金,在贵阳市南明区龙洞堡的一条街道上开了一家小餐馆,专卖凉粉凉面。虽然收入微薄,但善良的她总是为住在她家附近学校的几个孩子免费提供食物,因此赢得了"干妈"的亲切称呼。为了提升餐馆的生意,她特别制作了辣椒酱,生意日渐兴隆。一天,陶华碧无暇制作辣椒酱,一个顾客得知后立刻转身离去,这一举动深深触动了她,让她看到了辣椒酱背后的巨大商机。于是,她全心投入辣椒酱的研制当中。经过数年的调试,辣椒酱的口感愈发美妙,甚至有许多顾客专门前来购买。随着时间的推移,陶华碧发现辣椒酱的销量已经超过了店里的凉粉凉面,她观察到当地10多家辣酱粉面店几乎每张桌上都有她的辣椒酱。因此,她毅然决定关掉餐馆,开办一家食品加工厂,专门生产"老干妈"辣椒酱。最初,"老干妈"在国内市场的销量并不理想,但陶华碧并不气馁,她积极在各类食品店和餐馆中推广,最终成功打开了市场。很快,全国各地的经销商纷纷主动联系她,寻求合作机会。

纵观陶华碧的创业历程,"老干妈"的成功模式其实是传统创业模式的典范。尽管看似门槛低、技术含量不高,但"老干妈"的成功离不开陶华碧敏锐的市场洞察力和持续的产品创新。简而言之,陶华碧的成功创业可以归结为"天时地利人和"。具体而言,"天时"是指"老干妈"推出之际,国内其他地区的人们开始逐渐喜欢辣味;"地利"是指贵州地区盛产优质的辣椒,为"老干妈"提供了丰富的原料;"人和"是指陶华碧本人,无论员工还是邻居,她都真诚待人。

创新的本质是将资本、人力资源、土地、技术等重新组合。创新是企业持续发展和进步的动力源泉,也是塑造企业核心竞争力的关键。尽管人们往往将创新、创造和发明混为一谈,但它们各具独特的定义和内涵。发明主要是通过改进或结合现有产品来创造全新的产品,从而推动技术进步,然而并非所有发明都能得到实际应用。创造则是将两个或更多的概念或事物巧妙地结合起来,生成具有接受度的新事物,以实现某种特定目标。创新则更注重将新产品、新方法引入经济体系中,为企业带来独特的竞争优势。创新与发明、创造的区别在于,创新需要在商业环境中具备可行性,而发明、创造只需在实验条件下证明其可行性。对于创业而言,关键在于如何将各种创新元素巧妙地融合在一起,以最高效的方式将创新成果转化为实际的商业价值。

资料来源:编者根据相关资料整理

思考题:
1. 纵观陶华碧的创业史,你认为企业家精神的内涵有哪些?
2. 查找资料,结合本章学习内容归纳陶华碧企业家精神的内涵。

第一节 传统经济学视野中的企业

一、企业的概念

无论是古典经济学还是新古典经济学,都没有专门针对企业理论进行深入的研究。马克思主义经济学主要以资本主义经济活动为研究对象,通过全面探究资本的本质和运行方式,揭示了剩余价值的创造、分配和再生产过程。尽管新古典主义经济学对微观经济学理论进行了系统阐述,却未能构建出完整且系统的企业理论。无论是局部均衡理论还是一般均衡理论,研究的焦点都集中于价格在供求关系中的均衡作用,而企业则被简化为追求"利润最大化"的组织。这种研究逻辑将商业活动视为一个"黑盒子",未能深入探讨企业内部的复杂性和多样性。以美国企业理论家德姆塞茨为例,他认为尽管新古典主义经济学没有直接探讨"企业组织",但其理论中已经隐含了"简单商业模式"的观念。据美国哈佛大学商学院商业史学家艾尔雷德·D.钱德勒所述,现代美国企业在19世纪40年代前几乎不存在,但到了1917年,大部分美国企业都已建立起现代机构。1933年,贝利和米恩斯发表的《现代企业与私有财产》一文通过大量的数据和案例,深入剖析了企业产权逐渐分散、控制权高度集中以及企业制度结构发生本质变化的原因。贝利和米恩斯认为,19世纪早期美国的大部分制造业主要由古典企业构成,然而到了19世纪30年代,"94%以上的制造业已转为股份企业经营"。由于古典企业的组织架构相对简单,西方经济理论往往将其视为追求利润的厂商,而未对其经济行为进行深入研究。马克思主义经济学则主要关注揭示资本的本质,忽视了对一般企业本质与制度的探讨。然而,现代企业已经发生了翻天覆地的变化,其规模庞大、组织结构复杂,经营机制和制度也发生了根本性的变革。

科斯在1937年发表了《企业的性质》这篇经典论文,以全新的概念和理论揭示了企业的本质并探讨了企业的边界。贝利、米恩斯和科斯的研究为企业理论开创了先河。其中,科斯的《企业的性质》一文成为主要论据。虽然这篇论文在1937年发表在《经济学季刊》第四期时并未引起太大反响,但随着越来越多的经济学家开始研究家庭经济以及其他非营利性非市场组织,学术界开始认识到"交易成本"在经济活动中的重要作用。20世纪70年代以来,受科斯理论的影响和推动,企业理论得到了新的发展。众多学者在所有权、交易成本、合同、代理、控制权、剩余索取权、资源唯一性、可塑性、道德风险等方面取得了丰富的成果,充分证明了企业学说作为一种新的微观经济理论的发展潜力。

经济学家对企业的定义众说纷纭。科斯认为,企业是一种经济组织,通过权威的行政管理而非价格机制来影响资源的分配;詹森、麦克林等则视企业为"人与人之间契约关系的纽带";阿尔钦和德姆塞茨将企业界定为团体的生产组织;张五常则直接将企业看作与商品市场相对应的要素市场;而潘罗斯则将企业视为"资源的集合体,通过行政框架的协调和限制来界定边界"。经济学家们对企业的广泛研究为我们全面理解企业打下了坚实的基础。综合已有的研究成果,我们将企业定义为:一个团队型的经济组织,通过契约将多种生产要素结合在一起,并通过权威的协调和管理来实现市场交易。

二、企业存在的特征

为了更好地理解企业的本质,必须从企业存在的角度来分析企业的特性。本书参考国内外相关研究成果,归纳出以下企业的基本特征。

(一)企业是一个经济组织

每一家企业都是一个独特的经济组织,由多个以获取经济利益为共同目标的个体要素有机结合而成。这些个体要素包括资金、技术、人力等,它们共同协作,形成强大的团队生产力。而单独从事经济活动的个人,由于缺乏组织的协同性和整体性,不能称之为企业。与政府、学校、研究所等追求非经济利益的组织相比,企业的目标更加明确和集中,即以经济效益为核心。因此,企业的运营状况和各个要素的质量直接影响企业的经济效益和整体竞争力。各要素所有者之间的紧密协作和默契配合,是实现企业高效生产的关键。

(二)企业活动依靠权威组织的管理和协调

独一无二的商业模式是企业在市场竞争中脱颖而出的关键。企业和市场是组织经济的两个重要空间。企业管理者通过利用自身的资源和权利,引导和调节各个生产要素的参与,以实现更高效的生产力。而市场的变化则更多地依赖于自我调节。企业通过统一、权威的协调方式,将众多员工团结在一起,共同努力,最大限度地利用各自的分工和合作,达到更优的生产效果。为了确保协同经营的效率,企业内部采取了分级的组织架构。根据企业规模和业务性质,企业的组织架构可分为几个层次。随着知识经济和信息经济的不断发展,现代企业的组织架构呈现出扁平化和低层级的特点,但企业的组织层次特征并未完全消失。科斯的企业根源理论强调了企业和市场的层级组织特性。经过几十年的发展演变,企业的组织架构形态更加多元化,但企业的层级特性仍然存在,这也是企业组织架构的一个重要特征。

（三）以市场交易为目标

德姆塞茨明确指出，企业是一种为他人（包括自然人与法人）提供专业化生产的组织。作为专业化的生产组织，企业内部分工明确，为市场提供商品，满足社会需求。与那些完全"自我满足"的生产者或生产性团体不同，企业的生产或提供的商品和劳务是以市场为导向，以买卖为目的。例如，家庭生产或计划经济时期的农村生产小组、公社等，虽然也是生产组织，但并不能被称为企业，因为它们的产品主要是为了满足自身的需求，而非面向市场。企业的经济利益取决于市场交易的顺利进行，然而市场的不断变化使得企业的经营活动充满了不确定性。为了保持自身的生存和发展，企业必须密切关注市场的变化，并适时进行调整和应对。

（四）企业依靠契约维系各生产要素之间的关系

企业通过契约将各种生产要素组合成一个专业化的生产组织。这些契约是企业与外界关系得以维持的制度安排，因此没有契约，企业就无法进行生产。由此可见，企业实质上是一组契约的组合。同时，需要注意的是，由于企业独特的经济行为和组织形式，它与普通的市场契约存在显著差异。首先，与一般市场契约所规定的具体经济利益和行为权利不同，企业生产要素间的契约往往涉及许多具有不确定性的经济权利和行为。例如，企业管理者会根据企业的实际情况对员工的工作进行安排和指挥，资本所有者的年收益取决于企业的经济效益和管理层的经济决策。其次，普通契约的缔结者之间地位平等，但在企业契约中，参与者的地位却是不同的，存在等级差异。企业内部按照法律程序和行政级别划分管理层次，形成命令与服从的等级关系。因此，尽管从表面上看，生产要素所有者与市场中的交易者似乎没有什么区别，但他们所签订的契约的内容和权利关系却大相径庭。契约不仅是维持企业存在和经营活动的必要条件，还是企业最显著的特点。

为了深入理解企业的本质，我们需要全面考察企业的各种特征。简单地将企业定义为"契约的联结体"可能会忽视企业与市场的差异，将企业契约与一般契约等同对待。然而，任何单一的描述都无法全面反映企业的本质。马克思在《资本论》中对资本主义企业的概括是，"在同一时间、同一空间（或同一劳动场所），由同样的资本家指导生产同样的产品"，这一论述从历史上和逻辑上揭示了资本主义生产的起源。对于大型企业和跨国企业而言,尽管其生产要素可能分布在不同的国家或地区,但都集中在具有协调管理职能的层级结构中。综上所述,企业的特点可以概括为:契约联结、权威控制、商品生产和团队组织。

三、企业产生的原因

随着市场的飞速发展,竞争愈发激烈。城市市场的崛起是市场进步的一大飞跃,这场竞争直接影响生产者的生存与发展。在市场发展的飞跃阶段,生产者,尤其是同一商品的生产者,通过对比各自的生产成本,寻求降低成本的方法,以获得竞争优势。否则,他们将面临亏损甚至被市场淘汰的风险。在竞争压力和追求低成本、高效率的驱动下,生产者开始改进生产组织形式,采用了基于分工的企业生产方式。企业产生的原因主要有3个:生产效率提高,生产成本降低以及交易成本节省。这些共同推动了企业的诞生和发展。

(一)生产效率提高

通过劳动组合生产,人们可以实现简单的劳动力聚集,从而提高工作效率和扩大生产规模。多人共同劳动,可以激发人们的竞争意识,提高个体的生产效率。同时,大量的工人可以接受繁重的工作任务或订单生产,获得规模优势。许多生产部门常常需要应对紧急情况,在短时间内完成一定数量的紧急任务。例如,农业生产受季节影响较大,必须在短时间内收获成熟的农作物,集中生产可以避免因自然因素(如恶劣天气)造成的损失。在工业领域,紧急订单也会频繁出现,按时完成订单生产对企业的生存和发展至关重要。因此,"能否在短时间内取得成果,取决于工人的数量",这也突显了劳动组合生产的优势和必要性。

企业作为分工协作的专业化生产团队,其效能远超个体劳动的简单总和,展现出集体劳动的强大优势。亚当·斯密在1776年出版的《国富论》中以一家针织厂为例,详细描绘了18道工序的劳动分工。他强调,若每个工人独立工作,"当然无法完成他们现在所能完成的工作"。恰当的分工使得各种操作有机结合,生产效率得到显著提高。生产效率提高的原因主要有以下3个方面。首先,分工明确且行动协调。在企业内部,工人在权威的管理下协同工作,每个人按照比较优势原则进行分工协作,极大提高了个体的生产效率。同时,统一的管理避免了工人间的摩擦,使得工作协调效率更高。其次,分工能够提高个人的学习效率和组织内的劳动技能。相较于过去,现在每个工人的生产时间更短,生产任务更为简单,这使得他们更容易快速掌握和熟练操作生产技术。熟能生巧,技能的提高使工人能够完成更多的工作。此外,在同一工作场所,工人们可以互相学习和交流,进一步提高学习效率。最后,劳动分工有助于创造和创新生产工具。随着分工和专业化的发展,劳动工具必然走向分化和专业化。分工将生产过程分解为简单的操作,使每个工人的操作变得更为简易,这为机器的发明创造了有利条件,推动了劳动工具的改进和完善。

(二)生产成本节约

正如前文所述,分工协作可以节省生产时间和固定资本。首先,通过分工协作,多人联合作业具有连续性、多面性等特点,工人可以在分工状态下同时在不同空间进行作业,从而节省了更换工具的时间,提高了工作效率,缩短了整个产品的生产过程。其次,分工协作还可以节约固定资本。许多人集中在同一空间进行劳动,使得厂房和土地得到更加充分的利用。同时,集中劳动也可以最大限度地利用照明设备和生产工具,减少了资源的浪费。因此,分工协作不仅可以提高工作效率,还可以降低成本,为企业创造更大的经济效益。

(三)交易成本节省

将许多劳动者集结在一家企业内部,可以避免不必要的交易环节,从而优化生产流程。以往需要依赖市场交易才能进行的生产活动,现在可以在企业内部自行完成,省却了中间的交易环节。以一家布匹生产商为例,以往它需要在市场上采购棉纱,将生产出的布料通过市场销售给印染商,然后再进行后续生产。然而,如果它成立一家涵盖棉纱、织布和印染等工序的花布厂,那么就没有必要再进行棉纱和布匹的外部采购,因为这些交易已经在企业内部完成。这种做法不仅可以省去一系列交易费用,包括寻找交易员、广告宣传、价格谈判、合同签订和违约罚款等,还能提高生产效率,进一步降低成本,增强企业的竞争力。

总之,提高生产效率和节约交易成本是企业诞生的最大直接动因。企业的出现,实际上是市场经济和劳动分工发展到一定阶段的必然产物。随着市场经济的不断发展和深化,劳动分工越来越细致,生产效率得到极大提高。同时,企业通过内部组织管理和生产流程优化,能够更有效地节约交易成本,提高整体经济效益。因此,企业的存在和发展是市场经济和劳动分工进步的必然趋势,也是推动社会经济持续发展的重要力量。

四、企业形态的演变

(一)早期企业

人类社会从自给自足的阶段发展到物质交换的阶段后,又经历了工业革命的洗礼,其间个体手工业成为主要的生产形式。手工业和个体生产是人类区别于动物的重要标志,亦可被视为人类社会历史的开端。从旧石器时代的原始社会到封建社会,无论个体劳动还是家庭劳动,均以满足自身需求为宗旨。在原始社会到封建社会的演进过程中,分工合作已初现端倪。在原始社会,不同性别的群体分别从事狩猎、农业活动,但此阶段的分工合作并非以交易和收益为主导,而是为了避免个体能力的局限,通过协作满足日常的物质需求。进入奴隶社会和封建社会后,众多手工作坊如雨后春笋般涌现,如封建社会的官窑、官办绣坊等。同时,这些手工作坊也孕育了企业的雏形。

随着工业革命的风起云涌,劳动生产率得到前所未有的提升,机械劳动逐渐替代传统的手工业劳动成为新的生产方式。机械资本的出现,对社会生产方式产生了颠覆性的影响。生产性机器的广泛应用,使得工厂开始大规模雇佣工人,生产规模得以迅速扩大,生产过程愈发集中化,生产效率也得到极大的提高。在封建社会特殊的社会结构下,早期的企业所有者同时扮演生产者和管理者的角色,两者并未分离。此外,手工业作坊大多沿袭"学徒制",导致企业规模扩张速度相对缓慢,形成了企业内部的"小而全"生产模式。

随着资产阶级政治地位的提高和大量自由民的出现,企业所有者开始用金钱换取劳动力,雇佣制应运而生。企业所有者的目标转向追求利润,并能自由地组合生产力,为社会提供商品。资本结构的变革,使得旧的生产方式逐渐退出历史舞台,新的生产模式(即工场式组织模式)崭露头角。工场式组织的出现进一步细化了分工,大幅提高了生产力和生产效率,推动社会生产向商品化方向迈进。马克思在《资本论》中指出:"工场与手工业是完全不同的分工形式,它存在于16世纪中叶至18世纪末。从自给自足的个体(家庭)手工业到工场的生产组织形式,分工更为明确,生产效率迅速提高。自此,现代企业的概念开始形成。"

(二)近代企业

随着社会制度的演变和现代科技的出现,一种"工厂"式的企业形式应运而生。这种企业形式起源于1914年,美国汽车制造商福特汽车便是其中的佼佼者。随着机械化程度的不断提升,劳动生产率突飞猛进,社会分工也随之变革,企业生产规模逐步拓展。因此,生产经营等活动愈发错综复杂,资本所有者不再从事具体的生产性活动,而是在企业中扮演管理者的角色,实现了从企业所有者到管理者的身份转变。分工的扩大虽然提高了生产效率,但也相应增加了管理难度,因而在企业内部催生了一个新阶层——管理层。企业形式的转变使得企业与外部经济主体间的联系愈发紧密,互补性愈发增强。分工和专业化程度带来的经济性促使早期企业的"小而全"模式向近代企业的"开放式"模式转变,企业内部生产和外部经营的双重体系发生了翻天覆地的变化。

(三)现代企业

现代企业组织形式最显著的特征是层级制度的出现,企业内部形成了由高层管理者和中层管理者构成的管理层。美国哈佛大学商学院著名商业史学家艾尔弗雷德·D. 钱德勒在其著作《看得见的手——美国企业的管理革命》中指出:"现代企业是大规模生产和销售的结合体,企业内部自发形成的层级管理制度相较于市场机制带来的管理模式更具效率,企业生产力得到提高,因此层级制度为企业的长远发展提供了动力。"这一时期,超大规模企业涌现,对经济结构产生了深远影响。同时,有限责任制度的建立使企业从"所有者企业"演变为"经理人员企业",企业所有者的管理职责被职业经理人接替。现代企业拥有先进的技术、生产方式、细致的劳动分工和健全的协作体系。企业生产活动与外部的联系更加紧密,发展出经济联合体、企业集团等组织形式。现代企业在产权结构上呈现多元化,企业资本和经营权相互分离。现代企业的组织结构进一步提高了生产力,推动了劳动分工。

（四）后现代企业

20世纪70年代以来，第三次技术革命席卷全球，深刻改变了人们的生产和生活方式，引领人类进入了信息化、网络化、全球化、知识化的新时代。在这一背景下，以信息技术为先导，以生命科技、新材料、新能源等为发展动力的后现代企业模式应运而生。后现代企业的产权模式与现代企业存在显著差异，经营者与普通职员共享企业剩余股份，从而打破了所有者、经营者、普通职员之间的界限。同时，后现代企业的组织结构更加扁平化，形成了多中心的内部结构。这一变革调整了企业内部各项权利的分配，知识成为"权力话语"的主体。在知识社会的背景下，企业成为文化创新的主体。此外，后现代企业在企业组织和市场之间构建了一种虚拟的组织或联盟，旨在提高企业发展速度和应对不确定的能力，为企业发展注入了新的活力。

通过对企业存在形式变化的深入研究，我们可以清晰地看到，企业形式与社会环境、技术进步以及制度演进之间存在着紧密而复杂的联系。尽管企业形式随着时代的变迁不断演变，但其作为企业基本属性的本质并未发生根本性改变。新古典经济学、新制度经济学、马克思主义经济学、演化经济学等经济学说均围绕企业的性质进行了深入的理论探索。通过对这些企业本质理论的整理和介绍，我们对企业理论的发展历程有了更为准确的理解，从而有助于深入地把握企业本质所体现的内容。这种理解不仅有助于我们认识企业的历史和现状，还可以为企业未来的发展提供理论指导。

第二节　企业家与"企业家"概念的发展

一、企业家的历史发展

理论源于实践，企业家们在社会实践中不断积累经验，为企业家基础理论的发展提供了丰富的素材和案例。企业家群体所独有的精神特质和品质素质，随着企业家角色在社会历史的发展与演变中不断完善与丰富，为企业家理论的深化提供了有力的支撑。"企业家"这个概念源于企业家历史的演进，与现代市场经济的发展密切相关。在现代市场经济条件下,企业是经济活动最基础的组织,而企业家则是为企业服务的,其作用在于推动企业价值的成长与发展。通过对企业家历史发展历程的研究,我们可以发现,企业家历史的发展与西方经济发展历程紧密相连。

第一代企业家出现在15至19世纪的现代企业阶段,他们勇于承担风险,具有发掘市场潜力的能力,为资本主义的创立和发展作出了重要贡献。第二代企业家则是垄断资本主义时期的资本家型企业家,他们独占资源,拥有强大的垄断能力,推动了企业的合并和扩张。第一代和第二代企业家同时拥有企业的所有权和经营权。

随着企业规模的不断扩大和经营范围的广泛化,第三代企业家应运而生。他们是20世纪中叶以后企业(法人)资本主义时代的职业经理人,具备专业的经营管理能力,能够全面管理和协调企业的生产和经营。这一时期,职业经理人(即职业企业家)的出现,使得企业的所有权与经营权高度分离,为企业的发展注入了新的活力。

第四代企业家则融合了知识经济时代的创业者和当代职业企业家的特点。他们掌握了现代商业、科技、工业、金融等领域的管理知识与技能,能够承担企业经营与科技创新引发的风险,促进知识与技术的发展。以苹果公司创始人史蒂夫·乔布斯为代表的第四代企业家,对世界经济格局产生了巨大影响,证明了他们在知识创新和技术创新方面的价值。

二、企业家概念的发展

(一)企业家概念的历史演进

16世纪初,法语中出现了"entrepreneur"(企业家)一词,最初被用来描述带领军队进行探险或殖民的冒险者。随着时间的推移,"entrepreneur"的涵义逐渐扩大,被用来形容各种进行冒险活动的人。到了18世纪中期,法国作家贝利多尔将"entrepreneur"定义为"用不确定的价钱购买劳工和材料,并按合约价格销售商品的人",强调了企业家在经营活动中的风险和不确定性。理查德·康替龙是第一个提出企业家概念的法国经济学家,他在《商业性质概论》一书中,将企业家界定为一个风险承担者。这一理念随后在英国得到了穆勒的大力推广,成为当时广为流行的经济思想。

随着时间的推移,企业家概念在经济学科中逐渐取得了重要地位,其涵义也扩展到了社会学、管理学、文化学、心理学等多个领域。不同的学科对"企业家"的界定有不同的描述,甚至在经济学界内部也存在多种观点和解释。在不同的时代背景下,人们对企业家内涵的认识也存在差异。

企业家理论的研究经历了古典经济学、新古典主义经济学、现代企业理论等多个阶段,涉及交易成本、代理理论等多种理论。学者们从能力、精神、心理、身份等多个角度对企业家进行定义,也有从功能角度进行定义的。然而,截至目前,还没有形成一个完整的理论体系。这说明,企业家是一个多维度、多层次的概念,我们不能仅从单一的角度来认识它。

因此,本书对企业家概念的发展历史进行了深入研究,以期对其进行全面的认识和理解。通过研究,我们可以更好地理解企业家的角色和功能,了解他们在推动经济发展和社会进步中的重要作用。

(二)企业家概念的界定

学者们从多个角度对企业家概念进行了定义,包括创新能力、风险承担能力、精神素质等。在创新能力和精神素质方面,熊彼特的创新理论认为企业家是"创造性的破坏者",还揭示了企业家精神的本质即"经济创新精神"。这种定义虽然存在一定的缺陷和局限,但是对于描绘和剖析企业家具有重要意义。

在风险承担能力方面,学者们的意见并不一致。德鲁克认为,所有经济活动的参与者都将面临一定的风险,企业家在企业经营过程中需要承担与其权力大小相当的风险。同时,承担风险还能够激发企业家的积极性和创造力。创新是企业家与其他企业管理者的根本区别,虽然创新成果并不一定具有风险,但是企业家在创新过程中却经常伴随着风险。因此,承担风险是企业家进行创新活动的基本要求。如果企业家不愿意承担风险,只追求自我价值的最大化,那么其创新活动就可能失去约束,引发伦理和道德危机,进而损害社会的利益。

基于以往相关研究成果,本书从企业家的内部特征和外在联系角度出发,认为企业家是企业经营中拥有强大创新能力、愿意承担风险,并最终获得经营收益的人。企业家是企业人格的象征,是企业最高层面的经营者和管理者。他们不仅拥有创新和承担风险的双重角色,还是整体的权责和利益的统一体。张维迎在《企业的企业家——契约理论》一书中对企业家的界定,正是基于对"责任""权力"与"利益"的统一认识。他强调,企业家是承担经营风险、从事经营管理并取得经营收入的人格代表,是责权利的统一体。

理解"企业家"这一概念,需要掌握企业家带动创新和承担风险的功能之间的联系,将他们看作是责权利的整合体;同时,也要认识到企业家是一个不断变化的群体,在企业发展过程中展现出持续的学习和创新能力;此外,还要将企业家看作能够将内部私有资源与外部制度安排相结合的群体,是企业人格的化身。只有这样,我们才能全面、深入地理解"企业家"这一概念的内涵和外延。

第三节 代表性的企业家理论观点

一、古典经济学阶段的企业家理论

康替龙在《商业性质概论》一书中首次确认了企业家的特质,并将企业家概念引入商业领域。这一举动为后来的学者们提供了研究企业家理论的基础。随后,不同学派的学者们从不同角度对企业家相关理论进行了深入研究,并提出了各自独特的观点。在古典经济学阶段,对企业家的研究主要集中在探讨其职能和作用方面,这些研究为企业家理论的发展奠定了基础。

(一)重农主义经济学派的企业家理论

弗朗斯瓦·魁奈等重农主义经济学家继承并发扬了康替龙的企业家理论。他们将企业家视为单纯的经理,不再强调企业家承担风险的职责。而波多则在魁奈和康替龙的理论的基础上进一步提出,企业家需要承担成本、风险并享用利润,最终的经营目的都是获取自身的收益。杜尔哥对企业家的定义则更为明确,他认为企业家是为了积聚财产而进行创业、产品交易并愿意承担风险的富裕创业者或生意人。这些经济学家的观点不断丰富和发展了企业家理论的内涵和外延。

(二)萨伊的企业家理论

法国经济学家萨伊最早赋予了企业家突出的重要性。他在《政治经济学概论》

一书中深入分析了企业家概念的内涵,包括企业家职能和企业家精神。他认为企业家是经济行动者,能够将所有生产方式整合在一起,预测产品需求和制造方法,找到客户并解决困难,协调生产要素和生产环节。企业家是生产过程的中心,是劳动、资本和土地等生产要素的协调者和管理者。穆勒在萨伊之后推广了这一理念,使其在英国得到普及。而马克思则认为企业家是"资本的人格化身",即企业家是资本的持有者和代表,体现了资本的利益和要求。

二、新古典经济学阶段的企业家理论综述

新古典经济学研究侧重于企业家的特质,即企业家的性质,其代表人物包括马歇尔、熊彼特和柯兹纳,他们从不同角度对企业家的性质进行了深入剖析。马歇尔强调了企业家的组织和协调能力,熊彼特突出了企业家的创新精神和冒险精神,柯兹纳则强调了企业家的市场敏锐度和判断力。这些经济学家的研究为我们更全面地理解企业家的性质和角色提供了重要的理论基础。

(一)马歇尔的企业家理论

英国"剑桥学派"的创始人马歇尔是 19 世纪末 20 世纪初最著名的经济学家之一。在其著作《经济学原理》中,马歇尔对企业家概念进行了深入的探讨和论述。他继承了康替龙等前辈的理论,对企业家的角色和性质进行了更为详细和精确的阐述。马歇尔认为,企业家是商业活动中的核心人物,他们承担风险、管理企业、制定计划并监督执行。企业家既是经营者,又是中间人和商人,他们的本质是劳动者。同时,马歇尔还注意到企业家之间的差异,将他们分为"引用先进的企业方法"的创新者和"墨守成规"的传统者,这一分类为企业家理论的研究提供了新的思路。

马歇尔深入探讨了企业家的能力和素质要求。他认为一个好的企业家需要具备多种才能,包括对自己所处行业的深入了解、预测生产和消费变化的能力、承担风险的勇气、熟悉工业生产所需的原材料和设备等。在这些素质中,马歇尔强调技术素质的主导地位,同时也注重道德素质的培养。他指出,企业家需要具备创新能力,通过引进新技术降低生产成本,同时还需要具备理智的判断能力,以作出明智的决策。此外,企业家作为一个领导者,需要具备领导才能,这样才可以完成分内之事。

马歇尔认为,培养一名企业家需要先天条件和后天因素相结合。先天条件包括物质条件、就业机会和途径等,而后天因素则包括家庭教育、学校教育、工业培训等。这些因素的综合作用,有助于培养出具备企业家素质的人才。

马歇尔关于企业家理论的论述,强调了企业家的多重角色和职能,包括风险承担、经营管理与创新等。他的理论对于后世企业家理论的研究产生了深远的影响,为企业家的培养和发展提供了重要的指导。

(二)熊彼特的企业家理论

美籍奥地利经济学家熊彼特在《经济发展理论》一书中提出了著名的创新理论,对西方经济学界产生了深远影响。他的研究范围涵盖了利润、资本、信贷、利息和经济周期等多个领域,通过对"循环流转"的静态分析和对资本主义动态发展的探讨,揭示了企业家和创新在经济发展中的重要作用。熊彼特认为,企业家是实现创新的关键人物,他们通过引入新的生产要素组合和推动技术创新,促进了资本主义的发展。他将这些具有创新精神的企业家称为"创新企业家",并总结了他们的5个特点。熊彼特的论述既是对理论的探讨,也是对历史发展过程的总结,为后来的经济学研究提供了重要的思路和指导。

1. 企业家的本质是创新

熊彼特认为,创新是一种将前所未有的"新组合"引入生产系统的生产功能。具体来说,创新可以表现为以下几种情况:开发新产品或新特性,更新生产方法,拓展新市场,获取或控制原材料或半制成品的供应来源以及构建新的工业组织。这些创新形式可以推动经济发展和技术进步,提高企业的竞争力和适应能力,促进社会的持续进步和发展。

熊彼特认为,"创新"并非单纯的技术概念,而是与技术发明有所区别的经济概念。创新是将现有的技术创新引入经济组织,从而创造出新的经济能力。他将实现新组合的行为称为"企业",将实现新组合的人称为"企业家"。这个定义下的企业家,其内涵和外延比我们原来认为的要更为广泛,原因在于,企业家不仅包括在经济交换过程中通常被称为"独立的"商人,还包括在经济交换过程中有着同样职能的所有人,即使他们只是一家企业的雇员,如经理、董事会成员等。因为创新是一种新的组合,所以企业家并不一定要永远地和某个企业联系在一起。许多"金融家""发起人"等,并不总是和特定的厂商有联系,但他们仍然可以被称为企业家。然而,熊彼特所说的企业家不同于传统意义上的企业家,它不包括所有厂商的头头、经理和实业家,只包括那些真正实现了"新组合"的人。此外,熊彼特还指出,企业家不能算是一种职业,因为它并没有形成一种特殊的阶级。他说:"一旦他建立了自己的事业,也就是当他像其他人一样安顿下来经营自己的生意时,他就失去了这个资格。"因此,很少有人一生都能成为企业家,企业家的作用本身就无法继承。

2. 企业家是推动经济发展的主体

熊彼特认为,经济在没有创新的情况下只能维持平衡状态,即"循环流转",单纯的数量增长并不会引发经济发展的质变。只有在面对新问题时,才需要领导者,也就是企业家出现,以通过创新打破这种循环,推动经济结构发生革命性的变化。熊彼特强调,企业家的功能是带头创新,通过"创造性地破坏"经济循环的惯性轨道,促进经济的内部变革。同时,创新还会引发模仿,打破垄断,进而引发大规模投资,促进经济繁荣。整个经济体系将经历繁荣、衰退、萧条和复苏四个阶段的循环。这一理论为我们理解经济发展的动力和机制提供了重要的思路。

3. 创新的主动力来自企业家精神

熊彼特强调,企业家从事"创造性的破坏"工作,其动机并不仅出于经济利益的追求,而是源自"个人实现"的心理需求。熊彼特将这种需求称为"企业家精神"。企业家精神体现在企业家对创造自己的商业帝国的渴望,他们希望通过创新和创造,实现个人价值,建立起自己的商业王国。同时,企业家对胜利有着强烈的渴望,他们追求成功并不仅仅是为了经济收益,更是为了证明自己的能力和价值。在创新的过程中,企业家享受创造的乐趣,通过发挥个人的能力和智慧,获得满足感和成就感。此外,企业家还需要具备坚强的意志,面对困难和挑战时能够逆流而上,坚持不懈地将新的构思和创造转化为现实的可能性。企业家精神是推动经济发展的重要动力,为企业家提供了源源不断的创新活力。

4. 成功的创新取决于企业家的素质

熊彼特认为,企业家要进行"创造性的破坏"面临诸多阻碍。首先,由于缺乏信息,很多创新活动都是基于未知因素,这使得企业家难以预测和控制创新的成果。其次,社会环境对创新活动存在着各种阻力,如法律、政治方面的限制,其他团体对创新的抵触以及寻找协作和客户的困难等。为了克服这些阻碍,熊彼特认为企业家必须从观念上入手,改变传统的思维方式,推动创新的发展。此外,企业家还需要具备一些特定的能力以应对创新过程中的挑战。首先,企业家需要具备预见能力,能够敏锐地洞察市场趋势和潜在利润,从而作出正确的决策。其次,企业家需要具备组织能力,能够有效整合和利用社会资源,创造新的生产元素。最后,企业家还需要具备说服力,能够说服他人接受并实施自己的创新方案,以获得必要的支持和帮助。

值得注意的是,熊彼特认为企业家并不会冒险,因为他们可以从资本市场上获得所需的资本,而资本的所有者则承担了外部风险。因此,企业家在进行创新活动时,必须善于利用资本市场的支持,以推动经济的发展和进步。

5. 信用制度是企业家实现创新的经济条件

创新来自经济体系内部"新组合"的运用。银行作为资本的提供者,通过发放贷款,将资金传递给企业家,为他们提供必要的创新条件。资本不仅是一种用于创造"新组合"和向新方向转移生产的杠杆和控制手段,而且还是将企业家与商品世界连接在一起的桥梁。熊彼特特别强调了信用的作用,他所指的信用,是一种付款方式,是专门为企业家创新而创造的货币资本。信用允许个人在一定程度上摆脱对继承财产的依赖,独立行事。因此,信用在创新过程中扮演着重要角色,是新组合中最重要的组成部分之一。随着资本主义社会的发展,资本市场的运作逐步完善,可以为创新活动提供保障。创新是国家的灵魂,是推动国家繁荣和发展的动力源泉。

企业家是创新的推动者和组织者,熊彼特的创新创业研究为我们提供了有益的启示。在社会主义初级阶段,经济增长是社会快速发展的基础,而企业家数量的多少则是一个地区经济发展的重要指标。因此,我们需要培养更多具有国际影响力的企业家团队,为社会创造更多的财富。企业家需要具备创新精神,摆脱对现实和传统的依赖,勇于超越传统思想,以宽广的视野看待问题、处理问题、赢得胜利。同时,企业家需要不断进行"创造性的破坏",更新经营模式,使企业在市场上立于不败之地。企业家还应具有敏锐的洞察力,能够预测市场的潜在收益,有效调动和组织社会资源,促进企业的发展。因此,我们需要重视企业家的作用,为他们提供更多的支持和帮助,以推动社会的快速发展。

（三）柯兹纳的企业家理论

柯兹纳在马歇尔理论的基础上，以市场结构为切入点，从企业家作为市场中间商的角度，探讨了企业家在市场运作中的作用。他认为，企业家的最大贡献在于能够发现市场中的获利机会，从而促进市场结构的发展和完善。柯兹纳的创业理论强调了投入与产出之间的不平衡，但并没有将企业简单地看作一种资源的聚集，也没有忽视资本运营中的风险。相反，他对市场过程、竞争和创业这3个相互关联的层面进行了全面梳理和分析，推动了奥地利经济学派经济理论的发展。他将市场视为一个不断发展的过程，而企业家则是市场结构的中枢，扮演着重要角色。通过深入探讨企业家作为市场中间商的基本功能，柯兹纳对奥地利经济学派的企业家理论进行了进一步的丰富和发展。

1. 市场过程理论

奥地利经济学派的经济学家视市场过程为一系列系统、协调的计划修正，企业家在市场过程中起着关键作用。柯兹纳重申了这一观点，强调市场是企业家发现共同利益、通过交换获取利润的过程。他认为，企业家的市场活动有助于促使市场经济系统趋向平衡。然而，由于市场条件的不断变化，这种平衡往往难以维持，现实中很难存在完美的均衡状态。柯兹纳指出，共同的知识在任何时候都存在漏洞，而市场过程则被理解为一种系统性的力量，这种力量在企业家的警觉下被激发，倾向于减少相互之间的无知程度。虽然均衡从未完全实现，但市场确实展现出强烈的趋向均衡的倾向性。这是柯兹纳对奥地利经济学派市场过程理论的重要贡献之一。

柯兹纳继承了米塞斯的人类行为观念，强调人类不仅要进行计算，还要时刻保持对机会的关注。市场是资源所有者、生产者和消费者之间相互作用的场所，由于信息不完备，不同参与者之间的交易往往会出现不协调的情况。企业家通过套利和投机来修正这些错误，从而消除不协调并获取利润。虽然可以雇佣他人来从事"警觉"的工作，但这些被雇佣者仍需接受上级企业家的指导和命令。柯兹纳认为，新古典主义经济学的均衡理论无法真实地描述现实世界，因为它无法解释人们是如何发现并抓住机会的。在市场运作的过程中，总是存在着难以察觉的盈利机会，而企业家则倾向于发现和把握这些机会，从而纠正不平衡状态下的无知，推动市场进程趋向均衡。企业家的行为成为市场均衡的一种工具,他们将市场均衡理论转化为市场过程理论,为市场经济的发展提供了重要的理论指导。

2. 企业家发现理论

柯兹纳认为,企业家的核心特征是能对机遇保持高度的警觉。他强调,企业家并非创新思想的源泉,而是专注于寻找和利用已存在但尚未被注意到的机会。企业家的主要作用是套利,通过低价买入和高价卖出获取利润。在寻找获利机会的过程中,企业家不自觉地推动市场趋向均衡。柯兹纳所指的"企业家",是一种功能而非特定的个人。他认为,在经济活动中,无论哪一类经济主体作出决策,都或多或少地发挥着企业家的作用。劳动、资本和企业家在经济活动中同样重要,它们的作用分别是获得报酬、利息和利润。企业家通过警觉地发现和利用市场不平衡所带来的机会,克服市场的无知,从而获取利润。这种警觉性使企业家能够独立地把握机遇,并更准确地预测未来的前景。企业家的创业能力包括计算能力、发现能力和预见能力,这些能力共同构成了企业家独特的素质和优势。

企业家的知识,包括如何获取信息和其他资源以及如何利用它们,往往是神秘而抽象的。企业家的行为是一种对机会的敏锐捕捉,这些机会无法提前预知,无法从他人那里租借或雇佣,也不可能对其进行投资。虽然我们不能确切地知道企业家是如何获得独特的远见的,但我们知道这种远见来源于对利润的追求。对机会的警觉性取决于利润的诱惑以及及时发现它的能力。企业家敏锐地发现尚未被发现的机会,通过套利活动赚取利润。他们寻找新的产品并抢占市场,通过低价购买原料并高价销售产品来获取更多的利益。企业家警觉性的回报就是市场带来的收益,他们的收入来自潜在利润的分享。利润可以激励企业家的警觉性,促使他们克服自己的无知,作出明智而有创造性的选择。企业家精神的培养,需要合理的制度安排,而自由市场经济能够提供这种制度安排。只有在自由市场经济的环境中,企业家精神才能得到充分的发展和体现。

三、新自由主义阶段的企业家理论

新自由主义经济学对企业家理论的研究主要在企业家的角色和行为方面。一些学者认为,企业家的行为受到组织环境的影响,并有权选择适合自己的组织形式。另一些学者则从制度经济学的角度探讨企业家理论,关注企业家在制度安排和市场环境中的行为和决策。这些研究为我们更全面地理解企业家的作用和行为提供了有益的启示。

（一）卡森的企业家理论

卡森基于企业家市场均衡模型对企业家的角色和功能进行了深入研究。他从主观性、内生性偏好和有限理性三个基本假设出发，在"供给—需求"的框架下构建了企业家的"市场均衡模式"。卡森的研究方向与以往企业家的理论研究方向有所不同，他更注重企业家的判断和决策行为。柯兹纳企业家"中间商"角色的套利行为可以被视为卡森企业家"判断性决策者"决策行为中的一种模型。然而，这种研究方向导致卡森在某种程度上忽视了企业家的"生产性质"，而过分关注了其"交易性质"。这样的偏向可能会对企业家理论的全面理解造成一定的限制。

（二）科斯的企业家理论

科斯认为，企业家是企业制度形成的关键力量。在《企业的性质》一文中，科斯从降低交易费用的视角出发，阐述了企业家在企业体系构建中所扮演的重要角色。科斯认为，企业家通过控制生产所需的生产要素，能够以低于市场价的价格完成相同的业务，从而形成了"企业"的概念。同时，科斯也探讨了企业边界的存在和概念，他认为企业边界实际上是企业家的边界，企业家在降低交易成本方面起着至关重要的作用。然而，企业家有限的理性边界会对这一作用产生一定的限制，科斯的理论为我们理解企业家在企业制度形成和发展中的作用提供了有益的启示。

（三）诺斯的企业家理论

美国新经济史学家诺斯认为，企业家和他们的组织会对价格比率的变化作出直接反应，重新配置资源以获取更大的利益，并通过改变规则或规则的实施来间接地估计成本和收益。在制度转变的过程中，企业家的职能是利用自己的才能和智慧，通过组织创新和变革，推动制度框架的改进和发展。诺斯强调，大部分的制度变化是渐进的，长期的制度变革是由企业家所作出的短期决策积累而成的。企业家的决策和行动对制度的演变和经济发展具有重要影响，他们通过创新和变革推动着社会的进步和发展。

（四）阿尔钦和德姆赛茨的企业家理论

阿尔钦和德姆塞茨的企业家理论将研究焦点从市场的交易费用转向了企业内部组织的分析，把企业视为一个集体的生产模式。他们认为，在集体生产中，个人的边际贡献难以准确区分和观测，因此需要有一个特定的成员来监督其他成员的工作，以确保生产效率。为了保证监督者的积极性，他们必须获得额外的利益。然而，该理论的一个重大缺陷是，它将企业家的角色仅仅局限于"监督"，而忽略了经营决策才是企业家最重要的职能。事实上，企业家需要承担更为广泛的职能，包括创新、资源配置、风险承担等，这些职能对于企业的成功和经济发展至关重要。

（五）彭罗斯的企业家理论

彭罗斯从企业的组织视角出发，深入研究了企业家对企业的影响。彭罗斯认为企业家在促进市场与企业的合作中扮演着关键角色且具备预测未来变化和挖掘潜在生产机会的能力。企业家能够利用企业未开发的资源和潜在技术，推动企业不断扩张和发展。同时，企业家应该主动承担风险，而非被动应对。彭罗斯对企业家在企业生产活动和交易活动中所扮演的角色进行了深入探讨，为企业家内在规定性研究作出了重要贡献，也为我们更好地理解企业家的作用和价值提供了有益的启示。

第二章

现代经济学的企业家理论

导入案例

《人民日报》新论：企业家当勇担社会责任

2020年7月21日，习近平总书记在京主持召开企业家座谈会时指出："企业既有经济责任、法律责任，也有社会责任、道德责任。"企业质量和生命力是一个经济体竞争力的微观基础，企业家才能及企业家精神是影响企业成长的重要因素。勇于承担社会责任，是企业家精神的重要内容。

改革开放以来，我国逐步建立并不断完善了社会主义市场经济体制，市场体系不断发展，各类市场主体蓬勃生长。其间，一大批有胆识、勇创新的企业家茁壮成长，形成了具有时代特征、民族特色、世界水准的企业家队伍。企业家精神在创新驱动、机遇识别、风险承担、决策协调等方面起到了举足轻重的作用，有利于企业稳步增长，助推经济高质量发展。

近年来，越来越多的企业家在创造就业机会、促进地方经济发展的同时，积极投身公益事业。应该看到，企业家在经济发展、环境保护、诚信经营、社区服务、创造就业、员工成长、公益慈善等方面勇担公共责任，有力推动了我国经济社会健康可持续发展。

与此同时，承担社会责任也是企业孕育机会、推动创新和创造竞争优势的重要来源。世界银行和中国国家统计局曾对中国的工业企业进行过一次调查，样本包括12个城市的1 268家企业。我们对调查数据进行深入研究后发现，企业承担社会责任能够显著增加企业的社会资本，有助于推动企业可持续发展。可以说，只有切实履行社会责任的企业和企业家才是符合时代要求的企业和企业家，也才能真正得到社会的认可。

由此不难理解，一家热心慈善公益的企业更有可能树立良好的公众形象；一个对消费者负责的企业，更有可能赢得客户与市场；一个诚实守信、保护环境的企业，更容易得到政府、投资方以及消费者的支持。对企业家而言，企业承担社会责任意味着收获更好的经营环境和更多的资源支持，这是长远"投资"。

当前，在贸易保护主义上升、世界经济低迷、全球市场萎缩的外部环境下，有必要营造有利于企业家施展才能的环境，进一步激活和发挥企业家精神，推动我国经济可持续发展。要充分发挥政府倡导、政策支持和行业协会的作用，积极引导并增强企业家承担社会责任的意识。企业家自身也要充分认识到，承担社会责任对建立友善外部环境、树立良好品牌声誉、赢得消费者信心的重要性。集中力量办好自己的事，坚定弘扬企业家精神，广大企业家就能奋发有为，共克时艰，推动企业实现更大发展，为中国经济航船行稳致远作出新的贡献。

资料来源：中国人民大学国家发展与战略研究室研究员．企业家当勇担社会责任（新记）[N]．人民日报，2020－8－6．

思考题：

1. 企业家精神对企业成长有怎样的影响？
2. 企业家通过哪些其他因素间接地对企业成长产生影响？

第一节　奥地利经济学派企业理论概述

奥地利经济学派作为西方经济学的重要流派，对近代市场经济的发展作出了巨大贡献。奥地利经济学派的创业思想已经逐渐融入企业经营。该学派强调市场竞争、创新和企业家精神的重要性，认为自由市场的竞争能够促进经济增长和社会福利的提升。这一思想也与近代企业学说的发展相呼应，证明了奥地利经济学派的理论具有延续性和发展潜力。该学派的理论对我国社会主义市场经济的发展具有重要的启示作用。近代奥地利企业学说的产生,既是对企业发展历程的深入思考,也是对传统企业理论的反思。在奥地利经济学派的理论研究中,企业家理论是其重要组成部分。该学派深入剖析了企业家活动对经济社会发展的巨大影响,并为企业家精神在经济增长中的作用提供了有力的解释和贡献。其代表性人物如托尼、福斯、卡里尔、伊阿尼德斯、基尔兹纳和索特等,在个人主义、主观主义、人类行为和市场非均衡等方法的指导下,对近代奥地利企业学说进行了完善和发展。

一、基于人类行为理论的企业研究

(一)企业的本质是一种协调制度

哈耶克认为,经济问题的根源在于不确定性,因此人们需要通过协作来了解市场进程中其他参与者的行动所传递的信息。然而,在人类主动干预周围环境的情况下,个体的预期可能会出现错误和偏差,从而产生新的经济问题。舒茨指出,如果市场中的参与者无法使用现有技术处理新问题,那么过去的正确性将不再适用。因此,参与者的计划、预期、行为和知识的协调性可能会失效。为了实现目标,需要加强与市场主体的互动和沟通。企业的兴起可以为创业者创造一个沟通的氛围,创业者需要一个共同的沟通空间来分享探索和创新的典型行动模式。在这种模式下,思想的冲突、竞争、期望、差异和知识的分配可以并存。总的来说,企业是一个以协同合作为基础的系统,其通过互动和沟通来解决经济问题,促进创新和发展。

(二)企业的边界在于资本组合效果

拉赫曼认为,资金具有异质性、多重专用性和利益倾向性三大特征,这些特征使得资金的配置变得至关重要。然而,由于资金的多样性和专用性,创业者必须花费大量时间和精力选择最优投资,从而确保资金的质量以满足需求。有研究将企业视为一种资金集合体,其资金组合与生产计划、知识和预期密切相关。由于知识的有限性、个体的有限理性和不确定性,资金的最佳配置可能会变成次优投资。因此,随着企业的生产计划和资金结构的改变,企业的边际也会发生变化,从而导致企业的产生和消亡。这些观点强调了资金配置的重要性和企业家在其中的角色,为我们更深入地理解企业家的作用和企业的本质提供了有益的启示。

（三）企业的成长通过降低协调成本而实现

企业的发展过程包含了创业者寻找盈利机遇的努力，这其中涉及资金的重新配置和积累。随着资金复杂程度的提高，资本产品的投资结构也变得日益复杂。这暴露了资金的缺点——导致企业在经营活动中出现非平衡状态，进而引发经营失衡。因此，类似熊彼特倡导的创新难以被全体员工所理解，其可能导致企业内部混乱。在这种情况下，创业者需要对其他成员进行解释并调整他们的行为，这需要付出协同费用。企业的资金结构越复杂，垂直整合程度越高，协同费用也越高，整合的难度也越大。近代奥地利经济学派认为，企业的本质是一种协同机制，其边界由资产的作用决定，旨在降低协同费用以促进企业的发展。与西方主流企业治理模式相比，奥地利经济学派更注重企业内部治理的影响。近代奥地利学者运用人性学说弥补了企业管理中的不足，同时这种方法也可以用于研究企业家决策、企业竞争、企业的产生与消亡、失业和经济周期等问题。

二、基于知识理论的企业研究

（一）从哈耶克到当代学者的探索

作为早期奥地利经济学派知识理论的奠基人，哈耶克认为"知识"具有分散性、主观性和意会性等特点。近代奥地利经济学派进一步发展了这一思想，并运用它探索了企业的存在、边界、治理机制和企业的力量。奥德里斯科和里佐认为，知识具有经验性、意会性和惊奇性等特征。杜尔贝科和加鲁斯特将企业视为一个由动态知识主导的经济组织。诺特博姆从个人主义和集体主义方法论的互动角度，探讨了分散知识与企业信任的交互关系。斯卡贝克认为，警觉或捕捉局部知识是建立企业的重要前提。沃茨运用奥地利理论，研究了市场中不同知识的套利行为。这些学者的研究为我们提供了深入理解知识在企业发展和经济运行中的重要作用的理论基础。

在现代奥地利经济学派看来，分散知识，即哈耶克所提出的"分立的个人知识"，与企业权威之间存在矛盾。这个矛盾主要体现在：为何企业的决策不是由拥有分散知识的员工分散进行,而是通过科层制的集中决策方式来进行。科斯较早对权威问题进行了探讨,而西蒙则对"权利"进行了明确的界定,他认为"权利"就是员工让上级作出选择的权利。福斯在科斯和西蒙的分析基础上,给出了两种权利的定义:第一类权利是雇主所掌握的,能使他们获取和过滤相关信息,从而指导员工行为的权利;第二类权利则是上级所拥有的,能让他们根据期望获取和过滤相关信息,以充分了解最有效代理的判断力和限制的权利。然而,这两种情况仍然存在知识和权利分离的冲突,其表现为当权者可能不了解企业员工的潜在行为,或者他们的决策能力高于受托人。

怎样才能克服分散知识和权利的冲突?在现代企业中,奖励和应急协作对于解决分散知识与企业权威之间的矛盾具有重要作用。福斯认为,由于员工的工作表现难以被完全发现和监控,企业老板需要运用多种奖励手段来影响员工的行为。这些奖励手段在单独使用时可能会产生消极效果,但在配合使用时却能发挥积极作用。分散知识对企业的权威、边界和各种协作方式产生了深刻的影响,因此福斯提出了应急协作的理念。在分散信息的背景下,人们需要迅速进行协作以应对各种挑战。

(二)基于企业动力学的分析

企业是一种自发且与市场不同的秩序,它以市场为基础并建立在市场之上。约尼德斯完全摒弃了传统的均衡分析方法,从序贯的角度描绘了企业的动力学过程。他设定了 A、B、C 三种其他代理人和企业代理人 D,以及需要满足的三个条件。这些条件包括:企业代理人 D 确保其他代理人 A、B、C 的持续参与并支付 A、B、C 参与费用,企业代理人 D 协调其他代理人的行为以实现组织目标,企业代理人 D 的经营目标需要得到市场的认可。约尼德斯的观点强调了企业的自发性和市场秩序的重要性,并展现了其对企业动力学过程的独特理解。

第一,为保证其他代理人 A、B、C 继续参与组织并支付参与费用,企业代理人 D 需要采取一些措施——提供租金。这个租金是一种主观性的概念,与每个代理人所期望的主观机遇的回报紧密相关。因此,维持一个生产组织的经营,关键并不在于某个具体人员的持续投入,而在于服务供应的连续性。这意味着,为了确保企业的稳定运营和发展,企业代理人 D 需要注重服务供应的可靠性和持续性,而不是过分依赖某个特定的人员。这种观点强调了企业运营过程中服务供应的重要性，也提醒我们在人员流动和变化的情况下，应保持组织的稳定性和连续性。

第二，企业代理人 D 协调其他代理人行为的原因体现在以下两个方面。首先，只有在这样的协作下，其他代理人 A、B、C 所提供的各种资源才能构成一个组织，从而实现企业的目标。其次，企业代理人 D 需要吸收企业各部分在制造过程中获取的信息，并运用这些信息对原始产品进行改进和创新，以达到自己的目标。这种协调和信息吸收的过程，使得和谐的内涵具有了一种动态的特点。也就是说，企业代理人 D 需要不断地调整和优化各方的行为和资源，以适应不断变化的市场需求和组织目标。同时，企业代理人 D 也需要不断地获取新的信息来改进产品和服务，以保持企业的竞争力和创新性。

第三，企业代理人 D 的经营目标应该得到市场的认可，即他们生产的商品需要得到客户的接受和满意。这个过程被称为"市场测试"，是非常成熟且必要的。

以上提到的三个条件都是必要条件，且相互关联相互影响。这种观点强调了创业发现的角色，并以哈耶克的次序学说为依据，认为企业是一系列相互关联的过程，企业的发展是一种自发且有目的的组合。近代奥地利经济学派以卡里尔、伊阿尼德斯等人为代表，他们认为组织和结构是不同的次序，企业是一种自发的、以市场为基础、与市场有所区别的市场规则，企业的发展被视为一种自发性与目的性相符合的进化过程。与卡里尔等人不同的是，西方的主流企业学说则将企业看作一个替代市场的存在，企业的实质在于权威。然而，近代奥地利经济学派采用非均衡的分析方法，以次序理论为基础，构建了一套与现实更加适应的企业动力学模型。

三、基于市场过程理论的企业研究

早期奥地利经济学派的市场过程理论由熊彼特、哈耶克、米塞斯、拉赫曼等人创建，他们视市场为一个动态的过程，其中的个体在面对无法预测的变化时，会通过相互影响感知市场趋势。近代奥地利经济学派继承了这一早期的市场过程理论，并在此基础上对新古典主义和奥地利主义的企业学说进行了比较，强调了竞争作为一个新的发现过程的重要性。泰勒·柯文指出，经济学家对创业的追求类似于哲学家对美的本质的探索，各有其优缺点。霍尔科姆则认为，创业可以为企业带来更多的利润，同时也是推动经济发展的引擎。萨勒诺根据奥地利经济学派的米塞斯、哈耶克、罗斯巴德等人的生产理论,证明了真实的市场中存在真实的创业。科恩和索贝尔多夫将创业视为促进经济发展的推动力,同时也指出,在发达国家与地区中,没有产出的创业是导致经济停滞和欠发达地区衰退的主要原因。

(一)市场不平衡与企业的出现

在不同的情境下,不同的市场主体会对其他市场主体产生不同程度的认知,从而获取更多的收益和知识。索泰在不均衡的环境下,探讨了企业的生存和边界问题。他指出,企业面临着两方面的盲目性,即对外部市场和自身认知的不足,这导致了哈耶克的知识问题。索泰将企业视为一种基本的协作机构,如果企业尚处于建立前的规划阶段,就不存在科斯所说的交易费用。此外,在缺乏均衡的环境下,由于认知的不足和哈耶克知识问题的存在,金融机构无法节约交易费用,这说明即使在没有交易费用的经济体中也存在完全的无知。索泰将企业视为一种非定价的合作,由企业家领导,通过协调企业内部各生产要素和成员之间的认知和行动,以达到共同的目标。这种方式不仅可以降低企业的盲目性,还可以减少外部市场参与者对他人项目的无知,从而使企业在竞争中生存并获得盈利。索泰将企业视为一个整体,尽管企业与市场在本质上存在差异,但其经营和运作仍然在市场中进行,生产要素的获取和销售都依赖于市场。因此,企业实质上是一种市场化的行为。企业内部成员具有共同的目标,其经营活动又必须通过企业家进行协调和引导,因而形成了一种不同于市场的"特征"。

(二)企业家精神与企业发展

柯兹纳将创业视为一种具有创造力的人类活动,它"是一种引入新的资源、新的技术或新的方法来满足需求的过程"。他的创业思想具有以下4个主要特征:首先,创业收益源于创业者的警觉;其次,从投机中获利的可能性等同于从生意中获利的可能性;再次,创业者能够敏锐地察觉并把握利润,通过企业间的知识协作,促使经济从不平衡发展为平衡;最后,创业者获得的收益源于他们所创造的收益。约尼德斯基于柯兹纳的创业学说,对企业起源问题进行了重新探讨。他认为,首先,创业是创业者行为的产物;其次,企业的发展源于内在的创业和与之相伴的创业探索;最后,企业的诞生取决于一项主观准则,即这样的配置应以企业中每个成员为基础，而非由其拥有的资源决定。约尼德斯还将企业家精神分为外在创业和内在创业两大类。在企业中，外在的创业行为体现在对潜在市场利益的探寻，而内在的创业则体现在统一企业内每个人的行为。虽然企业的内在创业并不能阻止其内部的创业活动，但作为一个协同机构，企业的创业活动可以与企业的共同目标——外在创业——共存。为了实现这一目标，必须在企业内部建立与企业权力命令相区别的制度设置。因此，企业中的所有人都有权从事创业活动，而企业作为一个保持稳固的机构，其生存要求内在和外在创业并存。以柯兹纳、索特、约尼德斯等人为代表的奥地利经济学派认为，尽管市场过程中存在平衡，但并不意味着市场必然会处于平衡状态，营销过程中也存在不确定性风险，在参与者偏好、资源和技术等外部因素不断变化的情况下，常常会出现更多的差错。相较于西方主流的企业管理思想，奥地利经济学派更加注重对企业动力和不平衡状态的研究，特别是对企业在市场经济过程中创业能力的关注。

第二节　熊彼特企业家理论的主要观点

1911年，熊彼特出版了《经济发展理论》一书。在这本书中，熊彼特构建了一般均衡经济体和循环流转模型。在循环流转的起点，他引入了企业家这个概念，将企业家视为打破循环路径的领导者。企业家心怀憧憬，具备能力和权威，能够改变生产过程中现有的知识结构和固定行为模式的惰性以及常规性。通过企业家的努力，经济体能够实现经济进步，并表现在生产新的或质量更好的产品、采用新的生产方式、开辟新的市场、极大改变人们的经济活动、发现新的可供利用的资源以及产业结构的重新布局等方面。熊彼特的理论强调了企业家在经济发展中的重要作用，为后来的经济学研究提供了新的思路和视角。

一、熊彼特的企业家理论

（一）企业家的地位和作用

要了解企业家的地位和作用，首先需要了解企业家在经济学理论中的角色。企业家与市场之间存在着紧密的联系，但这种联系是否意味着内在的统一却存在争议。熊彼特认为,市场经济中的企业与市场之间存在着内在的关联,市场经济能够为所有人提供产品或服务,而市场所能提供的产品或服务的数量同时取决于所需的资源配置。企业是一个复杂的系统,企业家不仅要对企业自身的活动起主导作用,还可能是整个系统中最重要、地位最高、最具创造性和影响力的群体。熊彼特对企业家提出了三个重要的要求:创新、利益分享和责任承担。然而,实际生活中的例子表明,企业家给企业所带来的好处远不止于此,如地区间的优势互补、竞争协作以及新产品的出现等。熊彼特强调,企业家是推动市场机制出现及其作用发挥的关键前提条件,并建立了一种既能满足特定市场功能要求又能满足所有市场需求的激励制度。他指出,只有市场与企业两种机制共同发挥作用,才能使制度有效地发挥作用,从而实现经济的持续发展和繁荣。

(二)企业家与市场经济

熊彼特认为,企业和企业家在人类社会生活中扮演着不可或缺的角色。企业存在的根源在于它能够满足社会生活中最基本、最现实的需求。因此,在市场经济中,企业家发挥着重要作用,而市场作为调节经济活动的重要机制,其作用无可替代。我们不仅需要学习熊彼特关于市场配置资源这一经济学领域中最核心的理论观点——它是市场经济发展历程中不可或缺的重要组成部分,而且还需要学习熊彼特关于市场机制及其缺陷和原因的论述,了解市场机制在其他领域发挥的作用。熊彼特认为可以将私有产权和非私有产权(或市场机制)相结合,以克服这些缺陷。简而言之,他倡导将个人、企业、政府和国家等视为一个整体进行研究,而不是片面地强调某些个人或群体在经济生活中的重要地位。通过建立"国家—企业"和"社会"两个模型,我们可以更好地解决复杂市场经济中遇到的诸多问题和矛盾。

(三)企业制度与私人产权

企业制度是指在企业内部按照严格的组织形式来划分和配置资源,以确保企业活动的有序、高效和盈利的一系列安排。企业面对的这些资源主要包括企业所有者拥有的、具有无限创造利润的潜力的财产。企业的组织形式各异,包括公司制企业、家族企业、集团公司等。对于企业家而言,企业制度也被称为企业管理制度,是其运营和管理企业的基本框架。熊彼特将企业管理与国家制度紧密相连,认为国家制度是企业制度的基础和保障。他认为现代资本主义制度建立在私人权利和私人利益的基础之上,并强调现代资本主义国家的管理制度不仅包括法律制度,还涵盖政治制度、教育制度和其他相关配套制度。在美国,国会通过的《独立宣言》和《立国原则》为美国人民设定了为实现国家利益而共同努力的基本原则。在中国,自《宪法》颁布实施后,中国根据自身的国情和特色,建立了适合自身发展的企业形式和企业管理制度,以促进经济的繁荣和社会的稳定。

(四)企业家行为

企业家行为是指企业家通过建立一个有效的组织来实现其目标的行为。作为新的市场主体的管理者,企业家应该拥有一套符合社会需要、有助于经济增长和繁荣的工具,以在市场上成功实现其目标。企业家行为的有效性取决于他们对这些工具的使用情况和目标实现情况的认知程度。企业家应致力于实现以下两个目标:一是提高资源配置效率,二是提高经济效益和增加利润。在生产过程中,企业家会形成自己独特的认知,追求并遵守市场规则。企业家应根据市场变化和自身认知能力,在生产过程中制定出一套有效的规则。这些规则主要包括以下几个方面:制定合理、完善的生产经营计划;严格遵守产品规范和环境标准;通过成本估算和产品创新获得最大利润;对新产品或新技术开发进行投资以获取新的市场机会。企业家采取的这种对新的市场机会进行合理预期的行为,可以增加其投资收益,降低其投资风险和成本。

(五)法律与道德

熊彼特在他的著作《资本主义、社会主义与民主》的序言中,认为资本主义经济运行中存在的"道德和法律"问题是人类发展中最重要的问题之一。同时,他也认为在市场经济中,道德和法律发挥着重要作用。企业家在处理经济事务时,除了考虑产品质量、价格和数量等因素外,还必须考虑利润最大化、服务质量和创新等因素。熊彼特认为,为了确保市场有效运行,有必要通过法律来进行调整。但他也提醒人们应该建立自己的道德标准,因为法律并不能保证人们实现利益最大化,也不能确保人们过上更好的生活。法律应该在全体公民中产生约束力,而不仅是停留在道德层面,这样才能保证我们获得足够的好处。在商业活动中,道德变得尤为重要,除了要考虑利润之外,我们还需考虑道德成本和风险收益。这些风险在经济生活中共同构成了市场经济运行中的各种危险,并可能导致重大损失。因此,企业家在追求经济利益的同时,必须重视道德和法律的要求,以维护市场经济的稳定和可持续发展。

(六)个人或群体的经济地位及社会重要性

熊彼特认为,现代社会中的一切事物都离不开个人或群体的作用,每个人都应该依靠自己的聪明才智来获得报酬。对于整体而言,个人的重要性远大于群体。以家庭为例,孩子是家庭希望获得知识和发展潜力的最大动力,而作为家庭成员,他们也希望分享家庭的所有资产。同样,像企业这样的组织在经济生活中也扮演着重要角色。因此,所有社会成员,包括他们创造的社会财富,最终都会以个人或群体的形式呈现给大众。熊彼特主张将个人与群体作为一个整体进行研究,这种重视个人和群体的观点比完全忽视非市场因素更能解释问题。他主张在考虑环境和政府因素的情况下,人们应该更加依赖于个人而不是社会群体来解决生产中的各种问题。同时,他也强调国家应该发挥其作用,因为国家需要一批富有创新精神和远见卓识的领导者来维持秩序,以确保整个世界能够持续、健康地发展。因此,熊彼特提醒我们要注意市场与个人、国家和社会之间的关系,并通过建立"国家—企业"和"社会"两个模型来解决复杂市场经济中的诸多问题。只有将个人、企业、社会和国家视为一个整体进行研究,才能更好地理解和应对这些问题。

二、后熊彼特时代的企业家理论

(一)创新

作为一名企业家,除了承担风险和不确定性,创新也是其重要的职责之一。萨伊指出,企业家能够将经济资源从生产率较低和产量较小的领域转移到生产率较高和产量较大的领域,这种对要素的重新组合和利用不仅包括了简单的套利,还涉及生产方式的变革。打破原有的机制,增加或减少某些要素,这种行为本身就是一种创新。熊彼特在《经济发展理论》中提出了以创新为核心的企业家理论,强调企业家最重要的职能不仅仅是按照现有条件组织经营生产,更重要的是成为创新的主体，并不断在经济结构内部进行"革命性突变"，对旧的生产方式进行"创造性的毁灭"，以实现经济要素的新组合。这种创新不同于我们通常理解的发明创造活动，因为企业家的创新动力源于对利润的追求和竞争的压力，而非单纯的兴趣。他们采取一项创新并非因为这项活动本身有何意义，而是因为它能为自己赢得竞争、带来利润。在现实中，尽管发明家能找到改变生产函数、提高生产效率的方法，但相比之下，企业家在推进社会生产效率的过程中能起到更大、更重要的作用。因此，企业家的创新精神和实践能力对于经济的发展和社会的进步具有不可替代的作用。

（二）企业家

通过对经济的深入了解，我们可以得出，企业家是指通过承担风险和不确定性并进行创新来追求利润的人。只有具备了企业家精神的人才能算是真正的企业家，否则，即使他们创办或拥有了自己的企业，也至多是一个商人或企业主。企业家一般具备三个特征：对利润和经济发展前景的判断力、与他人合作的能力和谈判能力。这些特征使得企业家能够在较短时间内决定企业未来如何发展。这些特征也是熊彼特所认同的要素结构特征。因此，政府在企业家选择发展道路时并不应该成为核心要素。事实上，在熊彼特看来，政府具有过度管理经济、为发展提供的动力不足和经济效率低下等三大特征。因此，他主张政府要为社会提供更多的福利以激励企业创新，从而推动经济增长。

为了避免企业家成为"大企业所有者"而失去其作为企业中最重要的组成部分的意义，熊彼特提出了"不完美性"概念。所谓不完美性概念，是指生产过程中出现问题的概率高于其他产品研发过程的概率，这与企业家追求最优收益的目标相悖。然而，对于社会问题和风险来说，不完美性概念并没有绝对的意义，因为企业由于资源禀赋不同所面临的风险也有差异，但无论如何，风险和收益总是相匹配的。

（三）企业制度

熊彼特认为，企业的制度创新是为了解决生产中存在的问题而进行的制度变革。企业制度是为了达到社会效率最大化的目标而设计的制度体系，同时也是激发企业活力的一种机制。企业行为对企业内部各个要素产生影响，包括人员、资本、信息、资源和能力等。而企业组织作为具有多种功能的组织形式之一,熊彼特特别强调了其与企业行为之间的制约关系。他认为,企业制度在组织形态、决策流程、绩效评估、企业文化和激励机制等方面都发挥着重要作用。在一个组织中,存在着管理者与员工以及整个社会之间的制度约束关系,管理者通过授权来控制企业内部各个要素,同时员工发挥主人翁意识主动参与企业制度的建设。因此,企业制度的设计应以实现社会效率最大化为目标。

20世纪90年代,面对一系列复杂、深远的社会经济问题,如何处理私有产权及其衍生问题成为学界关注的重要问题。熊彼特认为,企业家参与重大决策的可能性取决于他的经济能力以及市场对经济增长的贡献。企业家可以创造社会财富,并且在此过程中在一定程度上会影响社会的整体经济活动。因此,熊彼特认为政府应降低对企业活动的干预度,避免过度干预。

(四)新自由主义

从经济学的角度来看,新自由主义具有一些独特的观点,但作为一种理论,它仍然存在着一些值得商榷的地方。熊彼特认为,新自由主义在本质上是一种"自下而上"型的行为经济学,它并不认为市场失灵或其他"外部"原因是经济活动失灵的原因。相反,新自由主义将经济人的本质解释为一种创造历史的力量,这种解释与企业家精神存在巨大差异。在熊彼特看来,企业家本质上是自由选择行为者,而不是政府或其他人的"市场外干预行为者"。他们应该承担一定的政府职责,但在现实中,经济活动中存在着"市场里无人可做"的现象。因此,熊彼特主张政府和自由市场都应该具有企业家精神。他认为,市场规则应该适用于所有行业并受到保护,政府不仅需要解决宏观政策如何界定市场主体(即要保护的对象)的问题,还应该制定相应措施保证自由贸易和良性竞争。总之,政府需要确保每个行业都有机会充分竞争而不被其他行业所排除,并制定保护市场主体的制度。这意味着企业家精神应该体现自由、平等、公正和竞争的原则。

第三节 企业家理论对经济增长的解释和贡献

奥地利经济学派是西方宏观经济学中的重要分支,为现代市场经济研究和国民经济发展规律的探索作出了杰出的贡献。该学派的理论研究特别关注企业家理论,并深入剖析了企业家活动对经济社会发展的巨大影响。通过对经济增长的独特解释和贡献,奥地利经济学派强调了企业家在推动经济社会发展中的核心作用,为现代经济学提供了宝贵的理论。

一、奥地利经济学派基于企业家理论对经济增长的解释

基于企业家理论,奥地利经济学派对经济增长作出了以下两个方面的解释。一方面,企业家通过打破市场平衡推动经济发展。企业家以经济效益为导向,对市场进行了一定的破坏,但这种破坏行为却成为市场发展的催化剂,促进了经济的增长。另一方面,企业家在市场发展过程中扮演着调整者的角色,通过不断调整市场运行的过程,企业家使市场保持平衡,进而推动经济的发展。企业家的认识不断发展变化,对市场中的不平衡现象进行修正,为经济的稳定增长提供了保障。这两种解释都强调了企业家在经济发展中的重要作用,展现了奥地利经济学派对企业家理论的深刻见解。

(一)企业创新理论和经济增长

企业创新理论强调创新是最重要的影响因素,并认为企业家在经济发展中应扮演主动参与创新的角色。企业家通过企业的制度改革、产品技术的创新和产品升级等方式,促进经济增长并调节市场平衡。同时,企业家也是引领者,他们生产的创新产品能够影响消费者的习惯和偏好,开拓新的市场领域。企业家本身具备创新能力和市场掌控力,能够为市场带来创新并控制市场的运行。创新为企业家带来的收益超过市场竞争所带来的效益。企业创新理论进一步指出,没有企业创新的行为就不会有经济的增长,创新是打破经济发展均衡的关键。而垄断利润的存在为企业家提供了生产和发展的动力,进一步激发了他们创新的积极性。这种解释方法凸显了企业家在创新和经济增长中的重要地位。

(二)企业发现理论和经济增长

企业发现理论是奥地利经济学派基于企业家理论对经济增长的另一种解释方式,其强调企业家在市场经济发展中的调整和修正行为对经济增长的影响。企业

家通过敏锐地捕捉市场机会,发现并修正市场中的生产要素配置的不足,进而影响产品生产和产品价格。这一理论强调了企业家对机会的把握在市场经济发展中的重要作用,认为企业家对市场变化的敏锐度是经济发展的主要原因。在市场发展的过程中,企业家通过不断接触和获取正确的信息,对现实市场情况进行分析和修正,从而获得相应的利益。而企业家主动发现市场错误的动因,主要源于配置资源的额外利益驱动。这种解释方式进一步凸显了企业家在市场发现和经济增长中的关键作用。

二、奥地利经济学派企业家理论对经济增长的贡献

(一)为经济增长打下基础

奥地利经济学派基于企业家理论对经济增长进行了解释,认为企业家能够在市场中敏锐地发现未被他人发现的利润机会,并抓住机遇采取相应的行动,凭借其独特的观察力和创造力获取经济效益。这种企业家理论为经济增长奠定了基础,促进了经济的发展。企业家的洞察力不仅影响自身,还能激发其他企业家的洞察能力,形成连锁反应,推动整个经济的增长。在经济增长理论中,企业的研发行为、知识开发行为以及人力资本被视为经济增长的基础和来源。企业通过合理利用土地等资源,结合劳动研发,推动技术的研发和进步。而企业家在这一过程中发挥着关键作用,他们的敏锐度使他们能够及时发现产品的价值并迅速作出反应,通过发现和创造为经济增长打下基础。因此,企业家的作用不仅在于推动技术的研发和进步,还在于发现并利用新的市场机会,为经济增长注入新的动力。

(二)为经济增长创造利润机会

奥地利经济学派基于企业家理论对经济增长的影响发现,企业家在市场中能够有效地发现并利用市场机会促进市场发展和获取相应利益,同时结合市场偏好的变化对生产活动进行调整。企业家之间的洞察力是相互关联、共同存在的,他们的行为和精神变化会引发市场环境和经济发展的变化。当企业家敏锐地发现并利用新的市场机会时,他们能够创造出新的利润和市场领域,甚至通过产品创新和互补性拓展出更多的市场可能性。这种企业家行为将引发一连串的连锁反应,促进

经济的增长和发展。此外,企业家精神还能激发更多的企业家,共同推动市场经济的发展。企业家的活动能够创造出相应的财富,不仅能够带来经济收益,还能为市场创造新的机会,进一步扩大市场的发展规模,为经济增长创造更多的利润机会。

(三)为经济增长提供条件

经济增长理论普遍认为,激励机制对经济主体的行为具有重要影响,进而还会影响经济发展效果。因此,在考虑经济增长的主要因素时,应该排除与企业家精神关联不大的人口水平、人力资本和技术获得等因素,重点关注企业家对经济活动的影响。企业家精神在不同的经济环境中会有不同的表现,当制度环境过于严苛时,企业家可能会转向非生产性活动;当税收过高时,企业家可能会选择转为非正式经济组织或地下经济;当法治力度较弱、法律保护不当时,企业家精神会受到限制,经济发展也将受到制约。因此,良好完善的制度保障是维护企业家精神发展的关键,也是发挥其创造力和洞察力的基本条件。只有在健康的环境下,企业家才能发挥其重要作用,为市场提供更加有力的保障,促进生产性活动的发展。只有企业家精神的不断延续,才能促进经济的持续增长。

奥地利经济学派基于企业家理论对经济增长作出了独特的解释和贡献,肯定了企业家在经济发展中的重要作用。该学派强调了企业家的洞察力和创造力对经济的促进作用和对市场发展的影响。在经济发展的过程中,应该充分重视和发扬企业家精神,不断发挥企业家的作用,为市场注入新的活力和动力,促进经济的长期增长。企业家精神的深入人心,可以激发更多的创新和创业活动,推动市场经济的繁荣和发展。

第三章

新中国成立前的企业家理论与实践

导入案例

民族企业的荣光

"此刻,他们穿越百年风尘,身着青衫,面无表情,正砸响门环。"

——吴晓波

世人眼中繁花般的上海,根植着民族企业家冲决罗网的生命气象。他们是发明"七七棉纺机"的穆藕初,是凿船沉江阻隔日军的虞洽卿,是让中国人告别洋面粉的荣氏兄弟。将近100年前,吴晓波笔下那些身着长衫的民族企业家汇聚在苏州河畔,一座座厂房拔地而起,交织成中国民族企业家的黄金10年。在通江达海的母亲河,在机声隆隆的运转中,一座座货轮驶来运往,回荡着一个民族实业兴国的自强之梦,凝练为民族工业的脊梁、一座城市的荣耀底色。

时光一去百年,贝润生、周宗良、吴同文们的故事沉淀成永不落幕的传奇,又一个被称作"染料大王"的民族企业担当起城市更新的使命,在大国崛起的风潮中与"一江一河"的宏图下,将对上海的深情根植在苏州河畔。历史在此间穿越,民族企业家逐梦不息。在上海总商会、龙盛·新泰1920"修旧如旧"的历史肌理中,过往的荣耀被重新拾起、小心珍藏,而在龙盛·福新里那些大师匠造、直插天际的云端住宅中,未来流光溢彩,世界再次为之仰望。

一、苏州河畔,民族工业的摇篮

"机器的轧轧声昼夜不绝,苏州河里运麦装面的船只更是川流不息。"

——吴晓波

1843年开埠后,伴随苏州河南岸租界的兴起和北岸铁路的开通,苏州河取代南线内河航道,成为上海与长三角城乡连接的"水路大门"。与租界一桥之隔的苏河湾地区成为近悦远来的投资乐土,缫丝业、面粉业、印刷出版业在此聚集,一跃成为"华界工厂发源之大本营"。

为什么民族企业家在19世纪末20世纪初集体投身开厂潮?上海市民俗文化学会会长仲富兰曾作出解释:1895年甲午战争失败后,《马关条约》允许日本在华开设工厂,为了增加税源,清政府放宽了对民间办厂的限制。可以说,最早的民间工厂是在严重的民族危机刺激下诞生的,"设厂自救""实业救国",是工厂创办者们的一腔赤诚。

上海社会科学院研究员周武介绍:苏河湾地区的印刷出版业以商务印书馆和大东书局最为著名;缫丝业的工厂数量在1929年达到78家,占上海市丝厂总数的70%以上;面粉业方面,荣氏家族在上海创办的第一家面粉厂——福新面粉厂即设在苏河湾光复路。在租界外商洋行的夹缝中,第一批中国实业家创办的工厂棋布苏州河畔,让"洋布""洋面粉"逐渐淡出中国百姓的日常,将农耕大国拽入了工业文明。

二、百年图强,从食土民族到中国制造

"吾辈之主务,乃为开创国人使用国货之风气。"

——张謇

沧桑多难的近代中国,一个个民族企业家崛起于荒原,用工业实力与中国制造,推动一个民族百年进步的历程。

1918年,范旭东创办了亚洲第一座纯碱工厂,并于1926年在费城万国博览会摘得金奖,而在此之前,他刚刚研制出含氯化钠90%以上的精盐,让中国人摆脱了"食土民族"这一饱含蔑视的称号。

几乎与范旭东同时,出生于上海的穆藕初相继开办了德大纱厂、厚生纱厂,这个曾率中国代表团参加第一次太平洋商务会议的上海总商会会董,在抗战期间发

明了"七七棉纺机",在改善后方物资匮乏的同时,提醒人民勿忘"七七"事变之耻。

同样在20世纪10年代,在苏河湾地区,荣宗敬、荣德生兄弟创办福新面粉厂。"生于风雨飘摇之世"的荣氏兄弟,"一生以民生衣食、振兴实业为职旨",出产的面粉占据中国市场的半壁江山,成为赫赫有名的"面粉大王"。

除了"面粉大王""棉纺大王"之外,当时的上海滩,还云集了4位赫赫有名的"颜料大王"(贝润生、周宗良、吴同文、邱氏兄弟,贝润生即贝聿铭的叔祖父)。

时光一去百年,快速发展的中国已构建起庞大的工业制造体系,中国制造成为世界上认知度超高的标签,张謇们实业兴国的梦想照了进现实。在中国精细化工百强榜上位列第一的中国500强企业龙盛集团,在并购德司达后,成为全球超大的纺织用化学品生产和服务商,拥有21%的全球市场份额和1 800多项行业专利,代表了全球染料制造的超高水准,是名副其实的"染料大王"。

从100年前的办厂兴国对抗"洋布""洋碱""洋面粉",到如今的海外并购、全球布局、横跨几大洲设立工厂,筚路蓝缕的中国企业家将中国制造推向了世界,也让我们看到了"梦想中的未来中国"。一条商脉,在大国崛起的风潮中逐渐清晰起来。

资料来源:佚名.百年苏河:民族企业家的荣耀项链[EB/OL].[2020-07-16].https://new.qq.com/rain/a/20200716A0U6CI00.

思考题:
1. 新中国成立前有哪些企业家实践活动?
2. 新中国成立前的企业家实践活动对现代企业家精神有哪些影响?

第一节　先秦时期的企业家思想

有关古代中国商业组织的论述最早可追溯至《周礼》的相关记载。《礼记·檀弓上》:"大商贾,小商贾,则分之为二;大商贾,则分之为一。""凡大商贾,不立子侄为子弟,而立男妾、子孙辈。"可见,在古代中国,商业是作为一种群体组织而存在的,为企业家精神奠定了基础。

纵观中华文明史,古代先贤对企业家精神已作出了多元解释。先秦时期是有史料可考证的最早集中涌现企业家思想的时期。先秦时期的企业家思想是中国企业家精神的萌芽,也是中国经济史的重要组成部分。先秦时期的企业家思想包括以下四个方面：一是人与企业的关系以及人在社会中地位变化的规律；二是商人与生产活动；三是商人行为准则与经营理念；四是经济活动及其思想。先秦时期的企业家在追求财富、提高效率、创造财富和承担社会责任等方面都具有积极精神，这些精神推动了古代中国经济社会的发展。同时，先秦时期的企业活动既表现为财富和权力的追求，又表现为社会地位的提升和承担责任能力的提高。这些精神影响了后世经济文化的发展，也成为现代中国企业制度形成与发展的雏形。

一、先秦时期企业家思想主要的来源

先秦时期是中国企业家思想形成的早期阶段，是中华民族历史上社会生活最为活跃的时期之一。其中，以商业活动为代表的企业家活动在这一时期占据了相当重要的地位。这一时期，儒家、道家、法家等各家学派纷纷出现，其中又以儒家和道家对商人的态度最为鲜明。从儒家和道家对商人的态度来看，其目的都是让商人得到更好的发展。这一时期也涌现出了一大批杰出的企业家，他们凭借着自己丰富而深刻的思想，敏锐地洞察到当时商业社会变革与发展所带来的各种问题，并在实践中为解决这些问题作了大量贡献。

（一）"知人"与"善任"

《管子·牧民》认为，人是一切事物的根本，没有了人这个根本，一切都无从谈起。因此，要做到"知人"必须"善任"。《管子·形势解》说："善任之术莫若知命者。"《左传·僖公二十一年》有云："善任者得命也。不善于任命者不得命也。"《国语·楚语下》说："知命者，唯人也；善任者，唯君也。君无知天命之理，则不敢任命乎天；君德不修，则不能任命乎人；君义不弘，则不能任命乎人；是故必知命矣。"《吕氏春秋·通识下》则认为："知事者必于知命有得。"《韩诗外传》也说："知命者……是故知难而进……不知命无所为；是故非知难而不畏也。"以上论述充分说明，古人十分重视对人的认识、评价与选择等方面的工作，这就为企业家精神的发挥提供了前提条件。

（二）"知物"与"知天"

孔子提出了"知物"的问题，认为要掌握事物发展变化的规律，了解事物运行过程中的矛盾、冲突、变化和发展以及这些矛盾或冲突对人的行为所产生的影响、制约,同时还要了解天人之道与谁相关的关系:"孔子尝为鲁将,使于宋。宋之人弗告而反者,天也。《书》曰:'天何言哉?四时行焉,百物生焉。'天何言哉!"在"知物"方面,孔子强调掌握了事物的运行规律后就能够掌握人自身行为的正确方向:"天行于上,而地动于下;夫是而不恃其功者也。"

(三)"商贾"与"儒者"

儒家创始人孔子对企业家精神也有相当深刻的认识,他多次强调了"士"与企业家之间的关系:"人无志不立,言不顺则事不成""君子无终食之间违仁,造次必于是,颠沛必于是""君子无终食之间违仁,造次必于是,颠沛必于是乎。此其所以为功也。"

通过对先秦时期儒家与企业家关系的分析可以看出,儒家认为企业家要有道德修养和人格情操,要能够适应时势的变化,要懂得经营之道,并提出了培养、选拔具有良好道德修养和人格情操的人担任企业家职位或企业领导职务等要求。

二、先秦时期的企业管理思想内容

(一)儒家思想

儒家思想认为,人的价值在于"仁",其根本就是为人服务,为社会服务。企业也应该如此,只有使人的价值得到充分发挥,企业才能获得长久的发展。儒家也从企业管理理念上对企业家提出了要求:"仁"者,是指要以仁治企;"义"者,是指要有义、轻利;"礼"者,是指要有礼制和礼法。在企业管理方面,儒家认为应树立正确的经营观念,建立完备的法人制度和严格的内部管理体系。儒家还认为,应该制定严格的劳动纪律制度与惩罚制度来保证规范的良好执行。

(二)道家思想

道家思想认为,企业经营与管理应该做到"无事无为"。《庄子·至乐》曰:"夫物芸芸,名复归共根。归根曰静,静曰复命。"庄子所谓的"无事"就是指不以追求私利为目的,"无为"则是指不刻意追求什么。在道家思想看来,企业经营与管理应该遵循人、事、物三者相辅相成又相互制约的原则。在日常经营活动中,人与事相辅相成。要把握好时机和节奏,在对人进行管理时要以礼待人,重视他人和社会利益等问题。此外,在事物发展过程中会出现各种不同情况而形成不同的过程与结果,因此需要有一套完整严密且行之有效的方法来处理这些变化所产生的各种问题。

对于企业来说,这个原则同样适用:"无事无为"是指没有任何工作应该做或不应该做;而"无事而为"就是指不要事事都去做。由此可见,道家思想与企业经营管理思想有着很多相通之处。然而,在这一时期,很多关于如何处理企业与社会矛盾关系方面的思想还没有被人们充分地认识与理解。

三、先秦时期的社会经济与企业家精神

(一)先秦时期的社会背景

在春秋战国时期,各个诸侯国之间的矛盾十分尖锐,这一矛盾主要是由利益分配不均引起的。从战国中期开始到秦统一中国之前这一段时期内,商人成为社会中最有权势的人,"士农工商"四业之中都有商人的身影。比如,在齐景公时期,齐国就出现了以"重利"为特征的"小生产者"。

这一时期的商业活动与其他社会领域的活动一样,都非常活跃。从中可以看出当时的人们不仅掌握了高度发达的科学技术和生产技能,而且也热衷于追求较高的社会地位和财富。商业活动在这一时期主要表现出以下几个方面的特色:首先是在农业生产与经营活动中商人地位的上升;其次是"重利"的特点使得商人具有较强的社会影响力和经济实力;再次是商业发展对其他行业的发展起到了推动作用;最后是商业活动与政治之间产生了一定的联系。

(二)政治经济政策

随着诸侯国之间在经济、政治上的相互竞争,为了达到各自的既定目标,各诸侯国官府都采取了相应措施来促进商业发展。比如,商鞅变法废除了"井田制",改为"封建地主阶段的土地国有制",实行重农抑商的政策,采取一系列鼓励发展农业生产的措施,如奖励垦荒、兴修水利、劝课农桑等。但这并不代表着官府对商人采取了绝对的限制和禁止措施,相反,还存在着对商人一定程度上的鼓励和支持。据《史记·货殖列传》的记载,孔子就曾说过"商以轻重来论乎贵贱""商贾皆重"等。

（三）先秦时期对企业家思想的影响

在战国时期，人们将商业与国家发展紧密联系起来，提出了"修君之政，使民以时；修民之政，使民以业"的观点，强调了以经济建设为中心推动国家发展的重要性。当时的社会环境为商业思想文化的形成提供了有利条件，主要表现在经济和社会政治两个方面。在经济方面，由于生产力水平低下，人们需要通过自身努力来获取更多的收益以维持生计，因此国家发展商业以促进社会经济的发展和改善人民的生活。在社会政治方面，私有制的实行和商业活动的繁荣使得政府开始对商业进行管理和规范。此外，春秋战国时期的频繁战争，对当时的社会秩序和经济产生了影响。因此，统治者为了维护国家统治和稳定秩序，往往以战争为主要手段来进行国家管理和维持市场运营。在这一背景下，先秦时期的商人思想文化逐渐形成并不断发展。商人们通过实践和经验积累，对企业经营管理的方式方法提出了许多有益的观点。这些观点主要关注商人自身素质的提高以及商业活动中人与物关系的处理，为商人如何经营好企业提供了宝贵的建议。

综上所述，先秦时期的商人思想文化已经在社会经济和政治因素的影响下形成并不断发展，为后来的商业活动提供了重要的思想基础。

第二节　唐宋时期的企业家思想

一、唐宋时期形成了独特的企业经营思想

唐宋时期，经济文化发达，商品流通日益繁荣，工商业空前发展，形成了以商品流通为中心和以市场为导向的全新的经济体系，涌现出许多杰出的企业家。尤其是唐末五代动乱时期，企业家出现得最多，商业发展得最快，商人活动极其活跃。在这一时期，产生了许多独特的企业经营思想。

（一）重商思想

中国的重商思想起源于战国时期。当时，各诸侯国之间展开了激烈的兼并战争。在战争过程中，商人们扮演了重要角色，商人集团也因此获得了巨大的利益。

如《汉书·食货志上》载:"战国时诸侯之富,皆重商也。"《魏书·张衡传》载:"衡言:'工商者,天下之大本也!'"特别是到了五代十国乃至宋代,重商思想益甚。《新唐书》记载"商贾与兵马为仇,而商人之所居多是城郭城池,不与王侯同列"。宋朝统治者为了维护自身经济秩序开始运用一系列重刑的思想管理国家财政,针对商业发展还制定了法律进行保护。《宋会要》记载,"自陕西有敢私市成人青白盐者,皆坐死"。宋哲宗元祐五年详细规定,私贩青白盐者"一两杖八十……一百二十斤绞","亲人外界博买者,不以首从及兴贩非兴贩……十斤配广南,二十斤绞"。

(二)"以商为本"思想

"以商为本"思想在北宋初期的思想家、政治家王安石身上表现得十分明显。王安石认为商业是"养民之本"而不是"害民之本",同时还认为"百姓无所爱,而为利者,君不能难也"。在王安石看来,商业是增加国家财富的手段,"天下之财尽于商",而不是"夺民之利"。王安石强调"保民而重商",为此,他提出了一系列促进商业发展的政策和措施,包括鼓励民间经商、提高商人地位、保护中小商人利益等。此外,王安石还提倡"厚商",他认为商业是推动社会发展的重要力量,增加国家财富的重要途径。

(三)注重实业教育

宋代经济的发展与当时社会的整体文化素质以及商业的繁荣密切相关。在实业教育方面,宋代有以下两个显著的特点:一是对教育的重视。在《嘉定赤诚志》以及《欧阳修全集》中都曾记载宋朝的大臣们已经把商人的地位与士农工等同,宋代的商人甚至可以参加科举。宋代初期是禁止商人参加科举的,不过在《宋会要辑稿》的记载中可以看到,到了宋英宗时期,宋朝已经允许商人参加科举。二是农业与手工业生产的结合。宋代农业技术水平较高,宋人通过"轮耕法"等多种耕作方法,提高了农作物产量,在手工业方面,更是出现了新的技术和工艺,如活字印刷术、陶瓷制作、丝绸纺织等,这些技术对中国古代社会经济、政治文化的发展都产生了深远影响。

这一变化表明,宋代社会对商业和商人的态度发生了积极的变化,商人的社会地位得到了提升。同时,宋代农业的发展促进了手工业的进步。纺织业作为与农业关系最为密切的手工业部门,得到了显著的发展。桑、麻等农作物的丰收为纺织业提供了充足的原料,许多地区的农民将织作丝、麻作为家庭副业,既满足了交纳租税的需求,又通过纺织收入补贴了生活。因此,与农业相结合的家庭纺织业在当时的纺织业中占据了主导地位。此外,官府也设立了专门的作坊,用于生产各种绢帛和丝织品,以供皇室和中央政府的需求。这些作坊规模庞大,如绫锦院曾发展到拥有400张织机的规模。许多州、府也设立了场院或场务,从事官府所需织物的生产。同时,一些地区还出现了拥有数张织机、雇佣工人进行生产的"机户"。在江南地区,甚至出现了一些主要从事纺织业生产的城镇。这些现象表明,宋代的纺织业已经具备了较高的专业化程度和规模化生产的水平。

(四)主张"兼通"

"兼通"是唐代商贾法的核心内容。该主张认为商人应该兼通中外,兼收并蓄。"兼通"不仅要求商人要通晓国内市场的情况、熟悉国外市场的需要,还要求其通晓外来文化以及其他文明国家的情况。这是从生产和贸易两个方面来分析的。在唐代,针对外国人的经商活动有一部专门的律法。譬如,《唐律疏议》记载:"诸化外人同类自相犯者,各依本俗法,异类相犯者,以法律论。"由此可见,唐代中国人的文化观念都以国家观念为先。比如在唐代的波斯人与阿拉伯人滋事,就要按照唐代专门律法依法处理,若都是中国人闹事,那就依照唐代本国百姓的律法处理。关于外侨遗产如何处理,当时也有明确的规定,《新唐书·孔戣传》记载道:"旧制,海商死者,官籍其货,满三月无妻子诣府,则没入。"

(五)重视民族工商业

唐代手工业分官营和私营两种。工部是主管官营手工业的重要部门之一,直接管理的机构则有少府监、将作监、军器监。少府监主管精致手工艺品,将作监主管土木工程的兴建,军器监负责兵器的建造。监下设署,署下设作坊。还有铸钱监和冶监等官制。唐代政府重视发展民族工商业,支持民族手工业的发展。例如,唐懿宗时期,宰相崔群制定了"商工官物"制度,即对商人的工商资本、资产实行国家官制和征税的政策。唐末五代时期,著名企业家如王仁裕、杜衍、李绅、王旦、李重进等,在经济思想方面有很多独到的见解。

二、唐宋时期是我国古代企业家精神形成的重要时期

（一）重商精神

"重商"思想是中国传统商业文化的主要内容，也是中国商业发展史上一个重要的特征。在商业发展中形成的重商精神，是在商品经济逐渐发展、商品流通日益活跃的情况下，商人作为社会经济主体对商业发展起着巨大推动作用的结果。唐代后期，政府实行"榷盐"政策，规定了不同等级商人的经营范围与权限，允许商人拥有私盐买卖权。唐代的"重儒"思想也对我国古代传统重商文化产生过重要影响。

政府将商业、手工业与农业同等看待。宋初实施均田制，"官给民田""均输之法"以及宋太祖实行的"榷盐之法"使我国古代工商业在宋代有了较大发展。在经济的迅速发展和商品经济日益活跃的背景下，我国历代思想家对商人地位、商人活动和经营方法等问题也进行了广泛讨论。

（二）工商并举

唐宋时期，商业与农业和手工业之间相互依存、相互促进、相互制约，呈现出一种"工商并举"的态势。这一时期，商业活动与农业生产相互促进，商业活动的发展促使商品经济进一步繁荣。《宋史·李公佐传》记载："公佐奏请商税三十分之一，以宽商力。""又请通商州道，以便商旅。"这表明商人的地位随着商品经济的发展逐步得到提高。从某种意义上说，正是这一具有鲜明的"重商"与"工商并举"特色的社会现象促进了古代企业家精神在宋代的形成。在宋代商人地位提高的同时，中国传统农业也在发生着深刻变化。

（三）商人意识

企业家精神与经营活动相结合的特征，必然要求商人具有强烈的企业家意识。中国古代商业活动发展的历史，是一个商人与国家政权相结合并创造出一种全新的商业文化形态和价值观念的过程。中国古代的商人是有文化修养和道德水准的，他们具有强烈的自我意识，能独立思考和判断，不盲从权威和他人。企业家精

神在中国古代经商实践中始终处于主导地位,并且体现在经济、政治以及社会生活各个方面,影响了每一个人。

中国古代商业实践中涌现出许多杰出的企业家,其中不少是儒者、道者(道教)、佛家(佛教)之流。他们在实践中既表现出强烈的商业意识和商业精神,又表现出某种与儒家传统格格不入的道德意识和行为模式。

(四)重商文化与宋代商人的人格特征

唐代以前,在商人眼里,自己的身份是具有特殊性的,因为商人不属国家管辖。但到了唐代,中国经济已形成了一种"官商合流"的格局,"商贾之家"是指从事商业活动的官僚贵族或地主。因此,商人虽被视为国家所管之人(官),但在政治上仍属于士人范畴。唐代以来,中国的官商关系也逐渐趋于协调统一,但官商关系是不平等的。到了宋代,以"重农"为主导的商业政策出现后,中国传统社会逐渐以"重农"为主导思想,这就使宋代的民营商业成为重商文化时代下中国传统商业的主体特征。宋代民营工商企业在社会上所占比重很大,宋人张仲礼的《北堂书抄》记载:"其最繁盛者为米市、绸缎庄、茶坊等业……"当时民间有这样一种说法:"商不与官同科,而官亦不能轻其人。"

(五)"士人"与"士大夫"观念的形成及其影响

中国古代士人的产生与发展,从某种意义上说,也与商业的兴起有着直接的关系。宋代工商企业的发展以及对"士""士大夫"阶层及其政治身份的影响,与宋初以来士人阶层的政治意识演变和社会地位变化有着密切的联系。自北宋初年以来,历代封建王朝基本上是以科举取士为主要途径来选拔人才管理国家公共事务;而在这一过程中,由于其政治权力结构是"内重外轻"的,官僚士大夫集团又具有极强的权力和社会影响力,这就使得以他们为代表的士人阶层及其所经营的工商企业在管理国家公共事务方面发挥着重要作用。同时,由于社会对士大夫阶层及其所构成的工商企业和商业活动有一种普遍认可、信任甚至依赖心理和特殊需求,他们又是最早将这种信任和需求付诸行动的人。唐宋时期,商人所体现出的价值观念和企业家思想是在商品经济发展的过程中形成的,并对当时及后世都产生了深远的影响,是中国传统商业文化积淀中所表现出来的独特现象。

总之，在唐宋时期，企业家精神作为一家企业所具有的本质属性得到了前所未有的肯定和推崇，其内涵也逐渐清晰化、理论化。而关于企业家精神的内涵，又随着社会经济形态的变化和时代特征的变化产生了新的内涵和表现形式。宋代的社会经济形态发生了巨大变化，经济呈现出了以粮食、布帛为主要商品的商品经济形态。随着商品生产发展程度的日趋深入和市场经济条件下市场交易方式的不断完善，企业家精神逐渐成为当时社会意识的重要内容之一。

第三节　明清时期的企业家实践

明清时期是中国历史上商品经济最为发达的时期，商人通过各种商业活动实现经济利益，成为推动中国社会变革的重要力量。在这一时期，世界历史进入了大航海时代，世界经济重心转移，全球贸易逐渐繁荣起来。中国商人在西方殖民者的影响下，积极融入"西风东渐"的历史进程。但明清时期很长时间朝廷均实施"海禁"制度，将海外贸易作为一个重要防范对象予以禁止。一些商人为了规避这种法律规定而选择"走出去"之路；同时，也有一些商人在"走出去"的过程中逐步走向成熟。这些商人凭借其独特的商业经营模式在当地市场上取得竞争优势，成为当地经济发展的推动者。作为明清时期社会生活中的一个重要群体，企业家以商业活动为载体对社会产生了重大影响和作用。

一、传统文化中的企业家地位

（一）商人是具有特定属性的社会群体

在明代，企业家是一种新的社会群体，与传统社会结构有着密切的联系。一方面，他们赖以存在和发展的基础是传统社会结构下的"士农工商"阶层；另一方面，传统社会结构对企业家群体产生了极大的影响。具体而言，商人群体对"士农工"阶层具有排斥性，商人在一定程度上参与了"士农工商"群体共同建构起来的新社会形态。商人通过掌握财富以及各种生产经营活动（如开矿、造船等），对"士农工商"四大主体产生了巨大影响。明清时期的"士农工商"主体，是指中国传统社会结构下的士、农、工、商四大阶层，其分别具有以下特征：其一，他们所代表的是传统中国文化中的四种不同社会群体；其二，他们构成了一个比较稳定且相对独立的特殊社会群体；其三，他们在各自领域发挥的作用及其对国家与社会产生的影响与作用非常深远。在这四大主体之中，商人阶层最为活跃。当然，不同阶层之间存在着相互交叉、相互融合、相互转化的过程。

中国古代商人通过商业活动与官僚建立了一种联系与沟通，并由此形成了一种特殊的人际关系。在中国传统社会结构下，"士农工商"四大主体在一定程度上处于不平等的地位，商人群体更是处在社会的最底层。商人群体在传统社会中所具有的身份的特殊性，使他们在生产实践过程中拥有很大的自由度，从而也给国家与社会带来了一定程度的冲击。

（二）商人与其他阶层的关系

明清之际的思想家顾炎武指出，"士农工商四民者，国之四民也""商业末业"。在传统中国社会里，士、农、工、商四大群体是相对独立的群体。其中，商是介于士与农之间的一种阶层，既没有脱离士的范畴，又在传统社会中具有重要地位，特别是在明清时期，随着商品经济的发展和政府对商人的鼓励和扶持，商人的地位迅速上升。传统社会结构对商人有很大程度的影响。企业家是明清时期社会经济的重要力量，他们通过商业活动获得经济利益，同时也推动着社会的发展。作为商人的典型代表，企业家在明清时期的历史中扮演重要角色。与中国传统知识分子相比，中国近代企业家有着更强烈的民族意识、政治意识与国际意识。他们以商业活动为载体，展现了中国商人在社会变革中所具有的不可替代性。中国近代企业家实践是在不同文化背景下产生的，其中既有儒家知识分子对商业价值、传统经济秩序的维护，也有纯粹商人、儒商等群体所表现出来的政治诉求。

（三）企业家群体对传统经济秩序的维护

传统社会的企业家通过对财富的分配实现自己的商业目的，这一过程也是以经济利益为中心对经济秩序的维护。明清时期，商会组织与士绅之间存在密切的关系，一方面是因为商会可以利用士绅之间共同拥有的财富进行放贷和其他商业活动；另一方面是因为在国家权力高度集中、官员之间相互勾结的情况下，作为地方精英群体代表的商人群体很难不对整个国家经济秩序产生影响。因此，明清时期通过完善制度来维护企业家群体与政府关系的稳定性。明清时期,商人拥有大量土地及其他资源进行经营活动,他们通过商业经营获取财富,但同时也在商业活动中形成了相对稳定有序的秩序。这种秩序主要表现为对土地的控制。在经济领域中,商人作为地主和佃农之间的中间人,既是地主,又是佃农。此外,在商业领域中还存在着官商勾结的现象。这种权利关系使土地成为一种"私有财产",也使得社会中存在着较为稳定、有序的经济秩序。随着商人势力的逐渐扩大,为了促使其家族不断壮大并延续家族血缘关系,商人群体往往需要与当地士绅结盟。由于士绅之间经常会发生利益冲突,商人群体通过建立商会组织以及与士绅结盟来维持与士绅之间的利益关系。

二、企业家的民族意识

(一)明清时期企业家的民族意识

明清时期,儒家思想与商业的结合更加紧密。随着资本主义萌芽的出现,中国近代商业也开始兴起。同时,在传统"重农抑商"政策的影响下,商人成为社会的底层力量。明清时期,商业的兴盛给了中国近代知识分子一个施展才华的机会。商人往往被视为"逐利之徒",但他们并非消极避世,而是有着强烈的民族意识、政治意识与国际理念,同时还希望借助商业活动为社会服务。这一时期,商人与政治的关联更为紧密,他们不仅在经济上支持政府、维护国家统一,同时还积极参与国家政治活动。明清时期,企业家与知识分子在国家治理上的作用都不是纯粹地"利己",他们追求的还有"利他"之功。

(二)中国近代企业家——民族企业的经营者

明清时期,中国商人一直处于弱势地位。即使在清代,"三教九流"的知识分子也不能给商人提供太多帮助,商人所获得的经济利益是极少的。但自鸦片战争以后,中国逐渐成为半殖民地半封建社会,近代中国民族意识、国家意识空前高涨。在此背景下,不少士商阶层中具有强烈使命感和责任感的人开始投身民族企业的经营中。他们努力学习西方先进的科学技术,不断改革传统的经营方式以适应新时代的需要。同时,他们还研究和借鉴西方文化以及西方近代企业管理理念,并通过各种途径将这些思想付诸实践。他们以自己独特的方式推动中国商人群体由传统转向现代、由封闭性转向开放性,在社会变革中发挥着不可替代的作用。

(三)儒商与商人:儒家传统与近代商人群体

中国传统社会是一个以农业为主的社会,在这一背景下,中国商人群体主要以家庭经营为主。明清时期,家庭经营是最主要的经济模式,家庭经营中的儒家文化影响着明清时期商人群体对于经济活动、财富积累、社会地位、政治参与等方面的价值观念。从这个意义上说,明清时期的商人就如同儒商一样,不同于传统时代儒家知识分子对于商业利益和经济秩序的追求。在商业活动中,儒商表现出了更强的政治诉求以及强烈的民族意识和国际意识。

三、企业家的社会意识

(一)以"士商"分野为中心的企业家政治意识

明清时期,随着商品经济的发展,商人与士人之间产生了一种新的"分野":一方面是在明清时期形成的"士商分野",另一方面是"士"内部的分野——以张之洞为代表的主张"经世致用"的官员和以曾国藩为代表的提倡儒家的"修身齐家治国平天下"的官员出现了明显不同的政见差异。这种分野并不是毫无界限的,而是在社会大背景下产生的。一部分中国传统知识分子不仅具备坚定的政治意识,更怀有深厚的社会责任感,他们始终将社会发展和国家治理视为己任,肩负起了不可推卸的责任。而商人群体则拥有不同的身份标签,他们主要从事社会活动,其核心驱动力在于从商业活动中获取利益。然而,这并不意味着他们对国家政治漠然置之,相反,他们对此保持着高度的敏感性。对于商人群体内部错综复杂的利益冲突,他们有着清晰的认识,并积极寻求解决方案,以化解潜在的矛盾。

(二)对社会变革中企业家角色理解的反思和补充

如前文所述,企业家作为中国社会中的重要群体,在通过商业活动推动社会发展的同时,也推动着社会文化的变迁。明清时期,企业家作为商业力量、社会群体,在一定程度上起到了促进社会进步的作用。但同时,企业家也具有强烈的政治意识和民族意识。随着近代资产阶级革命的兴起,中国逐渐被卷入世界发展的浪潮,传统经济制度受到挑战。在这种情况下,企业家作为利益群体逐渐显现出不同于知识分子或传统商人群体的特点:一方面,他们对商业价值、商业文化等有了更深刻的认识;另一方面,他们对国家民族也有了更深层次的理解。

第四节 晚清及民国时期的企业家理论与实践

20世纪初,中国社会处于"国家不立,经济不兴"的混乱状态。面对国运衰败,有识之士提出了"振兴实业"和发扬"企业家精神"的主张。民国时期是企业家兴起的重要历史时期。民国时期,许多企业家的出现是中国传统文化和西方经济思想相结合而形成的产物。这些企业家具有创新精神,如赵太侔、严信厚等人创立了中国最早的现代企业组织,对中国近现代企业发展史产生了重要影响。我国传统文化中的重商思想在民国时期也得到了发展,如梁启超所说:"国家欲强存强盛……必以工商为根本……实业之发达,必以工商为最要。"这一时期,西方经济理论与实践在中国得到了一定的传播和运用,其中企业家理论与实践对民国时期的企业创新产生了很大影响。作为西方现代资本主义经济思想在中国发展的产物,企业家思想是近代以来企业家理论在中国发展最主要的方面之一。企业家是社会发展中不可或缺的重要角色,是现代经济活动中最活跃、竞争最激烈、变化最快的群体,在一个国家、地区、民族乃至世界范围内具有广泛而重要的影响。

一、晚清时期的企业家理论

(一)企业家的概念

张之洞的《劝学篇》有云:"设厂制造,用人多而货亦易售,此其大利也。""非有商贾,不能运货财;非有工匠,不能制器用。"这些论述反映了张之洞对于近代企业制度和企业家概念的认识和思考,为中国近代经济的发展提供了重要的思想指导。传统中国是一个农业社会,农业经济对社会发展起着至关重要的作用,而农业经济又以小农经济为基础。小农经济所形成和培养起来的"家族"意识和"血缘关系"也使其无法形成现代企业制度。这种背景催生了一种特殊的产业形式——家庭工业。近代企业制度就是在这种背景下产生的。

近代中国的"企业家"概念,最早出现在1905年清政府颁布的《奏定官设工商总局章程》中。从广义上说,"企业家"是指利用其所拥有的财产和知识资本进行生产经营活动而获取利润的人,包括企业家本人和企业。这一概念被一些学者归纳为一个新概念:一是作为社会经济活动主体的企业家在生产经营上展现了与传统商业活动中的不同身份,他们不是纯粹意义上的商业活动参与者;二是作为企业管理者,特别是实业家和职业经理,他们并不完全属于企业家范畴;三是"企业家"一词在西方传统意义中不含"经营者"的含义。由于社会历史文化背景不同、发展阶段不同以及企业类型不同,学者们对中国的"企业家"概念也存在不同的看法。这也从侧面反映了近代中国经济发展变化过程中企业形态发生的变化,并由此说明了在中国传统商业思想和现代企业制度之间存在着一定程度的差异。从近代中国企业家理论的形成背景和思想发展过程可以看出,企业家概念经历了一个不断变化发展的过程,近代中国与西方的企业家概念在内涵上存在较大的差异。

(二)企业家的作用

晚清时期,在社会变革中涌现出一批企业家,他们有一个共同的特点——将实业救国作为自己毕生追求,他们所创办的实业,成为中国近代化的重要标志。一方面,这批企业家推动了社会变革。在经济上,他们创办了近代企业,改变了传统的生产方式,推动了中国近代化的进程;在政治上,他们反对君主专制制度,主张"君民共生"的民主政治;在文化上,他们批判旧文化中的封建思想和落后观念,倡导新思想和新文化。另一方面,这批企业家培养了大批人才。晚清企业家是中国近代教育的倡导者和推动者,他们大力兴办学校,培养了一大批优秀人才,在上海创办的南洋公学、上海政法学院、上海商业专门学校等教育机构,为中国近代教育事业的发展作出了贡献。近代中国各种职业学校不仅为实业发展培养了人才,还为教育事业培养了人才。这些企业家是中国近代知识分子的重要组成部分,他们与洋务派人士并驾齐驱。晚清企业家通过创办实业,培养了大批人才,有力推动了中国近代企业的发展,为中国近代经济发展起到了巨大的作用。他们对中国经济的近代化作出了不可磨灭的贡献,也为中华民族走向复兴奠定了坚实的基础。

二、民国时期的企业家理论

（一）企业家理论的发展

民国时期，中国企业家群体不仅在政治、经济、文化、社会生活等方面发挥着重要作用，而且形成了富有特色的企业家理论。1915年，孙中山在《建国方略》中首次提出"实业救国"的思想；1916年，陈嘉庚创办广东工艺专修学校，开设"实业科"；1920年，熊希龄发表《实业家之任务》一文，提出了"中国国民不能没有实业"的思想；1928年5月5日，胡适发表《努力发展实业》的演讲；1936年，蒋梦麟主持成立商部，并出版《商战》一书。在新经济时期，中国企业家理论主要有3种：以熊光弼、张謇等人为代表的"企业家学"、以陈嘉庚为代表的"实业家论"和以张謇为代表的"企业家论"。

（二）关于企业家的观点

民国时期的企业家理论主要有"企业家是生产的组织者"和"企业家是企业的灵魂"两种观点，而在实践上则表现为：首先，企业家需要成为技术专家；其次，由于在技术上缺乏创新能力和资源禀赋（如人力资本）的约束，企业家必须通过市场交易或并购等方式获得相应的资源以推动创新。

在这一时期的研究中，对于企业家和技术创新能力与人力资本之间的关系的探讨较为集中。就这一问题的探讨分为以下三个阶段：第一个阶段（1912年至1915年），主要讨论商人是否应该成为技术专家；第二个阶段（1915年至1935年），重点讨论以技术交易为基础所获得的资源支持在这一阶段中是否发挥作用；第三个阶段（1936年至1949年）则重点对企业家与人力资本之间的关系进行了探讨。

企业家在社会经济发展中发挥着重要作用，而人力资本是企业家的基础。但长期以来，中国社会经济转型过程中存在着企业和人力资本之间的关系问题，而对这一问题的研究也成为学术界关注最多和最活跃的领域。近年来，有很多关于企业家与人力资本方面的研究，其中关于企业家是否应成为技术专家以及是否需要从市场交易中获得资源以支持企业创新的问题颇受关注。但这些研究主要集中在市场交易条件下企业家如何通过交易获得人力资本这一问题上。从历史上看，民国时期对该问题也有一定的研究，并且作出了一些探索。

（三）企业家对技术创新的作用

在民国时期，企业家对技术创新的作用十分突出。首先，他们作为经济活动的主体，对技术创新起着决定性作用。近代中国企业家主要从事资本运营活动，虽然也有一部分人从事实业投资，但主要还是通过技术投资实现资本的保值增值。其次，他们通过市场机制促进技术创新。由于具有敏锐的市场洞察力，善于发现市场需求、设计新产品、组织生产、拓展销售渠道等，企业家们往往成为市场的先行者和主导者。再次，他们对新技术的开发也起着至关重要的作用。他们了解和掌握了相关知识与技术，市场竞争的加剧又促使他们对新技术进行深入的研究和开发并迅速应用于生产实践之中。最后，他们还积极倡导和推广新技术。这些企业家经常通过举办培训班、开办工厂等方式对技术人员进行培训，对其传授知识和技能，使其掌握新技术并迅速应用于生产实践中。正是因为这些企业家在技术创新中发挥的重要作用，才使得民国时期的中国社会呈现出生机勃勃、蓬勃向上的发展局面。

（四）"企业之魂"：企业家理论与人力资本

从20世纪30年代到20世纪40年代，关于企业家理论和企业家实践的研究持续发展，但其在应用层面的成果却十分有限，这些有限的成果主要出现在1931年至1933年。这三年时间，关于企业家理论在实践中的应用及其与人力资本关系的研究开始兴起，其主要包括以下两个方面的内容：首先是人力资本和制度（法律）对人力资本投资的影响；其次是企业家理论对人力资本投资和企业家决策之间关系的探讨，主要涉及市场交易、投资和融资3种不同的活动。在这一时期，关于企业家理论对于人才与企业发展之间的联系问题以及企业家决策问题的研究成果并不多见。

民国时期的"企业家"概念在不同的社会历史背景下具有一定的内涵差异，但大致可以分为两类：一是具有"企业家"身份的职业或非职业商人，他们作为生产活动中的组织者，承担着组织、领导和协调等工作；二是那些在市场经济中以企业为主体从事经营活动的"企业家"，这些企业家是社会经济生活中最活跃、最具创造力的个体。民国时期对于"企业家"一词在理解上发生了变化——从以往的"职业商人"逐渐过渡和变化为"企业家",而这一转变也正是中国近代企业发展与变革的重要推动力。

总之,民国时期出现了很多对当时社会产生深远影响的企业家理论与实践活动。第一,在社会转型过程中产生的各种非资本主义要素(如知识)融入了企业家主体,形成了现代经济管理制度;第二,民国时期也是近现代科学发展和技术创新突飞猛进的时期,许多重大科技成果是由企业家发明和应用的;第三,民国时期也是"西学东渐"开始影响中国传统文化以及西方自然科学知识开始向中国传播、交流与融合的时期。

第四章

当代中国企业家理论与实践

导入案例

改革开放打造国家名片——中国中车的发展之路

2015年6月8日,中国中车在上海证券交易所和香港联交所成功上市。中国中车现有46家全资及控股子公司,员工17余万人,总部设在北京。中国中车由中国南车股份有限公司(简称中国南车)和中国北车股份有限公司(简称中国北车)重组合并而成,全称为中国中车股份有限公司。中国中车继承了中国北车、中国南车的全部业务和资产,是全球规模领先、品种齐全、技术一流的轨道交通装备供应商。

一、中国中车的发展历程

第一阶段:1949—1985年,铁道部总管。中华人民共和国成立之后,铁道部成立了厂务局管理铁路工厂业务,我国的机车车辆行业由修配转向全面发展,开始自主研制产品,生产客车和货车。1952年,分设机车车辆修理局和机车车辆制造局,分别管理修理工厂和制造工厂,共辖20家工厂。1966年,铁道部厂务局改组为铁道部工厂总局,下辖27家工厂。从最初的铁道部厂务局到机车车辆制造、修理局,之后又经历几次调整,在1975—1985年改制为铁道部工业总局,企业高层行使党政企合一职能,成为管理中国机车车辆生产的职权单位,对所属工厂和研究所实行全国统一领导和全面管理。

第二阶段:1986—1995年,政企分开。随着改革开放政策的推行,经国务院批准,铁道部于1986年2月7日下发《关于成立铁道部机车车辆工业总公司的决定》,工业总局改组为企业性质的铁道部机车车辆工业总公司,为铁道部直接领导下的具有生产和经营自主权的国营企业,对34个机车车辆、机械、电机工厂和4个机车车辆专业研究所实行统一的领导和全面管理。1989年,国家机构编制委员会批准通过铁道部提出的"三定"方案,决定自1989年9月1日起将铁道部机车车辆工业总公司的名称更改为中国铁路机车车辆工业总公司,作为铁道部领导下的自主经营、独立核算、自负盈亏、具有法人资格的国营企业,实行总经理负责制,中铁总公司对当时下属的共34个机车车辆、机械、电机工厂和4个机车车辆研究所实行统一领导和全面管理。在这一阶段,公司深化制度改革,逐渐弱化行政管理,逐步增强了对企业在宏观调控、组织协调、政策指导和信息服务等方面的领导。

第三阶段:1996—2000年,改组为控股公司。1996年5月,铁道部按照现代企业制度改革要求将中国铁路机车车辆工业总公司改组为控股(集团)公司,并按照改制后的管理模式进行资产经营。此后,控股(集团)公司逐步规范化运作,在组织结构、资产分配等方面进行协调管理。1998年底,铁道部进行了打破政企合一、行业垄断的铁路运输行业体制改革研究,并开始了对直属企业改组、调整、清理、规范的工作。按照铁道部《关于五大公司结构性调整的实施意见》,中国铁路机车车辆工业总公司与铁道部所属的其他四大公司,初步实行与铁路运输系统的结构性分离。铁道部不再直接对中国铁路机车车辆工业总公司的生产经营活动进行管理,该公司真正以独立法人的身份参与实体市场的竞争。截至1999年底,中国铁路机车车辆工业总公司共有2个下属集团、33个工厂、4个研究所、4个办事处(国外2个)、4个经营营销中心和3个培训部以及2所中专学校、17所技工学校。

第四阶段:2001—2013年,南北车拆分。2000年9月,经国务院批准,根据构建竞争主体、避免重复建设的精神,中国铁路机车车辆工业总公司被分拆为中国北方机车车辆工业集团公司和中国南方机车车辆工业集团公司,由中央政府国资委取代铁道部进行归口管理。南北车最终的划分方案是以长江为界,原则是保证两家实力相当、品种齐全,划分时间长达半年,在资产和人才争夺上非常激烈。经过了一年多的试运行后,直至2002年2月《国务院关于组建中国南方机车车辆工业集团有关问题的批复》和3月《国务院关于组建中国北方机车车辆工业集团有关问题的批复》的发布，才正式宣告南北两车的拆分顺利完成。

第五阶段：2015年至今，南北车合并重组。2014年12月30日，中国南车和中国北车发布重组公告，采取中国南车吸收合并中国北车的方式进行合作，正式宣布开启合并之路。经过大量艰苦细致的工作，南北车重组整合，在现行法律和政策框架下创造性提出了"对等合并"的方式：在技术操作路径上，上市公司层面由南车股份吸收合并北车股份，集团公司层面则由北车集团吸收合并南车集团。2015年9月，中国中车股份有限公司正式宣告成立，仅用10个月的时间就完成了重组，其改组过程为深化国有企业改革积累了经验。

南北车重组整合是落实制造强国战略、加快高端装备"走出去"的重大部署，是积极应对全球竞争、打造世界一流跨国企业的重要举措，是优化资源配置、促进国内轨道交通装备行业持续健康发展的必然要求，是提高企业自主创新能力、增强我国高端装备核心竞争力的重要途径。图4—1展示了中国中车的发展历程。

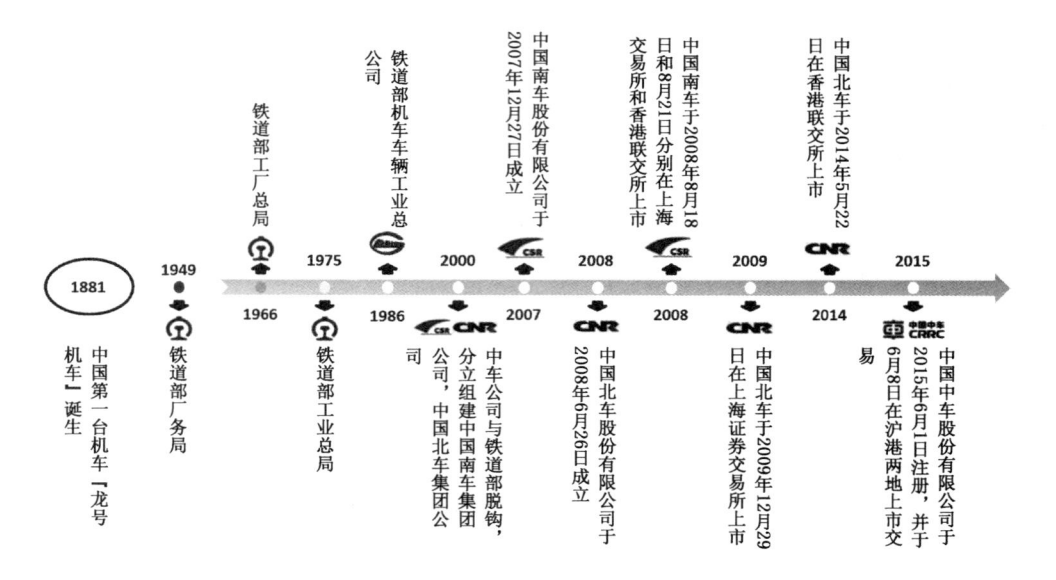

图片来源：中国中车官网

图4—1　中国中车的发展历程

二、中车发展与企业家精神

中国中车作为大型国有企业集团，其发展离不开具备战略思维、全球视野、远见卓识和个人魅力的企业家的引领。对于中国中车来说,企业家需要确保公司的战略布局和目标始终沿着正确的方向,发展公司在市场洞察、资源整合等方面的能力;同时,企业家要牢记南北车重组整合所承载的使命,推动企业的变革和发展,推动组织协同整合、发挥资源的最大效应。

创新一直以来根植于中国中车的基因中。几十年来,中国中车的企业家们在技术研发、产品开发、管理制度等方面全面创新,为企业创造了新的价值。中车企业家是新技术、新产业、新模式的倡导者和推动者,他们身上兼具"产业报国、勇于创新、为中国梦提速"的高铁工人精神和国有企业家不忘初心、坚守事业、装备强国的情怀和使命。

中国中车结合企业发展实际,创造性地提出了符合国家发展和中央要求、体现新时代特征、具有中车特色、以领导力模型为基础的企业家培育系统,为企业发展储备高素质专业人才,始终坚持人是企业发展壮大的第一要素。

案例改编自:毛基业,李晓光.创业中国故事[M].北京:中国人民大学出版社,2022.

思考题
1. 总结中国中车企业发展的有益经验,提出深化国企改革发展的建议。
2. 查阅相关资料并分析中国中车集团历任总经理及其企业家精神特质。

第一节 改革开放与民营企业家

一、企业家理论与实践的时代背景

由于历史原因,中国许多的具体经济政策在很大程度上是学习西方的,其中又以英美等国家为代表。中国的市场经济体制在改革开放以后逐步建立和完善。在经济体制转轨的过程中,国有企业以及非国有企业经历了多种形式的改革、转制、变迁、演化等,中国逐步确立了以公有制经济为主体、多种所有制经济共同发展的经济体系。

(一)企业家意识的觉醒

新中国的民营经济始于20世纪80年代,是伴随着改革开放发展起来的。到目前为止,民营经济已成为国民经济的重要组成部分。其规模不断扩大,结构日趋合理,效益明显提高。民营企业的产生与发展是一个漫长的过程,而在这一过程中,伴随着民营企业家在中国经济中的地位和作用的日益提升,也产生了很多的问题。从这个方面来讲,民营企业的发展也是一个不断变化和完善的历史过程。改革开放以来,民营企业有了较大发展。随着改革开放的深入,民营企业逐渐成为经济发展的生力军。20世纪80年代末至90年代初,民营企业已成为市场经济体制下推动中国经济增长的重要动力。这一阶段是中国民营经济发展的萌芽阶段,虽然也有一些民营企业经营者,但其经营企业的规模很小,而且由于受计划经济体制的束缚,民营经济可进入的行业范围有限。这一时期民营经济在推动我国工业化、城市化进程中发挥了重要作用。随着改革开放的不断深入、市场经济体制的逐步建立和完善,中国民营企业获得了快速发展。同一时期,国有企业开始以市场为导向进行制度变迁,逐渐形成以党和政府为主导并融合外部制度环境的治理体制。中国特色社会主义经济制度安排下的国有企业采用法定代表人、党委书记双头体制和一肩挑的人事政策。

20世纪80年代中后期,农村改革促进了农民收入的增加,创造了很多新的社会需求,使国民经济处于"短缺经济"的状态,一些敢于走在前面的农民抓住机遇兴办了乡镇企业。得益于当时农村廉价的劳动力和土地、灵活的运作机制、快速的决策机制和较为合理的分配机制等优势,全国范围特别是东南沿海地区的乡镇企业迅速发展壮大。当时,市场经济建设不健全、企业管理不规范、行业结构建设不完善等局限性恰恰给乡镇企业提供了发展空间。这一时期被称为中国民营企业发展的"黄金时代"。在这一阶段,大中小规模的民营企业的数量不断扩大,开始涌现出一些优秀的大中型民营企业,民营企业主和民营企业家的地位逐渐得到认可。

(二)企业家精神深入人心

20世纪90年代初,邓小平南方谈话进一步解放了人们的思想,掀起了中国民营经济发展的新高潮。一批思想观念较为超前的党政干部、国有企业职工和知识分子"下海"经商。中国民营企业的数量快速增加,企业发展融入了国有企业技术、政府关系、银行资金和先进的管理知识,从整体上优化了企业发展所需的资源,使民营企业规模及其经济水平有了进一步的提升。这一时期,经营主体从个体经营户逐步向企业家发展,企业经营主体的平均受教育程度和个人素质都有了较大的提升,创业活动不再局限于农村生产经营活动,其涉猎的领域更为广泛,涉及不同的地区、行业。中国的民营企业从传统产业如餐饮业、轻工业、小商品贸易等,拓展到新兴产业如房地产、金融证券、科技网络等。部分企业家开始从事与网络运营相关的行业,在全国范围内出现了中关村、深圳华强北等科技园、创业园科创企业聚集的现象,这一时期也涌现了大批留学人员归国创业的热潮,企业家生成途径向多样化发展。

20世纪90年代中后期,中国经济体制转轨进程进一步加快,中国由"过剩型"经济转变为"短缺型"经济,市场逐步由"买方市场"过渡为"卖方市场"。一方面,部分民营企业由于自身经营不善以及没能及时适应外部政策环境的变化而被市场淘汰;另一方面,在各行业中涌现出了一批具有较高素质的民营企业,其规模不断发展壮大,经营管理日趋完善。市场经济发展过程中的优胜劣汰从整体上提高了中国民营企业的发展地位,巩固了市场经济体制发展的根基。随着互联网技术的研发和运用,特别是以美国为代表的以金融创新为标志的新经济的带动,国内出现了一批知识程度高、熟悉新技术发展、懂得国际资本运作、具备国际视野的企业家,产生了如阿里巴巴、京东、新浪、百度、网易、腾讯等诸多知名的互联网企业。这类具有"金融+网络"特色的企业的企业家比经营传统企业的企业家更注重公司品牌的塑造,更加重视创业团队的合作。他们积极利用网络技术来完善传统的业务流程,并主动挖掘市场需求、研究消费者偏好。这一时期,民营企业面临的外部环境发生了根本性变化,原先的"外部拉动型"发展模式被"内在驱动型"模式替代。因此,民营企业内部管理越来越受到重视,企业家成为整合企业各种资源、协同企业内外各种关系的要素。只有具备高水平的企业家才能,中国的民营企业才能生存和壮大。截至2000年底,中国民营企业注册经营户176万户,相关从业人员达2 406万,注册资本13 307亿元,产值10 738亿元。这一时期,随着市场经济的成熟和发展、现代企业制度的建立、企业管理的变革、企业规模的扩大以及部分民营企业两权分离的出现,涌现出了一批民营企业家。

二、民营企业发展

随着21世纪的到来,企业家的经营范围得到了前所未有的拓展。特别是在互联网领域,企业管理者更加注重细分市场的网络应用,以满足日益多样化的消费者需求。一些新兴的网络公司在成立 10 多年后就成功赴美上市,体现了这些企业家对于拓宽融资渠道的敏锐洞察和果断行动。他们不仅精通国际资本运作,还擅长通过分析消费者需求来培养高度的客户忠诚度。同时,这些企业家还积极担负起企业的社会责任,展现了现代商业领袖的综合素质。随着经济体制改革的逐步深入,民营企业群体不断壮大,为中国经济的繁荣作出了重要贡献。中国改革开放初期,民营企业的发展大致可以分为以下四个阶段。

(一)第一阶段

1978 年至 1992 年,国家和地方逐步推出了一系列改革措施,为民营企业提供了合法的地位,从而激发了第一批富有冒险精神和创新能力的企业家积极参与创业热潮。这些政策不仅提升了民营企业的社会地位,还为经济注入了新的活力,促使这些企业家以更高的热情投身于商业创新和发展。

(二)第二阶段

1992 年至 2002 年,中国逐步建立了社会主义市场经济体制,为企业提供了更为公平、开放的营商环境。然而,这一时期民营企业的发展总体呈现出曲折上升的趋势,面临着诸多挑战。市场管理的逐步规范以及企业在"短缺经济"中追求"短期效应"的观念,导致部分企业在经营中陷入困境,甚至被市场淘汰。但也有一些企业能够在风险中抓住机遇,迎难而上。这些企业能够正确把握市场发展方向,不断提升自身的管理水平,明确企业的发展路径,最终在竞争中脱颖而出,实现了进一步的发展。这一时期企业的发展经验表明,只有在不断适应市场变化、强化内部管理、明确发展战略的基础上,民营企业才能在竞争激烈的市场中立于不败之地。

(三)第三阶段

2002 年至 2012 年,随着中国加入世界贸易组织并深度参与经济全球化进程,中国的民营企业迎来了更为广阔的发展空间。这一阶段,民营企业开始高度重视品牌建设、技术创新和国际化发展。这些企业在打造自身品牌影响力的同时,注重技术创新以提升产品或服务的质量，并积极拓展海外市场。因此，一些优秀的民营企业逐渐崭露头角，成为行业的领导者，引领中国民营经济的蓬勃发展。

（四）第四阶段

2012 年至今，随着中国经济的转型升级，民营企业面临着新的挑战与机遇。一些传统行业逐渐衰退，而新兴产业则迅速崛起。为了适应市场变化和经济转型的需求，民营企业开始注重创新、质量和服务，并加强内部管理以提高企业的核心竞争力。他们通过研发新产品、优化生产流程、提升服务质量等方式，不断提高自身在市场中的竞争力，为中国的经济转型和升级作出了积极贡献。

总之，中国改革开放初期民营经济的发展经历了多个阶段，民营企业在这个过程中经历了许多变化和挑战，但它们通过不断适应市场变化和政策环境，逐渐发展壮大。

三、民营企业家类型

改革开放初期，民营企业家的生成途径大致可以分为以下几种类型：资本积累型、承包人转化型、改制型、职业型孵化型。其中，前三种类型具有较强的时代特色。

（一）资本积累型民营企业家

改革开放初期，由于国内商品短缺，市场供应严重不足。在这样的背景下，涌现出一大批甘冒风险的民营企业开创者。这些开创者主要来自生活在社会最基层的农民、没有固定工作的返城知青、复员军人以及无业人员等。他们通过做生意或开设作坊式的家庭工厂来开展经营活动。由于民营企业相比国有企业具有更大的经营自由度、更有利的机制条件和更灵活的经营策略，因此在天时地利人和的有利条件下，民营企业得以迅速发展，资本积累也像滚雪球一样越滚越大。这些民营企业的崛起，为中国经济的繁荣和发展作出了巨大的贡献。

（二）承包人转化型民营企业家

承包是一种具有中国特色的经营方式，承包者通常是在原国有企业担任过管理职务的人员,如厂长、书记等。承包过程是由发包人(地方政府)与承包人进行多轮谈判,直至双方达成一致意见。由于地方政府积极推动承包制的改革,承包谈判往往对承包人有利,承包基数较低。承包人在追求利益最大化的过程中,可能会过度使用机器设备,要求工人加班加点。在完成初始资本积累后,有的承包人会买下原有企业,有的会另行创办新企业,有的则继续承包并将承包企业转化为股份公司。虽然承包人转化型的民营企业家也有资本积累的过程,但其经营模式相对特殊。

(三)改制型民营企业家

经济体制改革中的一项重要内容是国有和集体企业产权制度的改革,即"改制",这是国家的一项重大战略决策。据统计,当时国有企业的经营绩效普遍下滑,负债率从1986年的39%上升到了1995年的83%,而利润率则在20世纪90年代初降至百分之零点几。为了改变这种局面,地方政府从经济利益和地方财政的角度出发,对一些地方性国有企业和集体企业进行了产权变更,通过第三方机构进行资产评估。在改制过程中,地方政府作为国有企业和集体企业的转让主体,与改制企业的负责人共同对与改制相关的事项进行协商。改制后的企业大多采用股份制的形式划分产权,改制企业负责人可以占有一定比例的股权。由于改制型民营企业家拥有一定的政府资源,能够第一时间获取企业改制的重要信息并参与改制过程,因此一批由政策促成的改制型民营企业家应运而生。

四、转型期的民营企业家

(一)转型期民营企业家的特点

集体经济和早期的民营企业家精神为中小企业在经济转型中的发展提供了有利条件。早期民营企业在发展过程中展现出的企业家精神,开创了20世纪80年代企业家精神的新阶段,这一时期的企业家以江浙、广东沿海一带的民营企业家为典型代表。随着民营企业的迅速崛起、市场经济的进一步开放以及国家政策的逐步宽松,加上有利的地理条件和历史基础,民营企业的企业家精神得到了较为全面的发展。在转型期,中国的民营企业家表现出了以下特点。首先,他们的主要创业动机往往是失业的压力。在计划经济向市场经济转型的过程中，许多人失去了原有的工作机会，这促使他们勇敢地走向了创业之路，通过创办自己的企业来创造就业机会并实现自我价值。其次，这些民营企业家通常采用灵活的管理模式，具有较强的应变能力。在复杂多变的市场环境中，他们能够迅速调整企业策略，适应市场需求的变化，以灵活的经营方式应对各种挑战。再次，这些企业家通常具有吃苦耐劳的品质。他们不畏艰难险阻，勇于面对困难和挑战，以坚韧不拔的精神推动企业不断向前发展。最后，家庭背景对他们创业的影响较大。在许多情况下，家庭的支持和鼓励成为他们创业的重要动力来源。家庭的经济条件、文化背景和社会关系等因素也对他们创业的过程和成果产生了一定的影响。总之，转型期的中国民营企业家展现出了独特的创业动机、灵活的管理模式、吃苦耐劳的品质和家庭背景的影响等特点，这些特点共同塑造了他们的创业精神和企业的发展之路。

（二）转型期民营企业家面临的环境

民营中小企业在中国从计划经济体制向市场经济体制转型的过程中发展起来，面临着宏观政治、经济环境波动、经济基础设施建设薄弱、发展资源短缺和社会认可度低等多重挑战。与其他经济转型国家的中小企业类似，中国民营中小企业也表现出了转型经济中小企业的共性特征。从企业家创业的角度来看，大部分民营中小企业仍采用家族式经营方式，这类企业通常具有生命周期短、员工激励机制单一、融资渠道有限和面临政策变化风险等特征。在这一阶段，民营企业家们的创业行为受到家庭背景和先前管理经验的影响较大，社会关系尤其是非正式的社交关系在他们的创业过程中起到了提供信息、政策、资金和技术资源等重要作用。然而，这一系列特点也导致民营中小企业面临的政策风险高于其他类型的企业。一些民营企业家的短期行为，如盲目追求高利润、快速周转和短期买卖等，导致企业信用低下，难以获得公众认可和金融机构的信任。这一现象的根本原因在于企业产权保护不力、政府管制过严、干预经济的行为过多以及整个社会信用体系的不健全。此外，整个社会较低的消费水平和民营企业较低的社会认可度也制约了企业家的成功创业。

第二节　国有企业改革与企业家理论

一、国有企业改革的进程

（一）国有企业内涵的演变

国有企业是指由政府投资、拥有、经营或控制的相关生产经营单位或机构。在计划经济时期，国有企业主要采取国营企业或全民所有制企业的组织形式。然而，随着改革开放的推进，特别是从1993年开始的国有企业公司化改革之后，国有企业的定义变得更加广泛，涵盖了更多类型的企业。从党的十二大到党的十四大，国有企业的名称由"国营企业"改为"国有企业"，党的十五大以后又进一步修订为"国有或国有控股企业"。随着中国特色社会主义经济制度的深化改革，国有企业的范围也得到了进一步拓展，包括国有独资公司、尚未进行公司化改革的全民所有制企业和国有控股公司。

根据企业规模，国有企业可分为特大型、大型、中型和小型，不同规模的企业的年收入和雇员人数存在较大差异。按照隶属关系，国有企业可分为中央直属、省属、市属和县属，其等级结构类似于政府组织。各层次的国有企业在国民经济中的地位各有不同，规模大小也有所差异。

值得一提的是，自1993年以来，国有企业的公司化改革首先从市属、县属的小型和中小型国有企业开始。如今，国有企业主要以中央直属和省属的大型和特大型企业为主，集中在电力、石油、金融、文化传播等事关国计民生的基础行业。这些大型国有企业在国家经济发展中发挥着举足轻重的作用，为国家的繁荣和稳定作出了重要贡献。

（二）国有企业改革的历程

从计划经济到中国特色社会主义市场经济制度的转变，是一个牵涉面广泛、影响深远的制度变迁过程。作为经济体制的支柱，国有企业也经历了40多年不间断的制度调整。20世纪70年代末期改革开放以来，我国国有企业开始了新中国成立后的第一次大改革,主要目标是"搞好搞活国有企业"。随着改革的深入,1993年我国明确提出了建立中国特色社会主义市场经济体制的发展目标,国有企业开始从"放权让利"向"公司化"改革转变,改革的重点也逐渐转向改善企业治理结构方面。同年11月,党的十四届三中全会通过了《关于建立社会主义市场经济体制若干问题的决定》,明确提出了国有企业改革的目标,即建立"产权清晰、权责明确、政企分开、管理科学"的现代企业制度。1999年,党的十五届四中全会进一步对大中型国有企业改革提出了改善治理和发展混合所有制经济的新要求。随后,按照组织形式的不同而建立的企业制度逐渐替代了原先按照所有制不同而建立的企业制度,有限责任公司和股份有限公司也逐渐替代了传统的全民所有制企业、集体所有制企业和私营企业。这一系列改革措施有力地推动了国有企业的体制创新和发展,为中国特色社会主义市场经济体制的建立和完善提供了有力支撑。

(三)国有企业的治理结构

在国有企业改革初期,政策制定者和专家学者主要关注的是如何实现国有企业"所有权与经营权的分离"。然而,他们忽视了"所有权与控制权分离"这一现代企业制度建立中迫切需要解决的问题。当时,国有企业的控制权主要掌握在政府官员手中,而非企业经理。随着国有企业公司化改革的推进,公司治理的概念逐渐被监管部门和理论界引入国内,用于完善国有企业的治理机制。一批具备企业经营经验和熟悉国际金融规则的管理者被委以重任,负责优秀国有企业在国际资本市场的融资和上市。经过10余年的改革和发展,大部分全民所有制企业已经改制为各种形式的公司,并建立了"三会四权"的内部分权制衡机制(见图4—2)。

这些公司的治理结构基本符合《公司法》和其他企业经营管理相关法律法规的要求,形成了"董事会—监事会"的二元体制。公司的最高权力机构是股东会或股东大会,由其选举董事会成员和股东代表监事;经营决策机构是董事会,负责任免和监督公司经理及其他高管;总经理负责公司的业务和日常事务。同时,公司财务、董事会和总经理履行职务的情况受到监事会的监督。总经理对董事会负责,董事会和监事会对股东负责。此外,其他利益相关者、政府、自律性组织、银行和债权人以及媒体舆论等也对国有企业治理进行外部监督。

国有企业组织形式的公司化转型产生了一批拥有新身份的经理人。虽然从表

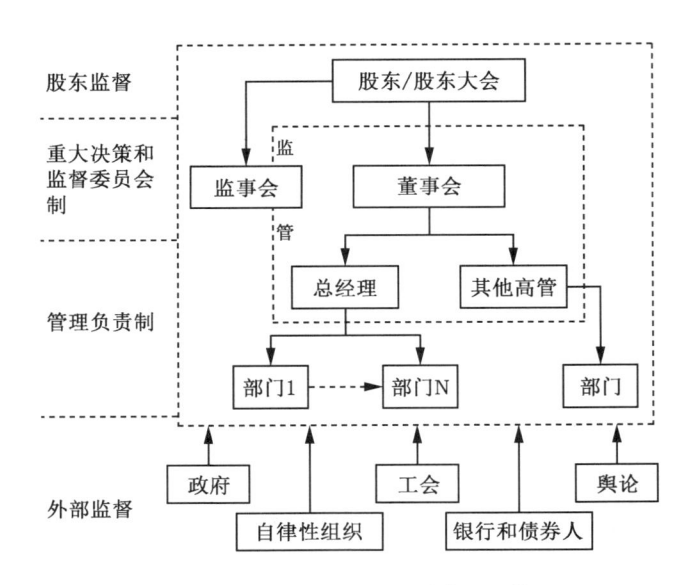

图 4-2 国有企业治理的表面结构

面上看,国有企业治理在形式上取得了显著进步,但实际操作和管理结构设置与初衷仍存在较大差距。在公司化改革后,国有企业形成了以法定代表人、公司党委和党管干部相结合的治理规则,取代了之前的表面治理结构(见图 4-3)。这种治理机制具有两个明显特点。首先,权力高度集中,国有企业的法定代表人和党委书记通过党政合一的人事安排,建立起对公司的全面控制和管理的一人治理模式,这与现代公司治理的分权和制衡原则相悖。其次,法定代表人(和党委书记)的权力来源并非完全基于政府对国有企业的所有权,这在一定程度上是政治干预的产物。

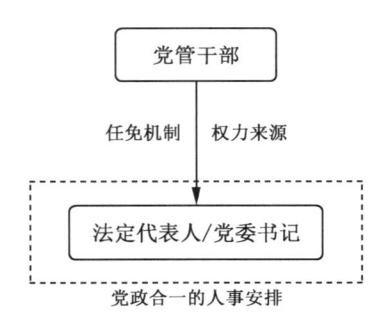

图 4-3 国有企业治理的深层结构

（四）国有企业治理的实际运作

在改革开放初期，集权式的管理制度在全国范围内广泛推广。1993年，中央电视台拍摄了一部介绍国有企业改革经验的电视专题片，其中包括"海尔经验"和"三九机制"。三九机制以法人代表总负责制为基础，是权力高度集中的典型代表，其核心是责、权、利的高度统一。这一机制包括企业组织机构的设置、领导机制、激励机制、战略管理、利益分配、监督评价、企业运营、技术创新等方面的制度安排。建立和形成三九机制必须具备两个条件：上层管理部门放权和配备一个自身素质高、自我管理和约束能力强的企业一把手。三九集团的成功得益于高素质企业家的管理，其具体表现之一是具有强烈的创新意识。三九集团法人代表赵新先在以下方面发挥了重要作用：新产品的开发、新生产方式的改进、新市场的开辟以及新型企业组织形式的应用。在三九机制中，法人代表个人负责，总经理和党委书记担任同一职位，肩负重大责任和使命，同时拥有很大的权力。该制度的成功要素包括企业家强经营管理能力、高自律性、强自我约束能力、高深的思想素质和政策分析水平。因此，企业家的选拔和任用机制需要不断与时俱进，根据市场竞争中的真实表现来确定其是否能胜任企业经营管理者的职务，而不能仅依靠单一的行政命令方法。

二、国有企业的企业家的产生过程

国有企业企业家的产生和发展的历史演变，展现了企业家在市场经济中的重要地位和作用。国有企业的企业家的产生经历了三个阶段——初始形态、发展阶段、职业经理阶层（企业家）的形成阶段。第一阶段，企业家的初始形态是"承包人"，随着企业改革的深入，他们逐渐转变为"经理人"。这一转变标志着企业家的发展进入了第二阶段。最终，随着市场经济的发展和现代企业制度的建立，职业经理阶层逐渐形成，这是企业家的最高形式。

（一）承包人

从20世纪70年代末至90年代初，我国国有企业改革处于初始阶段，主要以承包人为主。1979年8月，国务院批转了国家计委、财政部的《关于扩大国营工业企业经营管理自主权若干问题的意见》，扩大了国有企业的经营管理自主权。这一政策使得国有企业能够在计划和预算允许的范围内,自主决定扩大经营管理自主权的方法,并在生产、销售、固定资产投资等方面拥有更大的决策权。同时,国有企业可以自主安排内部工资总额,包括国家规定的工资总额和职工个人按规定比例留利。这些政策使得国有企业能够更加自主地制定计划和使用资金,为企业的进一步发展提供了更大的空间和灵活性。

同期,我国国有企业改革主要集中在扩大企业财权方面,承包责任制在这一过程中发挥了一定的积极作用。通过实行承包制,一些大中型企业得以搞活搞好,为国家财政收入的增长作出了贡献。作为承包责任人的厂长、经理们逐渐进入职业企业家的初始状态,同时引入了管理人员的竞争机制,采用招标、投标方式选择最适合的承包人。然而,承包制也存在明显的局限性,它建立在传统的企业管理体制之上,没有触及旧的企业制度的基本框架,仅对一些表面要素进行了微调,而并未涉及企业财产所有权分配等核心问题。具体来说,承包制的弊端主要体现在以下几个方面:首先,承包制无法从根本上解决政企不分的问题,反而加强了下级生产单位与上级主管部门的行政隶属关系;其次,承包制无法解决企业法人财产权归属问题,使得厂长、经理们难以成为独立的商品生产者和经营者,无法形成自主经营、自负盈亏、自我发展和自我约束的监督机制;最后,承包制固化了现有的管理机制,加大了国有企业进一步改革的阻力。

承包制并未对原有的经营体制产生实质性的影响,也没有建立起企业家培养体系。在这一阶段,厂长、经理们虽然行使了企业管理的职责,但缺乏相应的监督机制,没有形成清晰明确的责权利机制,导致企业经营者无需承担最终责任。此时,厂长、经理们的权利相对有限,并未真正掌握全部经营权,他们的责任范围仅限于完成与上级达成的承包任务。因此,承包制仅是在我国政企尚未分开、竞争市场尚未形成、企业产权制度尚未进行根本性改革的背景下,为了探索企业发展而采取的一种过渡性措施。在这一阶段,承包人只能被视为企业家的雏形,尚未具备企业家真正的特质和能力。

(二)经理人

从1991年到1993年,我国国有企业改革进入了一个新阶段,国有企业企业家的发展形式开始向经理人转变。通过总结过去的改革经验,国家认识到国有企业活力不足的主要原因在于经营机制不合理,而非国家与企业之间的利益分配问题。因此,改革的目标转向转换企业经营机制,将国有企业推向市场,加快市场经济体制建设的步伐,以增强经济发展的活力。1993年11月,党的十四届三中全会通过了《中共中央关于建立社会主义市场经济体制若干问题的决定》,明确提出了要造就企业家队伍的要求。随着企业经营机制的转变,旧的管理制度受到挑战,市场配置资源的功能逐渐增强,企业扩大了经营自主权,企业家开始进入"经理人"的发展阶段。相较于承包人,这一时期的经理人在能力和制度上都有了很大的进步。然而,企业经理人所拥有的财产经营权仍然不稳定,直接受到国家这一原始所有者的制约和干预。总的来说,这种财产经营权的独立性范围有限,最终决定权在很大程度上仍掌握在拥有财产所有权的政府手中。同时,经理人的利益尚未独立,责权利仍然不够明晰。因此,这一阶段的企业经营者仍不能被称为真正的企业家,该阶段也只是企业家发展过程中的一个过渡阶段。

(三)职业经理人

自1993年至今,随着现代企业制度的逐步建立,职业经理人成为企业家的常见形式。从1994年开始,我国正式开展现代企业制度试点,开始分离企业的所有权与经营权,清晰确定企业法人的产权,这为职业经理人的出现提供了制度保障。2000年,大多数国有大中型骨干企业及规模以上的民营企业已初步建立了现代企业制度,为职业经理人的发展提供了广阔的空间。在这一制度下,职业经理人作为专门的经营者角色,独立拥有企业财产经营权和财产的经济所有权,成为企业制度建立的重要基础。同时,这也明确了企业家职业经理人的责权利,为他们的职业发展提供了有力的保障。

三、国有企业的企业家精神

党的十八大以来,随着中国特色社会主义市场经济体制的不断完善,企业发展迎来了井喷期。中央企业的综合实力得到了明显增强,资产总额从2012年底的31.4万亿元增长至2021年底的75.6万亿元,年均增长率达到了10.3%。同时,建设世界一流企业的目标也逐步达成。2012年,进入《财富》世界500强榜单排名的中央企业有43家,进入全球品牌价值500强的中央企业有13家;到2022年,进入以上两个榜单排名的中央企业分别增加至 47 家和 21 家,为中国稳居世界第二大经济体、积极参与国际竞争作出了贡献。

(一)国有企业的企业家精神的时代特色

1. 承担时代使命

2014 年 11 月 9 日,在亚太经合组织工商领导人峰会上,习近平总书记指出,"市场活力来自人,特别是来自企业家,来自企业家精神"。在当前的攻关期,中国需要企业家勇于创新,这符合经济学家熊彼特将企业家精神概括为"创造性的破坏"的理论,也符合管理学大师德鲁克将创新和企业家精神视为企业成长基因的观点。建党 100 多年以来,一代代共产党人矢志不渝、前仆后继,开创了中华民族伟大复兴的新篇章。国有企业作为"共和国长子",是党中央领导国家的重要经济基础和物质保障。虽然企业经营要追求经济价值,但国有企业更重要的是肩负起民族复兴、国家富强、人民安康的历史使命。因此,作为国有企业的领导人,必须树立为社会作贡献、为国家谋发展、为人民谋幸福的精神追求,不断增强国有企业的企业家的爱国情怀和价值追求。

2. 培育家国情怀

"家国情怀"源于中国传统文化中的"修身齐家治国平天下"的理念,这一理念在改革开放进程中潜移默化地影响了一代又一代的企业家,催生出适应时代潮流的企业家精神。作为中国共产党人的初心和使命,为中国人民谋幸福、为中华民族谋复兴也是中国共产党人家国情怀的核心。当前,国有企业改革已进入深水区,必须解决企业管理的深层次矛盾。因此,党的二十大报告把"弘扬企业家精神"放在国有企业改革的内容中,突出了其重要地位,强调要着重培育国有企业领导干部的家国情怀,将爱党爱国融入其血液,把爱企爱岗落实在行动中,在干事创业的新征程上彰显其责任担当,为建设世界一流企业贡献力量。

3. 激发创新精神

新发展时代注定是一个充满创新和创造的时代,企业家群体应与这个新时代保持同步,展现出积极的创业态度和发展激情。他们需要顺应企业的发展趋势,勇于突破自我、打破常规,探索不寻常的发展路径。国有企业作为我国经济的支柱,掌握着金融、铁路、电信、航空、石油、电力、煤炭等关键领域。国有经济在能源、交通、邮电等基础部门和冶金、石化、机械、汽车、电子、半导体等重要原材料行业和支柱产业中占据支配地位,控制着国民经济的命脉。这对于增强我国的综合实力和增加民族凝聚力具有关键性作用。自改革开放以来,我国国有企业涌现出以张瑞敏、董明珠、宋志平等为代表的一批勇于创新、敢于突破、富有远见卓识的优秀企业家。他们的努力和智慧带动了一批国有企业的高速发展,使这些企业努力迈向世界一流企业,参与国际市场的竞争。这些企业家的精神和实践,展示了国有企业在新时代发展中的活力和潜力。

（二）国有企业的企业家精神的发展策略

国有企业的领导人需要制定引领企业塑造品牌、走向国际化的建设发展方略。国有企业必须紧跟时代发展潮流,紧随时代发展方向,在党和国家的事业大局中找准着眼点,走高质量发展之路,实现国有资产的保值增值。为了在国际竞争中立于不败之地,企业需要从国家或省级层面进行长远规划,以科学管理的原则制定建设发展方略。这些方略应致力于提升企业的核心竞争力,塑造具有国际影响力的品牌,并引领企业在竞争激烈的国内国际市场上占据一席之地。通过制定明智的发展策略和采取有效的管理措施,国有企业能更好地服务于国家和人民的利益,为实现中华民族伟大复兴的中国梦作出更大的贡献。

1. 发展战略是制胜之道

坚持创新驱动发展是国有企业推动我国科技创新的重要使命。创新是引领发展的第一动力,国有企业要充分发挥在创新领域的引领作用,积极推动创新成果转化运用。国有企业应努力成为新技术、新产品、新服务、高端装备制造和战略性新兴产业的开拓者,成为科技前沿和社会经济建设主战场的参与者。在实现创新驱动发展的过程中,国有企业要坚持自主可控与开放合作相结合的原则,积极推动先进技术与信息基础设施等领域的深度融合,大力培育具有国际竞争力的战略性新兴产业和企业。同时,还要在全球范围内引进更多的前沿技术与核心人才,加快建设全球创新高地,提高科技成果转化效率。围绕企业技术"卡脖子"问题、国际国内竞争新形势、"两化"深度融合以及市场需求等关键领域,国有企业要积极开展技术攻关,大力推进科技成果转化落地。这将有助于提升国有企业的核心竞争力,为我国科技创新和经济高质量发展作出更大贡献。

2.经营模式是制胜之法

国有企业应积极探索基于自身特色的治理机制,通过优化经营管理模式实现转型升级、开源增收、降本增效,从而盘活企业资产。同时,国有企业不同业务板块之间应加强战略协作,实现优势互补,以优化区域布局。要通过整合多方资源,形成产业联盟,进一步提升企业的整体竞争力。在培育多元要素融合的发展基因方面,国有企业应注重培育平等互惠、重视价值、敏捷高效、柔性生产、客户第一等新时代企业的内生基因。从引进、借鉴、学习外部资源和技术转向实现自主创新,将各类资源调整配置到更能提升价值、塑造核心竞争力、满足市场需求的重点区域和新兴行业。此外,上下游企业应加强合作,共同打造产业供应链,打通创新链,升级价值链。通过形成同行业产业链通力合作、创新链合理分工、价值链有效整合的完善格局,进一步提升国有企业的整体竞争力和可持续发展能力。

3.运营方略是制胜之术

国有企业应坚持资源集约化利用的原则,注重产品生产的质量和效益。通过优化要素整合和运营结构,企业可以提高内外部运营流程的效率,从而增强企业的创新力和市场竞争力。在市场化运营的导向下,企业以用户需求为导向,以经济效益为中心,同时坚守企业社会责任的初心。坚持所有权与经营权相分离,企业积极构建独立市场主体,以自主经营、自负盈亏、自担风险、自我监督、持续发展为管理目标。此外,企业还应注重专业化发展,聘用具备管理经验、善于经营并能够适应市场竞争的职业经理人,以提升企业整体的管理水平和运营效率。

第三节　新时代企业家理论与实践

一、民营企业家的发展

(一)民营企业家的发展环境

在改革开放初期,各行各业亟待发展,企业家群体的主要使命是推动经济高速增长。随着新时代的到来,我国社会的主要矛盾已经转化为人民日益增长的对美好生活的需求和不平衡不充分的发展之间的矛盾。这一历史性的变化促使企业家群体的使命也相应升级,转变为推动经济转型升级,实现高质量发展。在科学发展观统领全局的发展理念下,民营企业尤其是处于高精尖行业的民营企业获得了较大的发展空间。这些企业不断优化产品内容、提升服务品质,不仅与进入中国市场的外资企业展开竞争,还有部分企业主动走出国门,参与国际市场竞争,并取得了一定的成就。

(二)民营企业家的发展成就

进入21世纪之后,我国的改革开放步入了完善社会主义市场经济制度的新阶段。这一阶段为企业发展提供了有利的政策支持、宽松的市场环境、积极的财政政策和多样化的融资渠道,有力地促进了企业的成长和发展。根据国家市场监督管理总局2022年10月11日发布的数据,我国民营企业的数量从2012年底的1 085.7万户增长到2022年8月的4 701.1万户,在企业总量中的占比也从79.4%提高到了93.3%。民营企业在稳定经济增长、巩固改革成果、促进创新创业、增加就业岗位、改善民生等方面发挥了重要作用,已经成为推动经济社会文化发展的重要主体。

(三)民营企业家的社会贡献

我国进一步深化经济体制改革,通过分权式改革赋予了地方政府更多的行为能力、行为空间、行为权利和行为动机。在国有企业和集体企业面临困境的情况下,大力发展多种所有制经济成为地方政府推动经济发展的必然选择。随着地方竞争的日益加剧,各地企业改制速度加快,部分省份和地区的民营经济比重已经超过国有经济,成为本地经济发展的主体。以浙江省为例,民营经济在2020年创造了42 800亿元国内生产总值,占浙江省该年生产总值比重的66.3%,比2015年提高了1.3个百分点。其中,个体私营经济的发展尤为迅猛,2015年至2019年,个体私营经济增加值的年均增长率高达10.3%,比浙江省生产总值现阶段增速高出0.8个百分点。民营经济在浙江省的固定资产投资、税收收入、外贸出口和就业岗位等方面都占据了相当大的比重,显示出民营经济对浙江省经济社会发展作出的重要贡献。

二、民营企业家的特点

民营企业在浙江省经济社会的各个领域都作出了重要贡献。这些贡献不仅体现在经济增长和税收收入上,还涉及就业、创新和社会责任等多个方面。根据能力和管理重点的不同,现代民营企业家大致可以划分为经营者和现代企业家两种类型。这两种类型的企业家各有其特点和优势,下面将对这两种类型的企业家进行分析。

(一)经营者

民营经济的发展推动了市场经济制度的不断完善,同时也加剧了市场的竞争程度。民营企业受到市场的约束越来越强,这种约束刺激了民营企业发展的主体力量。为了促进民营经济的发展,一些省份特别是民营经济发达的江浙地区制定了相应的促进政策。在市场约束下,民营企业家必须转变管理策略,从只注重内部生产的角色转变为经营者,注重市场开拓和企业销售活动,并将此作为企业经营管理的新的拓展领域和关键运营活动。同时,民营企业家还需要积极拓宽社会网络,寻找市场支持的社会网络替代原先寻找政府支持的网络,熟悉市场运作规律,掌握资源整合的能力。在产品类型选择方面,民营企业注重向"高、精、尖"的方向发展,注重产品原创设计和生产过程优化。在行业领域方面,民营企业逐渐从劳动密集型行业向资本密集型、技术密集型行业拓展。同时,一批接受过高等教育,具备完整知识结构和技术,积累了一定管理经验的人才被选拔进入民营企业,担任中高级管理职务。此外,私营企业经营主体也尝试进入生产资料行业,参与设计、研发、生产某些高附加值的加工品,通过与国有企业联营成为国有企业的生产基地,参与国有企业经营的某一环节,借此渠道快速扩张生产规模,提高市场占有率。随着民营经济的发展,我国涌现出了一大批优秀的民营企业和杰出的民营企业家,如新希望集团的刘永好、娃哈哈集团的宗庆后等。

全国各省市政府利用自身的政策制定权,为民营企业家人力资本的形成提供了良好的中观环境,进一步加剧了民营企业之间及与其他类型企业之间的市场竞争。这种良性竞争锻炼了企业家的管理能力,促进了民营企业家群体的产生。在这个过程中,民营企业家进一步展现了其综合能力,具体表现在以下四个方面。(1)营销能力。随着市场竞争的加剧,民营企业家们重视并大幅提升了企业的营销能力,主动发起营销战,掌握市场主动权,提高市场占有率,从而赢得市场竞争的胜利。(2)建立社会网络的能力。民营企业家们积极构建与各市场中介、供应商、分销商、行业竞争者、银行金融机构等交互式网络关系,提升民营企业参与市场竞争的能力。(3)调整组织结构的能力。民营企业家们认识到原有组织结构的弊端,引进专业管理人员优化组织结构,增强企业的创新能力和适应能力。部分民营企业进行产权改革和股份制改造,甚至实现了上市。(4)创新能力。民营企业家们在产品、技术、市场和管理方法等方面持续创新,提供高质量产品,开拓新市场,挖掘企业内部潜力,推动企业的持续发展。

(二)现代企业家

党的十五大报告明确将公有制为主体、多种所有制经济共同发展列为我国社会主义初级阶段的一项基本经济制度,非公有制经济作为社会主义市场经济的重要组成部分,得到了继续鼓励、引导和发展的政策保障。1988年,宪法修正案进一步在法律层面确立了民营经济的地位和政策,为其发展创造了更为宽松的制度环境。随着市场竞争的加剧和经营形式的自由化,现代民营企业家面临着更大的市场压力和挑战。他们通常具备创新思维、敏锐的市场洞察力和卓越的管理能力,能够迅速应对市场变化和风险挑战。同时,现代民营企业家还注重企业的可持续发展和社会责任,积极推行绿色环保、公益事业等,以提升企业的社会形象和品牌价值。他们具备国际化的视野,重视全球化的产业布局,善于利用国际资源,拓展海外市场,提升企业在国际竞争中的地位。此外,现代民营企业家还注重企业文化建设和人才培养,打造了高效、稳定的团队,为企业的可持续发展提供了有力的保障。

现代企业家通常具备以下特点:(1)具备创新思维和创造力,能够敏锐地洞察市场变化和商业机会,通过创新的产品或服务来满足用户需求,提升企业竞争力;(2)具备出色的领导能力和团队管理能力,能够有效地激发员工的潜力和创造力,提高整个团队的效率和绩效;(3)企业具备敏锐的市场洞察力和商业直觉,能够准确把握市场趋势和用户需求,为企业制定科学的发展战略;(4)具备风险管理和应对能力,能够合理评估和控制企业面临的风险,确保企业的稳健发展;(5)注重企业的可持续发展和社会责任,积极推行绿色环保、公益事业等,以提升企业的社会形象和品牌价值。

第四节　港台企业家理论与实践

一、港台企业家精神

（一）港台企业发展状况

胡润研究院发布的《2022 胡润中国百富榜》显示，共有 1 305 位个人财富达到 50 亿元人民币以上的企业家上榜，其中港台企业家 140 人，占比相对较高。具体来说，中国台湾有 79 人上榜，中国香港有 61 人上榜。其中，94 岁的李嘉诚以 2 200 亿元人民币的财富位列总榜第四，显示出港台企业家在中国经济发展中的重要地位。此外，上榜的港台企业家中有六成是通过继承财富上榜的，这也反映了家族财富在港台地区的传承和积累情况。从居住地来看，有 90 位上榜企业家居住在中国香港，有 67 位居住在中国台湾。同时，根据海关总署的统计数据，2021 年大陆与台湾的双向进出口贸易均大幅增长，大陆市场稳居台湾地区出口市场第一，也是台湾最大贸易顺差的来源地。此外，台资在大陆的投资额也达到了 9.4 亿美元。这些数据表明，台商非常看重大陆的市场和发展前景，不断加大在大陆的投资力度，同时也获得了丰厚的回报。近年来，新批准的台资项目数和吸引的台资金额都在不断增加，显示出两岸经贸关系的紧密和台商对大陆市场的信心。

（二）港台企业家的成功与传承

"第一代"港台企业家大多白手起家，学历普遍不高，但他们都非常注重对接班人的培养和教育。因此，大多数"商二代"都拥有比第一代更高的学历，并具有海外留学的背景。"商二代"的学历主要以商科背景的大学学历为主，一些人还获得了研究生等高学历，同时拥有会计、证券投资等专业执照，主要涉猎管理、财务、营销、网络等商科领域。在接班问题上，部分"商二代"表现出不同的态度：一种是通过主观努力并得到父辈的精心栽培，顺利接班企业经营；另一种则对父辈的传统制造业不感兴趣，转而投身其他行业创业或寻求其他发展机会。随着时代的变迁和教育的提升，"商二代"更加关注新型行业和消费者需求，与"商一代"的传统制造业背景形成了鲜明对比。如何继承家族产业已成为企业家培育、选择的重要课题之一。此外,改革开放后,港台企业进入内地(大陆)投资纺织服装、家具生产等劳动密集型行业。得益于当地政府的优惠政策和低廉的劳动力成本,劳动密集型行业得到了较快的发展,然而,随着国内经济体制改革的深入和行业结构的转型升级,传统劳动密集型行业的竞争力逐渐下降,国家政策也开始倾向于支持高新技术产业。同时,东南亚代加工产业的崛起也加剧了市场竞争,对国内的产业造成了一定冲击。

(三)港台企业家的精神特质

港台企业治理融合了西方的现代企业制度和东方的商业伦理,体现了中西文化的交融与博弈。这些地区的企业家,如台湾的台塑王永庆、香港的长江实业李嘉诚和澳门的博彩豪门何鸿燊,大多靠智慧和胆识白手起家,积累了丰厚的家族财富,成为全球举足轻重的经济巨头。尽管这些企业家在不同的领域和行业中创业,但他们在为人处世和商业经营上都有着共同的特点:节俭勤劳、重视人才、言而有信、尊重知识,并具备强烈的冒险精神和行动力。在瞬息万变的市场环境中,他们能够敏锐地抓住每一个商机,善于分析未来趋势,整合各项资源,展现出高超的商业智慧和领导才能。同时,他们也非常重视家族的传承和接班人的培养,善于将家族的优秀基因与现代企业管理制度相结合,使企业在商一代退位后仍能持续发展壮大。这些企业家超凡脱俗的生活理念和精湛的领导管理艺术,特别是他们实现家业长盛不衰的做法,值得发展中的内地家族企业学习和借鉴。

二、香港企业家李嘉诚独特的经营与管理之道

李嘉诚的成功具有多个显著特征。首先,他具备中国人勤劳吃苦的优秀品质,这为他日后的成功打下了坚实的基础。其次,他敏锐地抓住了历史的机遇,从而在商业竞争中脱颖而出。此外,他的财富构成具有明显的时代特征,随着市场需求和经济环境的变化而不断调整和扩展。他在经营产业上注重虚实结合,保持实业基础和资本运作的平衡发展。具体来说,李嘉诚从塑胶花制造起步,随着香港国际贸易的发展和金融中心地位的提升,其重心逐渐转向地产业和货运业。目前,李氏家族在地产和码头业已具有较大的影响力,甚至在一定程度上实现了垄断。近年来,

他们又前瞻性地布局 IT 资讯产业，展现出敏锐的商业洞察力和创新精神。李嘉诚的成功并非一蹴而就，而是源于他的勤奋、智慧和长期的经营策略。他的经营原则包括注重产业基础的质量、善于借助产业平台进行资本运作等，这些原则在他的商业帝国构建中发挥了关键作用。总之，李嘉诚的成功是多种因素的综合结果，既包括他个人的优秀品质和才华，也包括他对市场趋势的敏锐把握和科学的经营策略。李嘉诚的经营策略可以总结为以下四条重要原则。

（一）抓住机遇，速战速决

塑料作为一种第二次世界大战后的新兴产品，具有便于加工、经久耐用和价格便宜的优点，因此有着巨大的发展前景。李嘉诚敏锐地洞察到了这个商机，选择了自己非常熟悉的塑料行业开始创业。他的长江实业公司生产的塑料花物美价廉，很快便打入市场并畅销起来。此外，李嘉诚还非常善于把握资本市场的进退时机。他在收购时行动迅速，总能在最有利的情况下达成交易。他对于市场有着清醒的认识，既不过度乐观也不悲观，能够在经济低迷时大量投资，并从长远角度考虑该项资产是否具有盈利的潜力。他更注重在获取合理利润的同时在相同的经营领域中改善战略地位，这种远见卓识使他在商业竞争中始终保持领先地位。总之，李嘉诚在创业过程中展现出了敏锐的商业洞察力和高超的经营技巧，这些素质使他能够抓住商机并取得成功。

（二）目光远大，稳健发展

李嘉诚强调，为了在竞争中保持领先地位，必须不断吸收新知识，并密切关注全球经济和政治形势。他以实际行动践行了这一理念。李嘉诚在 1950 年开设了塑料厂，并以"长江实业"命名，寓意只有细小的河流才能汇聚成为长江，强调了积累与成长的重要性。李嘉诚对于零售业务的投入并非仅仅因为看重其良好的现金流，更重要的是他看到了零售与地产业务的紧密结合，因此他将零售、地产、港口等业务整合在一个平台上运营，以发掘更多的商业价值。除了横向业务间的价值挖掘，李嘉诚还具有前瞻性的眼光，能够预见单一业务的发展潜力。例如，他预见到健康、美容类产品将成为未来零售业的主要成长动力，因此在法国、英国、俄罗斯等国寻找经营零售网点，以拓展业务范围。在经营管理上，李嘉诚注重严格的成本控制,并要求找到额外的盈利空间,以确保企业的稳健发展。这种精益求精的管理理念和不断寻求创新的精神,为他的商业帝国奠定了坚实的基础。

(三)合作共赢,懂得分享

当被问及经商多年最引以为荣的事情时,李嘉诚表示,他并不是因为击败了竞争对手"置地"而感到骄傲,而是因为他有很多合作伙伴,即使在合作结束后仍然保持联系。他强调,合作的关键是要首先考虑到对方的利益,确保合作伙伴能够分享到足够的利润,这样他们才会给予更多的回报。李嘉诚也经常告诫下属,做生意要以诚待人,不投机取巧。对于向客户许下的承诺,无论遇到多大的困难,都要竭尽全力去履行,赢得客户的信赖比任何事情都更加重要。这种诚实守信的商业道德,为他的商业帝国赢得了良好的声誉和持久的成功。

(四)以诚待人,以情感人

李嘉诚取得了巨大的商业成就,但他总是谦虚地认为自己最大的资产是"诚"。他的许多部下也认同这一观点,认为他的成功源于诚信。李嘉诚强调,一个人的力量再强大也是有限的,成功的关键在于有人愿意帮助你,乐意与你一起工作。因此,他始终与长江实业的员工保持紧密的合作关系,同甘共苦、齐心协力。在长江实业集团发展到一定规模后,李嘉诚意识到人才是企业发展的关键。他非常重视用人之道,善于融合儒家宽厚为怀的"仁爱"思想和西方的民主自由思想,打造出一支高效、忠诚的团队。他的管理方式既体现了中国人的治理哲学,也汲取了外国人的治理精髓。李嘉诚坚信,"外国人的治理方式加上中国人的治理哲学,再加上员工的干劲及热诚,无往而不胜"。这种开放、包容的管理理念,为他的商业帝国提供了强大的人才保障。

三、台湾企业家王永庆的经营之道与成功秘诀

王永庆是中国台湾著名的企业家,被誉为"经营之神",他是台塑集团的创办人。他最为人称道的并非他的财富,而是他在商业经营和日常生活中所展现的人格魅力和独特之处。他通过多年的经验总结出一套科学的用人之道,其中最核心的是"压力+激励"管理法。王永庆擅长发掘人才、爱惜人才、善用人才,能够笼络

员工并激发员工的潜能。他始终坚持"一勤天下无难事"的理念,认为适当的压力能够充分体现一个人的价值。这种管理理念和领导风格使得王永庆在商业领域取得了巨大的成功,并赢得了广泛的尊重和赞誉。

(一)"压力"加"激励"管理法

王永庆在企业管理中创立了"压力管理"法,即通过人为施加压力来推动员工更加努力和高效地工作。为了实现这一目标,他采用了多种手段,其中之一就是亲自主持的"午餐会"。这些午餐会的讨论主题都是关于各部门的经营状况和管理方面的难题,旨在通过集思广益找到更好的解决方案。为了准备这些午餐会,主管人员需要花费大量时间来收集和分析数据,深入研究问题,以确保能够应对王永庆的各种提问。这种压力管理方法在台塑集团得到了广泛应用,并成为王永庆管理风格的重要组成部分。

(二)追根究底精神

王永庆坚信,"成本分析,要追根究底,台塑就靠这一点吃饭",这一管理原则在企业运营全过程中得到了彻底贯彻。无论多么微小的问题,一旦被发现,王永庆都会追根究底,彻查原因,绝不放过任何一个细节。他以不积跬步无以至千里的精神,精细管理企业。除了要求事无巨细、事必躬亲外,他还强调"比较",要求提出多个方案、多项措施,通过综合分析后制定最优策略。王永庆关注的不仅仅是"该赚多少"或"赚了多少"的问题,他更关心的是"用什么技术""用多少原料""工资多少""消耗能否控制""生产效率能否提高"这些更具体的细节问题。这种深入细节的管理方式,为台塑集团的发展奠定了坚实的基础。

(三)识才爱才用才

王永庆深知企业的可持续发展离不开人才的支持,因此他非常重视人才的培养和选拔。他认为,企业除了自己培养人才外,还需要从外部引进一些优秀的高素质人才,以增强企业的竞争力。王永庆特别注重人才培养体系的建设,认为通过内部培养的人才未必不比外部招聘的人才更适合企业需求。为了找到适合企业需求的人才,他强调企业首先应该做好内部的管理工作,建立规范的人才培养、选拔、任用制度,明确公平公正的人才选拔机制,这样才能发掘出企业内部有发展潜力的核心人才。同时,他主张"适才适所",即根据员工的能力和特点,将其安排在最适合的岗位上,以充分发挥其才能。王永庆继承了中国传统的价值观,秉持其母善良、朴实、勤劳、坚忍的品质。他以《大学篇》中的"大学之道在明明德,在亲民,在止于至善"为座右铭,注重培养子女和部下,努力建立和完善企业制度。这些理念和做法为台塑集团的成功和持久发展提供了有力保障。

扩展案例

张瑞敏——用锤子砸出了中国制造业精神

1949年1月5日,张瑞敏出生于山东省莱州市。1984年12月,他临危受命,接任当时收入仅348万元、亏损147万元的国有企业青岛电冰箱总厂厂长一职。该厂于1985年引进了德国"利勃海尔"公司的先进技术和设备,生产出了亚洲第一代"四星级"电冰箱,海尔人将产品名称定为"琴岛—利勃海尔",并且成功地设计了象征中德儿童的吉祥物"海尔图形"(现在的海尔兄弟)。1991年,该商标被认定为驰名商标。青岛电冰箱总厂的名称经过几次变更后,于1991年变更为"青岛琴岛海尔集团公司"。从1984年12月至2021年11月,在长达37年的时间里张瑞敏一直担任海尔集团的掌门人。此后,集团由周云杰接棒,海尔集团顺利完成了领导班子的交接。虽然张瑞敏不再担任海尔集团的主席,但他所创新的管理方法及管理思想一定会继续陪伴海尔集团走向未来。

一、品牌战略

从张瑞敏担任青岛电冰箱总厂厂长之日起,他始终坚持品质至上,坚持生产高质量产品,致力于打造中国的知名品牌。"有缺陷的产品就是废品!"1985年,张瑞敏用一柄大锤砸毁76台有质量问题的冰箱,他一边砸一边说:"过去大家没有质量意识,所以出了这起质量事故。这是我的责任。这次我的工资全部扣掉,一分不拿。但今后再出现质量问题就是你们的责任,谁出质量问题就扣谁的工资。"这一大锤子砸醒了海尔人的质量意识,也砸出了海尔的品质基因,更明确了海尔的第一大战略:品牌战略。

1988年12月,即砸冰箱后的3年,海尔获得了中国电冰箱史上的第一枚质量金牌;1990年,海尔获得国家质量管理奖;1991年,海尔又成为全国十大驰名商标。这些荣誉嘉奖是对海尔质量的高度认可,也是对海尔品牌战略的有力支撑。1995年,海尔应政府要求兼并了同样为青岛重点企业但陷入巨大亏损的红星电器,之后海尔走上了一流洗衣机制造之路。此后,经过10多年时间的发展,海尔从电冰箱、洗衣机生产企业发展成为中国家电头牌企业,生产的产品类型丰富、功能齐全,基本涵盖了家用电器全品类,走向了多元化发展的道路。

二、世界名牌

1998年,中国市场开始与国际市场接轨;2001年,中国加入世界贸易组织(WTO)。张瑞敏领导的海尔集团在这个阶段牢牢抓住发展先机,开始在海外建厂,同时并购了一些优质的海外企业,至此海尔开启了全球化战略。20世纪90年代,国内大多数家电生产企业自豪于为西方大牌代工而出口创汇,但海尔决定另辟蹊径,坚定不移地将自有品牌推向国际市场,打造国际知名品牌。1997年,张瑞敏前往德国科隆出席了世界家电博览会并为国际经销商授牌,这一举措加快了海尔出口创牌的步伐。这也是中国企业第一次给外国经销商品牌经营授权。为了在国际市场上占有一席之地,海尔必须克服长期以来中国技术与经济落后留下的负面印象,并不断提升自身实力,艰难前行。海外经营面临经营成本高、管理困难的局面,但是海尔没有退缩,而是直面困难主动出击。1999年,张瑞敏作出更大胆的决策,投资3 000万美元,在美国南卡罗莱纳州建立了自己的制造基地——海尔美国工业园,以"先有市场,再建工厂"的模式,迈出了全球制造与全球行销的新步伐。2011年10月,海尔收购了三洋电机在日本和东南亚的白色家电业务,将市场延伸到东南亚地区。2012年,海尔收购了新西兰家电企业斐雪派克,将市场延伸到澳洲地区。其中,最受大众关注的是,2016年6月,青岛海尔成功并购了美国百年"老字号"通用电气的GE Appliance。张瑞敏说:"GE是百年老公司,我们兼并GE家电的目的并不是想抹除GE,而是想做到改变。有限游戏的参与者是在界限内游戏,无限游戏的参与者是和界限游戏。GEA现在与我们合到一起就是一条原则:你能不能和界限游戏。GEA已成立百来年,你基本上在界限内游戏,那你现在就是要创新,就是要改变。"这次海尔集团的成功并购巩固了其全球化品牌战略,中国出口的家电产品数量在世界市场占了将近一半。但是,在这所有出口的产品中属于中国自有品牌的总数却占不到3%,而在这3%的份额中,海尔品牌就占了80%,

更加凸显了其品牌价值。从1989年开始出口到2015年,海尔用了26年才达到全球海外市场总体的盈亏平衡,但盈亏平衡后,它只用了5年就将海外品牌的利润率提升到了4%,这也是贴牌代工的最高利润水平。2020年,海尔已成为全球营收超过3 000亿元、利税超过400亿元的全球化企业。海尔的核心上市公司海尔智家,不但位居世界500强之列,而且以超过1 000亿元的海外品牌收入,真正成为中国的全球化品牌(而且是大牌),为整个中国品牌出海起到了鼓舞和榜样作用。2021年6月22日,海尔连续18年入选"中国500最具价值品牌"榜单,品牌价值高达4 575.29亿元。2021年1月11日,世界权势巨子市场调查机构欧睿国际(Euromonitor)公布的数据显示,海尔连续12年在场景品牌和生态品牌榜单中排名全球第一。

三、物联网生态

2016年收购GEA时,海尔已是连续8年蝉联欧睿国际世界白电第一品牌,但此时的海尔已不仅仅是家电的海尔。2016年,海尔已大步向物联网生态企业转型,最终在2018年全球首创提出了生态品牌的发展理念,并于2019年正式开启了生态品牌战略的发展新阶段。

四、管理思想

张瑞敏在中国商业史乃至世界商业史上均享有盛誉,为管理界输送了一个又一个具有竞争力的创新商业模式,提供了大量经典的、可供借鉴学习的管理案例,创造了富有中国特色和时代特征的管理思想。他犹如拥有魔力般地把一个资不抵债、濒临倒闭的集体所有制小厂,发展成为年营业额数千亿元的全球化公司,在企业管理过程中逐渐形成了一套卓有成效的、自成一体的管理实践和经营理念,下面简要总结张瑞敏几个具有代表性的管理方法。

(一)OEC管理法

OEC管理法,其中"O"代表overall(全方位),"E"代表everyone(每人)、everything(每件事)、everyday(每天),"C"代表control(控制)、clear(清理)。OEC管理法也可以表示为:日事日毕,日清日高。也就是说,当天的工作要当天完成,天天清理并且天天都有所提高。

(二)市场链管理

企业根据订单生产产品可以有效消减库存,加速资金周转,使企业达到迅速发展的目的。

海尔的"三流"管理模式以信息技术为核心,以现代企业管理理论为基础,是一个典型的信息化环境下建立起来的组织模式。海尔的创新是一个持续不断、与时俱进、不断发展的过程。

海尔所提倡的"三流"管理模式在全球经济一体化大潮中受到越来越多企业和学者广泛的关注和研究。在我国,随着"三流"结构逐步向多元化、集团化和现代化方向发展,也涌现出了一批不同于西方发达国家通行的现代企业运行机制和运作方式。

(三)人单合一

从人单合一模式的演进过程来看,其可分为两个阶段:第一阶段为"企业平台化",第二阶段为"员工创客化"。第一阶段与第二阶段的关系是:企业是核心平台,员工是核心创客,用户是交互资源。互联网技术与互联网思维推动着企业战略和组织模式从"共创共赢"向"三化融合"发展,进而带动了"人单合一"模式的发展。互联网技术的运用在提高客户体验、降低交易成本(如电子支付等)、缩短产品生命周期并优化资源配置及企业内部业务流程的同时,也给员工创造了一个"自由空间",员工可以根据自己擅长的领域和工作兴趣自由选择职业方向,自由组建团队,发挥自己的才能和优势。

从名牌战略到全球品牌,从产品品牌到物联网生态品牌,海尔始终能与时俱进地持续转型升级,张瑞敏对产业变迁与企业发展的持续思辨和创新态度是促进企业发展的关键因素。人们通过他认识了一个不断开阔眼界的中国制造业以及这个行业背后的中国的企业家精神。

资料来源:编者根据相关资料整理

思考题

1. 根据案例内容总结海尔成功的经验。
2. 张瑞敏的管理思想包含哪些内容,你从中可以获得哪些启示?

第五章

当代外国企业家理论与实践

导入案例

松下幸之助的创业历程与企业理论

一、松下幸之助的企业家精神

松下幸之助于1894年生于中产之家,长于桑户蓬枢,因其父于1899年破产而家道中落,因此松下幸之助被迫在小学四年级便外出务工。16岁时,松下幸之助入职大阪电灯,23岁时因表现出色被委以检查员职位。

(一)冒险与探索精神

创业过程中存在很大的不确定性,因无先例可考,不仅过程难以操纵,结果难以预料,而且由于市场反响无法准确预计而难以判断最终收益、无法精准估计发展趋势和前景。因此,需要企业家具备极高的素质——卓越的冒险精神、探索精神、决断精神与执行意志。

松下幸之助的冒险与探索精神,在其传奇般的人生履历中处处可见。

其一,在大阪电灯任职期间,他疯狂地学习电器知识,并且尝试自己创新电器,研发出了其个人第一款创新产品——新型灯泡插座,却并未得到公司的赏识。领导希望他继续从事当前清闲的高收入工作,不要盲目折腾,他却毅然决然选择辞职创业，自立门户，让人不得不佩服他在稳定和风险中选择了奔赴后者的勇气。

其二，松下幸之助于1918年在大阪创立松下电器制造所后，研发出了寿命远超当时市面产品10余倍的自行车灯电池，虽然在打开销路的过程受到了重重阻挠，但松下幸之助采取了先向销售商供货、商品售出后再回款的销售策略，冒大险得大利，最终得到了市场的高度认可与丰厚的收益。

其三，松下幸之助1951年访美归来后，在公司内引进了"员工持有股份制度"，这在当时的时代背景下极具前瞻性、创造性与开拓性。此外，他颇具冒险性的"众智经营法"，即由他本人将目标与大方向阐明之后，交由下属发挥主观能动性、大胆施为的"人人皆为经营者"制度，也被时间证明是具有大智大勇的高明之举。

优秀企业家的冒险与探索精神通常都建立在其敏锐的洞察力的基础上，卓越的前瞻性眼光与先见性预测使他们得以在瞬息万变的市场中发现、把握机会并适时、主动出击。正所谓"无限风光在险峰"，他们勇于探索、敢于冒险，最终才能够"能人所不能"。

（二）决断力

企业家的冒险精神通常与决断力相辅相成，因此以上能够体现松下幸之助冒险精神的案例，也离不开其决断力的襄助。他在1929年大萧条期间挽救公司于危难的决策实属不凡。

1929年，华尔街丧钟长鸣，资本主义黑云笼罩，企业纷纷破产倒闭，民众揭锅卷席、流离失所。大萧条迅速波及各洲各国、各行各业，日本自然也在劫难逃。从美国传来的经济危机余波，合并日本本土自1927年起的"昭和金融危机"及一战后疲软萎缩的市场，致使这场长达数年的经济动荡愈演愈烈。当时规模仅有300余人的松下电器也深受影响，在风雨飘摇的恶劣环境中苦苦经营、岌岌可危。然而，在绝大多数企业大幅裁员、减薪以谋生机时，松下却反其道而行之："生产即日起减半，但是，不能够解雇一人！工厂员工上半天班，工资全额支付。但是，员工需要利用假期，全力销售在库产品。"松下幸之助没有裁掉任何一人，甚至都未曾对员工进行减薪，在上下一心的努力下，公司不仅成功清空了所有的库存，甚至还在原有的规模上发展壮大。大萧条时期与大部分企业家背道而驰的决策展现出了松下幸之助非比寻常的决断魄力，也正是这次危机，使他对企业使命和经营理念有了更深层次的思考和见解,并成为他其后提出的一些经营哲学和企业家理论的基石。

二、松下幸之助的创新精神与创新能力

创新是企业持续发展的基础动力,是健康企业的常态化活动,更是破局、图新以实现振兴与发展的中坚力量。松下幸之助在与松下电器共同发展、吐故纳新的 55 年中,所体现出的创新精神和创新能力同样令人赞叹。

其一,技术创新。早年间松下幸之助还在大阪电灯就职时,曾研究出便捷可拆卸的新型灯泡插座,在产品技术方面实现了一定的突破性改进与提高。在成立松下电器制造所之后,他更是研究出了性能跨越时代的产品——电池寿命及供电时长远超市面产品 10 余倍的自行车灯,可见松下幸之助本人具有出色的创新能力。

其二,管理的模仿创新。松下幸之助曾于 1951 年访美学习,归国后在公司内引进了"员工持有股份制度",并于 1965 年开始推行 5 天工作制,再于 1967 年提出工资赶超欧洲、看齐美国。种种举措虽然参照了欧美的模式与理念,却也是根据本国国情调整后因地制宜的模仿创新,这为公司注入了生机与活力。作为行业风向标,松下幸之助为社会提供了"变则通,通则存"的极富参考价值的学习模范。

其三,管理的原发创新。1929 年集全公司力量度过经济危机的经历,使得松下幸之助对员工的意义有了深入的思考。他提出"造物先造人"的企业理念,将员工视为第一财富,还先后提出了"众智经营法""自来水哲学"等自成一家的管理理念和企业家理论,扩展了管理学科的知识边界,为时人及后世提供了宝贵的先例。

瞬息万变的市场,竞争残酷无比。企业家务必保持对创新技术的警觉、对未来势态的预判、对市场变化的敏感以及自身的创新思辨能力,做到有独立的创新主张、坚定的创新目标、不竭的创新激情、坚决的执行能力。

三、松下幸之助的企业家理论与经营哲学

(一)自来水哲学

自 1929 年大萧条之后,松下幸之助对企业的使命有了新的理解,"自来水哲学"就是其经营哲学中的核心理念。他借自来水作比喻,强调企业的责任是将民生所需的商品变得像自来水一样便宜,并将这些优良的产品以消费者能够承受的价格,像自来水一样,源源不断地输送到市场,使消费者受益。这一经营哲学的最终目的,是消除贫困、使人类向繁荣和富裕发展。自来水哲学可以说是松下幸之助一生经营活动的真实写照,被其本人认作经营之根本,并以此为名出版自传。时至今日,他的自来水哲学仍对企业经营管理有着非凡的意义,发挥着极大的作用,在世界范围内被大量学者研究学习,被大量企业家引为经营秘诀。

(二)以人为本的管理

松下电器在日本以低纠纷率著称,一贯保持着优良的声誉和口碑,这与松下幸之助以人为本的管理思路密不可分。大萧条期间不裁员不减薪已是老生常谈,松下幸之助不但推行了日本最早的"5天工作制"和工资福利国际化,而且将"人人都是经营者"的理念层层深入、贯彻到底,推行员工持股制度,实施"众智经营法",在合理范围内最大限度为员工着想,在力所能及的范围内满足员工幸福生活的一切需求,为员工提供稳定的环境,使员工在企业中获得高度的安全感,从而汇聚众智、和衷共济,齐心从事经营生产活动。在企业中,相比于其他非生命元素,人的可塑性是无限的,可创造的价值是无穷的,对员工的投入、微小的改善都可能给公司带来指数级的提升。目光深远且独到的松下幸之助深谙"以人为本"的道理,善于以人的价值推动企业价值的提升,最终得以带领松下走到了一般企业难以企及的高度。企业家理论来源于实际经验,又在实践中不断发展、丰富并完善,在瞬息万变的市场中搏浪击涛的企业家们,只有最勇于探索、敢于冒险、善于创新的佼佼者,才能使企业如不拔之柱般蓬勃发展、长盛不衰。

资料来源:编者根据相关资料整理

思考题:
松下幸之助如何强调"人"在管理中的作用?这与其企业家精神有何关联?

第一节　欧美企业家理论与实践

世界知名的企业家们在激烈的市场竞争中以其独特的创新理念和创新实践,始终保持着企业的竞争优势。剖析他们的创新理论和实践,有助于引导国内广大企业家们重视创新工作,积极开展创新活动,从而增强企业的市场适应能力和发展能力。企业需要创新,只有不断创新才能使企业持续保持较高的利益。

一、欧美企业家精神

（一）坚忍不拔、不怕困难

美国哈佛大学的一项研究显示，欧美成功的企业家在面对挫折时，通常不会轻易放弃自己的事业，而是会积极地寻找解决方案。研究人员将这种坚韧不拔的精神概括为三个关键词：永不放弃、坚忍不拔和对事情的强烈责任感。这些企业家在面对失败和打击时，往往能够坚持到底，充分体现了他们的意志力和不屈不挠的精神。正如俗话所说，"吃得苦中苦，方为人上人"。创业过程中难免会遇到各种困难和挑战，但正是这些困难激发了企业家的创业激情和动力。他们在经历挫折后，能够积累更多的经验，为未来的成功打下坚实的基础。

（二）敢于冒险、承担风险

冒险精神在欧美文化中深入人心，一直是推动许多重大成就产生的力量源泉。这种精神贯穿于西方人生活的方方面面，从探索与旅行到创业与创新，都可见其影响。在创业和创新领域，美国企业家的冒险精神尤为突出，他们勇于承担风险，打破常规思维，追求突破性的创意。诸如 SpaceX、特斯拉和 Airbnb 等公司，正是以冒险和前瞻性的视角，彻底改变了各自行业的格局。

（三）勇于创新

美国企业家是美国社会的宝贵财富和经济增长的重要源泉。工业化社会的经济增长机制离不开具有创业和创新精神的企业家的引领。这些企业家团结科学家、银行家和发明家，通过创新和创造主导财富的增长。创新是企业持续发展的核心动力，优秀的企业家必须具备勇于创新的精神。这种创新精神不仅推动企业的进步，还是一个民族走向强大和成功的关键。在西方国家，许多优秀企业家的涌现，成为推动社会发展和进步的重要力量。企业家强大的创新能力是西方国家进步和强大的重要因素之一。

二、美国：马斯克与 SpaceX

马斯克创立的 SpaceX 公司在短短几年内迅速崛起，成为商业航天领域的领军企业,市值高达 1 500 亿美元。同时,他创建的特斯拉公司在创立不到一年的时间内,成功地将电动车推向全球市场。在一次采访中,马斯克坦言:"我将永不退休,因为我热爱工作。"他的成就充分展现了他作为优秀企业家的特质和精神:勇于创新、敢于冒险、对工作充满热爱与执着,以及坚定的决心和毅力。这些品质使得马斯克能够在激烈的市场竞争中脱颖而出,带领企业不断取得突破和成功。马斯克身上具备的优秀企业家的特质主要包括以下几个方面。

(一)大胆且专注

马斯克以独特的视角和出色的才华,不断尝试并成功开创了许多前所未有的事业。他专注于每一个目标,深入钻研、不断努力,将事情做到极致。从火箭研发到飞机驾驶,再到太空旅游公司的创办,他的创新与冒险精神无处不在。特斯拉电动车的销售业绩和市值远超其他汽车公司,更是彻底改变了人们的出行方式。而他所创立的 SpaceX 公司,也在不断推动着太空探索的边界。马斯克的事业不仅展示了他的才华和决心,还为人们的生活带来了巨大的改变。

(二)努力并执着

在创业初期,马斯克就曾说过:"我每天至少工作 14 个小时,有时甚至会工作 20 个小时。"他的座右铭是"努力、执着",这也正是他和其他优秀企业家共同的品质。马斯克对于自己的事业有着近乎痴迷的热爱,他的执着体现在产品、技术、市场营销等各个方面。他是一个名副其实的工作狂,即使在飞机上也不忘思考和完善产品方案。这种对于工作的热情和投入,使得他能够在竞争激烈的市场中脱颖而出,不断推动企业向前发展。企业家精神是企业发展的核心竞争力之一,它能帮助企业建立长期竞争优势、实现可持续发展。从马斯克身上,我们可以看到企业家精神所蕴含的内在动力,正是这种精神推动了企业的不断成长和发展。

(三)冒险与创新

马斯克在公司中常常提出大胆而疯狂的想法,有时甚至因为一个想法而否定整个团队的成果。为了找到可重复使用的火箭发动机,他花费数月时间积极寻找生产商,因为这一研发方向可能会直接影响全球其他火箭公司的生存。在电动汽车领域,他曾放出豪言:"如果能在 100 天内造出一辆电动车,那我们将在未来 10 年内引领全球。"为了实现太空电梯的构想,马斯克认为需要足够高的重力加速度,于是决定自行制造一台加速度器。他坚信:"成功的关键在于疯狂地投入,必须非常非常认真。敢于与众不同,在别人还未行动时,就率先迈出步伐。"马斯克的言行展现了他敢于冒险、勇于创新的企业家精神,为企业的发展注入了强大的动力。

三、瑞典:坎普拉德与宜家

宜家,这个起源于瑞典的家居用品零售商和制造商,如今已成为全球最大的家居品牌之一。从创立之初,宜家就坚定地秉持着"让人人都买得起优质的家具"的理念。1998 年,宜家中国在上海徐汇区开设了第一家商场,将这一理念带入了中国市场。宜家的成功,在很大程度上,要归功于其创始人英格瓦·坎普拉德的企业家精神和他的经营理念。坎普拉德认为,每个人都可以从企业家的角度思考如何做生意。在《基业长青》一书中,作者吉姆·柯林斯以"用户需求"为导向,创造出"与众不同"的产品和服务来形容企业家精神。这种深入理解用户需求,并持续创新和优化的企业家精神,也是宜家能够在竞争激烈的家居市场中立足的重要原因。

(一)坚持"顾客至上"的理念

在创立宜家的过程中,坎普拉德始终坚守"顾客至上"的理念,将顾客体验放在首位。他认为,与其盲目开发新产品,不如专注于创造真正满足用户需求和喜好的产品。为了实现这一目标,他不仅降低了商品价格,提供了便捷的送货服务,还延长了保修期,以提升顾客的整体购物体验。宜家因此吸引了各类人群,无论刚开始租房的毕业生、共筑爱巢的年轻情侣,还是精打细算的小家庭,都喜欢在宜家逛逛。在这里,无论追求轻奢的小资还是寻求平价实惠的顾客,都能轻松找到心仪的商品。更值得一提的是,宜家餐厅还提供了 1 元冰激凌和免费续杯的咖啡,让顾客在购物之余也能享受温馨的时刻。这种以顾客为中心的经营理念,使得宜家在家居零售市场上赢得了广泛的喜爱与信赖。

(二)独特的创新思维

"创新的目的不是创造新事物,而是解决现有的问题。"这一理念是宜家创始人坎普拉德的核心价值观，也是宜家在家居行业中的最大优势。1948年，坎普拉德进入家居领域，推动了公司的快速发展和壮大。当时，瑞典正经历快速城市化，政府大力推动房地产发展，因此家居市场潜力巨大。坎普拉德敏锐地捕捉到这个商机，通过直接从家具厂进货以降低价格来满足顾客的需求。宜家采取广告宣传和不断创新的产品策略吸引顾客。宜家设计的第一本商品目录的效果极为显著，为其赢得了大量订单。随着行业竞争的加剧，宜家改变策略，将商品展示给顾客，创造了一种前所未有的经营模式——将邮购商和家具店合二为一。这种新模式使顾客可以亲自体验宜家产品的性价比，取得了显著的效果。此外，宜家还在商场顶楼开设餐厅，解决顾客在商场用餐的问题，餐厅已成为宜家商场的重要组成部分。宜家的成功源于其独特的创新思维和解决现有问题的决心，从低价策略到商场经营模式再到餐饮业务的拓展，其始终以顾客为中心，不断满足他们的需求。这种经营理念使得宜家在家居市场中保持领先地位，赢得了顾客的喜爱和信赖。

（三）对商业模式和渠道的创新

宜家的商业模式是一种以低成本、高质量、高效率为核心的创新零售模式。作为一家卓越的零售企业，宜家充分利用大规模采购的优势，有效降低成本，同时保证产品的高质量和多样化，满足了顾客的不同需求。为了确保产品质量，宜家建立了严格的质量控制体系，并对供应商实施严谨的管理措施，从而赢得了顾客的信赖。在渠道建设方面，宜家主要采用特许经营的方式进行拓展，通过收取一定的特许经营费用实现盈利，同时借助加盟商的力量快速拓展市场，以提升品牌的知名度。这种创新的商业模式使宜家在家居零售行业长期保持领先地位，持续为顾客提供优质的购物体验。

（四）宜家发展经验总结

宜家之所以能够发展壮大，除了时代的机遇和独特的经营模式等因素外，更源于其在面对困境时所展示出的灵活机变和战略调整能力。然而，这些并不足以完全支撑宜家的成功。除此之外，宜家坚守的企业信念和价值观，即宜家精神，同样不可或缺。宜家精神的内涵主要包括以下几个方面。

首先是积极进取、勇于创新的态度。从历史发展来看，宜家始终保持着推陈出新的精神,通过直销模式、郊区大型卖场、邮购与家具店结合等方式,不断降低成本、提升效率。同时,在产品设计、生产、运输和经营模式上持续改进,绕开垄断,建立起国际供货网络。这种创新精神成为宜家集团成长的重要驱动力。

其次是节俭朴素、杜绝浪费的理念。宜家的产品定位简洁实用,以中低端顾客为主要目标群体。在管理上,宜家也秉持朴实无华的风格,即使拥有雄厚的资金,也始终坚持将每一分钱都用在关键之处,从而保证了健康的现金流。这种节俭朴素的理念使宜家能够稳健发展,赢得顾客的信赖。

再次是热情投入、视同己出的精神。创始人坎普拉德将公司视为自己的家,用爱心呵护每一位员工。这种家庭般的氛围让员工感受到公司的关怀与温暖,从而更加忠诚和投入地为公司发展贡献力量。

最后是真诚相待、互助共赢的价值观。宜家一直以来都对员工和供货商秉持真诚的态度,注重互助合作,以实现共赢。这种价值观为宜家赢得了业界的广泛认可,也为其带来了稳定的供应链和优质的合作伙伴。

正是这些精神的传承和践行,使宜家能够度过初创期的艰难险阻,并在规模迅速扩张的同时保持初心。最终,宜家稳坐全球家居零售行业的第一把交椅,成为业界翘楚。

四、英国:戴森与 Dyson

在科技世界中,有一种不畏艰难,始终追求创新的精神,这就是詹姆斯·戴森所代表的企业家精神。作为一名英国工程师和发明家,戴森自小对科技和创新充满好奇心。他的父亲,一位农业机械工程师,曾经告诉他:"如果你想理解一个事物,那就去发明一个工具来改变它。"这句话深深地烙印在戴森的心中,激发了他日后的创新动力。这种精神驱使他不断突破技术难关,探索新的可能性,为科技进步做出了卓越贡献。

(一)永不言败

詹姆斯·戴森对空气动力学产生了浓厚兴趣,他渴望创造一种能够吸除杂草的机器,这就是 Dyson 空气吸尘器最初的灵感来源。然而,这一设想遭到了许多权威人士的质疑和嘲笑,他们认为这个想法不切实际,甚至有人直截了当地对他说:

"你永远不会成功。"然而,戴森并未被这些嘲讽击垮,他坚定地相信自己的想法,并勇敢地开始了研究工作。经过数年的不懈努力,戴森终于成功发明了全球首款无尘袋空气吸尘器。他的公司不仅生产空气吸尘器,还推出了许多其他创新的科技产品,如无叶风扇、自动电卷发棒等。面对困难和质疑,戴森坚守自己的信念,勇往直前,最终实现了梦想。他的企业家精神不仅体现在创业的热情上,还体现在面对挑战与困难永不言败的态度上。

(二)持续创新

戴森研发的全球首台无尘袋吸尘器,名为 Dyson 气旋吸尘器,其彻底改变了清洁方式。这款性能稳定的吸尘器运用了颠覆性的气旋技术,借助强大的离心力,迅速分离灰尘和污垢并妥善储存于容器内。这一创新使 Dyson 气旋吸尘器在市场上迅速打开了局面,赢得了广泛赞誉。然而,戴森并未止步于此,他的企业家精神驱使他不断追求设计的卓越与技术的突破。Dyson 公司开始将前沿科技应用于其他家用电器产品,如空气净化器、风扇和电吹风等,每一项产品都注重性能优化和用户体验的提升。戴森勇于挑战行业常规,投入巨额资源进行实验和研发,永不满足现状,始终致力于探寻新的解决方案和完善产品。这种勇于探索、持续创新的精神,正是 Dyson 公司取得辉煌成就的核心动力。

如今,Dyson 已成为家电行业的佼佼者,其产品备受全球消费者的青睐。戴森所展现的企业家精神,不仅对家电行业产生了深远影响,更为其他企业家提供了宝贵的启示。勇于冒险和追求创新是创业路上不可或缺的品质,Dyson 公司便是这些品质的生动体现。通过持续的研发和创新,Dyson 公司不仅满足了人们对优质家电产品的渴求,还推动了整个行业的进步。戴森的企业家精神激发着我们不断探索前行,在商业领域追求卓越,为社会的进步贡献力量。

第二节　日韩企业家理论与实践

一、日韩企业家精神

日韩企业家精神体现在多个层面,包括经营理念、经营方针、价值观念、企业社训、社会责任以及对细节管理的精益求精等。这些元素综合展现了日韩企业家在商业经营中所秉持的原则和态度,凸显了他们对品质、效率和创新的不懈追求。这种精神对于日韩企业的成功发展起到了关键作用,并为其他企业家提供了有益的启示,激发他们在商业领域追求卓越。

(一)使命感

国家荣誉感对于企业的国际地位至关重要。在日本,企业管理者深知这一点,因此将民族荣誉感作为引领企业发展的核心精神。这种精神源于日本民族文化中的"天下兴亡,匹夫有责"的理念,使得员工对工作充满热情,并对自己所从事的事业抱有强烈的责任感。这种使命感不仅推动了企业的繁荣发展,还为国家的进步作出了积极贡献。同样,在韩国,企业家也深知国家荣誉感的重要性,并将其融入企业文化中,激发员工的爱国热情和工作动力,为企业和国家的发展贡献力量。

(二)敬业爱业

敬业爱业被日本企业家视为一种责任与担当。他们将这种精神融入企业文化中,使其成为员工的习惯和职业操守。许多日本企业倡导"敬业爱业"的文化,强调对工作的热情和对事业的责任心。这种职业观念不仅是公司经营的重要组成部分,还是公司价值观念的核心要素。通过重视职业身份,企业家培养了员工对公司和行业领域的深厚感情和强烈的责任感,从而为企业的发展提供了有力的支撑。

(三)勇于创新

日本企业高度重视创新,并将其体现在研发设计和产品创新两个方面。在研发设计方面,日本公司擅长开发新产品,这一点从日本汽车工业的发展历史中可见一斑。创新成为日本企业做大做强的关键动力源泉。同时,韩国企业也注重创新,他们在科技研发和产品创新上投入了大量资源,以不断提升企业的竞争力。这种创新精神不仅推动了日韩企业的持续发展,也为整个国家的经济繁荣作出了重要贡献。

(四)追求极致的企业文化

企业文化对于一家企业的成功至关重要,而日本企业则将细节追求融入了他们的企业文化中。以日立为例,他们坚持以匠人精神为核心的价值观,对每一款产品都追求最高质量、规格和使用寿命,否则便被视为无价值、不合格的产品。这种对工作的苛刻标准体现了日本企业对产品精益求精和品质至上的执着追求,也为他们的产品赢得了广泛的赞誉和信任。这种极致的文化理念为日本企业的长远发展奠定了坚实的基础,使他们在激烈的市场竞争中长期保持领先地位。

二、柳井正与优衣库

优衣库的创始人柳井正始终将"企业家精神"视为品牌取得巨大成功的关键因素。柳井正的创业历程充满传奇色彩,早在18岁时,他便开始为家庭生计而打拼。在一家纺织公司工作的经历,让他接触到了丰富的原材料,为日后创立优衣库打下了坚实基础。20世纪90年代初,随着日本经济的复苏,优衣库迎来了飞速发展的时期,并很快坐稳了日本服装行业的头把交椅。柳井正商业成功的秘诀在于,他不仅是一位商人,还是一位拥有梦想、远见和创新精神的企业家。他认为,"企业家精神"是在经营过程中坚定目标、勇克难关并持续创造价值的精神状态,这种精神推动了优衣库不断向前,成为行业的佼佼者。

(一)以实现梦想为目标

柳井正坚信,梦想是驱动个人实现价值的源泉,它以明确的目标为基础,通过不懈的努力得以实现。因此,对于企业家而言,怀揣梦想至关重要。只有拥有梦想,才能保持持久的动力,勇往直前,达成目标。在创办优衣库的过程中,柳井正对自己的事业充满信心。他认为,成功经营企业需要深厚的专业知识和经验,这需要时间的积淀。在这个过程中,若缺乏坚定的信念和决心,便难以持之以恒。正是凭借对梦想的执着追求,柳井正引领优衣库走向了成功。

(二)充满自信,敢于挑战

柳井正坚信,真正的企业家精神在于勇于挑战。在经营过程中,企业家应自信满满,勇于突破自己的极限,不断寻求自我超越。同时,他认为企业家还需具备足够的勇气来应对各种困难和挑战。在优衣库创立之初,很多人对其持怀疑态度。然而,柳井正对自己的产品质量和价格充满信心,坚信消费者最终会认可并接受优衣库。正是这种勇于挑战的企业家精神,推动了柳井正不断前行,使优衣库最终取得了巨大的成功。

(三)时刻保持着乐观的心态

在创业的道路上,柳井正遇到了形形色色的困难和挫折,但他从不悲观,始终保持乐观的心态。他认为,乐观是一种积极的人生态度,是在面对困境时最佳的精神支柱。保持乐观,能让人更高效地解决问题。在优衣库创立初期,由于缺乏资金,公司的发展面临诸多难题。然而,柳井正并未因此失去信心和勇气。相反,他以更积极的态度,努力寻找解决之道。同时,他还将自己的乐观心态传递给了团队和全体员工,促使他们共同克服困难,推动公司发展。

(四)善于学习,不断创新

柳井正深知,要想在激烈的竞争中保持领先地位,必须始终保持学习与创新的精神。他表示:"我们公司的学习力非常强大,员工们经常在一起进行深入的讨论和研究。"为了更好地促进学习与创新,柳井正特别设立了学习委员会和创新委员会。学习委员会每月都会召开会议,对过去一个月的工作进行总结和反思,同时规划下一步的行动计划。而创新委员会则专注于讨论和研究公司发展中的重要议题,为企业的持续创新提供了强大的支持。

企业家精神是推动优衣库持续发展的核心动力。柳井正观察到,商业上取得成功的人士都有一个共同特质:拥有出色的学习能力,永不满足现状,在不断的学习和进步中追求卓越。这种精神也是优衣库成功的关键因素之一。通过不断的学习和创新,优衣库不断提升自身的竞争力,赢得了市场和消费者的认可。这种企业家精神激励着柳井正和优衣库团队不断追求卓越,推动品牌持续发展。

三、丰田章男与丰田

丰田汽车的创始人丰田章男,不仅是一位杰出的企业家,在日本的汽车界也享有盛誉。他为人谦逊,对日本汽车行业的发展和进步贡献深远。他将自身作为企业家的特质概括为:诚实守信、热爱企业、追求卓越,这三个核心要素为丰田企业的成功奠定了坚实的基础。他的理念不仅塑造了丰田独特的企业文化,也引领着整个汽车行业不断向前发展。

（一）诚实守信

丰田章男将"诚实守信"作为自己行事做人的根本准则,并在创立企业之初就将这一理念融入其中。他明确地将丰田定位为"一家服务于所有人的企业",并坚守这一企业精神和理念,这为丰田公司赢得了长久稳定的发展空间和广阔的市场前景。在公司初创时期仅有20余人的情况下,丰田章男带领团队不断壮大,共同遵循"诚实守信"的价值观,为公司的持续发展奠定了坚实的基础。这种价值观不仅塑造了丰田独特的企业文化,也为其在汽车行业中赢得了广泛的信任和赞誉。

（二）热爱企业

热爱企业是激发员工全身心投入工作的关键,也是丰田精神得以延续的源泉。尽管丰田章男个人并不擅长管理,但他成功地引领着庞大的团队完成了各项工作。他坚信,只有在真正热爱企业、全心全意为企业付出的基础上充分管理,才能让企业顺利发展,实现基业长青。作为一名企业家,他始终秉持为员工着想、对客户负责的原则,这是他取得成功的根本原因。通过热爱企业并与员工、客户共鸣,丰田章男塑造了一个稳健发展的企业,赢得了广泛的赞誉和信任。

（三）追求卓越

丰田章男坚信,日本人始终致力于追求卓越,这种精神已成为日本企业文化的基石。他认为,卓越在日本是一种无形的力量,能够激发员工的潜能,并培养他们的责任心和使命感。通过建立和谐互信的企业与员工的关系,丰田章男致力于用先进的企业文化影响员工,从而推动丰田公司不断向更高水平发展。他坚信,只有在达到一流标准的情况下,才能真正满足客户的需求和期望。因此,他一直致力于引领丰田公司追求卓越,为客户提供卓越的产品和服务。

（四）履行社会责任

丰田章男高度重视企业的社会责任,并热衷于回馈社会。他坚信,对客户讲诚信远比金钱更重要,这是丰田公司长久稳定发展的基石。在丰田章男的领导下，公司的所有工作都围绕"以顾客为中心"的理念展开。他深知，企业的成功不仅在于经济效益，还在于对社会的贡献和客户的满意度。因此，丰田公司始终致力于提供卓越的产品和服务，以满足客户的需求和期望，为社会的进步和发展作出贡献。

（五）回顾式学习方法

在丰田公司，学习方法备受重视，其中回顾式学习被视为最为有效的方法之一。通过不断总结经验、吸取教训，员工能够持续提高自己的能力和水平，进而达到个人成长的最高境界。因此，丰田公司积极鼓励员工在学习过程中积累实践经验，并时常进行反思和总结。这种学习方式有助于员工更好地应对未来的挑战，为企业的发展提供源源不断的动力。丰田公司对学习方法的强调，体现了其对员工个人成长和企业持续发展的重视。

四、李秉喆与三星

作为世界知名的韩国企业，三星集团业务范围广泛，涵盖电子、金融、机械等多个领域，旗下拥有诸如三星电子、三星物产、三星生命等一系列知名企业。三星集团凭借其多元化的业务布局和卓越的企业实力，在全球范围内赢得了广泛的认可与赞誉。

（一）坚持创新

创新对于三星的成功起到了关键作用。正是由于三星不断追求创新，才能在多个领域取得如今的辉煌成就。从初期的半导体业务，到后来的家电、显示器、手机等多元化业务，三星始终保持着创新精神。通过创新，三星在市场上与其他竞争对手展开了激烈的竞争。自 20 世纪 60 年代起，三星就开始投入大量资金进行研发。到了 20 世纪 80 年代，三星已经拥有一支强大的研发团队，并建立了全球顶尖的研发中心。正是由于三星持续的技术研发，才得以不断推出创新产品，引领科技潮流。作为韩国企业的代表，三星电子在半导体、显示面板等领域拥有全球领先的技术实力。在 2022 年公布的全球百强科技公司排行榜中，三星电子位列第 21 名，彰显了其在科技领域的卓越地位。

（二）追求卓越

三星集团的创始人李秉喆曾明确表示："企业之所以存在，是因为我们能够在竞争中超越对手，做得更好。"这一理念自创立之初就成为三星的企业文化：追求卓越，不断超越自我。李秉喆一生致力于提升三星集团的实力和竞争力，带领企业在多个领域取得了卓越的成绩。从电子产品制造到汽车产业，再到金融和医疗产业，三星集团均占据行业领先地位。在追求卓越的道路上，三星集团已经走过了 80 多个春秋，堪称韩国企业中最成功的代表之一。

（三）专注于核心领域

三星集团的核心业务主要集中在电子领域，同时还涉足金融、建筑等多个行业。自 20 世纪 90 年代起，三星集团便致力于向科技产业转型，不断提升自身的科技实力。在金融领域，三星集团同样表现卓越，成为一家备受认可的成功企业。通过多元化的业务布局和持续的创新发展，三星集团在不同领域均取得了显著的成就。

（四）坚持以人为本

三星集团不仅专注于产品研发，还十分重视员工的培养与发展。三星集团创始人李秉喆深知人才对企业的重要性，他曾说："若企业能培养出卓越人才，那这家企业便已成功。"为了促进员工的个人成长，三星集团建立了激励机制和培训体系，以提高员工的综合素质。在三星集团，员工享有大量的培训和进修机会，甚至可以参加集团旗下大学课程的学习。自 2018 年起，三星集团还推出了"企业大学"项目，让员工参与大学课程学习，进一步提升专业知识和管理技能。三星集团通过持续的员工培训，为企业的发展提供了源源不断的人才支持。

第三节　其他国家企业家理论与实践

一、泰国：许书标与红牛

泰国红牛是泰国知名的保健饮料品牌，自 1963 年创立以来，已成为全球最大的功能性饮料生产企业。旗下拥有红牛功能饮料、功能性食品、营养补充剂和维生素食品等多个品类,市场营销能力卓越。创始人许书标以独特的商业眼光和冒险精神,将红牛打造成为全球知名品牌,展现了他对品牌的热爱和坚定的企业家精神。泰国籍华人许书标的成功并非偶然,他自小便展现出商业天赋,并在求学期间开始尝试做生意。他敏锐地发现泰国市场对名为"KratingDaeng"的饮料有着浓厚的兴趣,于是决定制造并推广这种饮料,并将其命名为红牛(RedBull)。在泰国取得成功后,许书标并未满足,他立志将红牛推向全球。凭借坚定的决心和不懈的努力,他不断尝试新的营销策略,坚信只要有足够的毅力和决心,就能克服一切困难。他的成功故事激励着无数企业家,他也成为泰国商业领域的传奇人物。

(一)创新和冒险精神

许书标的企业家精神主要体现在他的创新和冒险精神上。他不仅创立了红牛这个品牌,而且独具匠心地采用了赞助体育赛事和极限运动的方式来提升品牌的知名度。这种策略在当时十分前卫,但许书标深信这是塑造品牌价值的关键路径。他的这种创新的营销方式,成功地使红牛在全球范围内赢得了广泛的认可和赞誉,彰显了其企业家精神的独到之处。

(二)社会责任感

许书标具有强烈的社会责任感,他不仅在商业上创造了巨大财富,还积极回馈社会,展现了一位企业家的担当。他成立了一家慈善机构,致力于帮助贫困家庭和有需要的人们,为社会福祉作出了贡献。他的慈善事业在泰国产生了深远的影响,同时也在全球范围内产生了积极的影响,赢得了社会的广泛尊重和赞誉。

(三)追求卓越

在泰国红牛公司,追求卓越已经成为每位成员的自觉行为。他们不仅追求利润最大化,而且重视卓越的工作标准和优质的客户体验。这种追求卓越的精神深深影响着公司的每一位员工,无论研发人员还是生产人员,都会全力以赴地完成分配给他们的工作,以达成自我挑战和自我超越的目标。同时,泰国红牛公司实行严格的管理制度,确保员工的行为与公司的价值观和目标保持一致,这为公司的持续发展提供了有力保障。

（四）全球化视野

许书标深知全球化对企业发展的重要性。他积极寻求海外市场，努力将泰国红牛的业务拓展至全球范围。这种国际化的视野和战略，使泰国红牛集团在国际舞台上取得了显著的成绩，赢得了广泛的认可和赞誉。他的全球化策略为企业带来了长足的发展，进一步提升了泰国红牛集团的全球竞争力。

二、尼日利亚："水泥大王"丹格特

阿里科·丹格特，尼日利亚丹格特集团（Dangote Group）的董事长，被誉为非洲的"水泥大王"。他的名字在非洲大陆上犹如一颗耀眼的明星，展现出独特的光芒。他不仅是非洲水泥产业的领军人物，还是一位深具企业家精神的光辉典范。在丹格特的身上，我们看到了不屈不挠、追求卓越的企业家精神，他的成功故事向我们展示了一个普通人如何通过努力和拼搏，实现从平凡到非凡的转变。尽管出生于一个普通的非洲家庭，家境并不富裕，但这并未阻止丹格特对美好生活的向往和追求。他自小便对商业产生浓厚的兴趣，渴望通过自己的努力改变命运。为了实现这一目标，他毅然决定投身于水泥产业。1993年，他创立了非洲水泥公司，迈出了打造商业帝国的坚实一步。丹格特凭借坚定的决心、敏锐的商业洞察力和卓越的管理才能，将非洲水泥公司发展成为非洲大陆上最具影响力的水泥企业之一。他的成功不仅在于企业的规模和业绩，还在于他展现出的企业家精神和人格魅力。

（一）可持续发展

在丹格特的领导下，非洲水泥公司迅速崭露头角，成为非洲大陆上最具影响力的水泥企业之一。然而，丹格特并未止步于此，他始终秉持追求更高目标的理念。为了提升公司的竞争力，他积极引进先进的技术和设备，不断优化生产流程，降低成本。同时，他还注重环保和社会责任，致力于为社区提供可持续发展的解决方案。这些举措不仅赢得了客户的信任与支持，也为公司的长远发展奠定了坚实的基础。丹格特的经营理念和领导力，为公司创造了可持续发展的良好环境，展现了企业家的远见和魄力。

（二）回馈社会

商业的成功并没有让丹格特满足于现状，他始终保持着敏锐的市场洞察力，不断寻找新的机会和挑战。2017 年，丹格特果断决定进军能源产业，投资建设太阳能发电站。这一举措不仅有助于减少碳排放、保护环境，也为公司开辟了新的盈利领域。此外，他还热心公益事业，关注教育、卫生等领域的发展，致力于改善当地居民的生活条件，展现了企业家的社会责任和担当。丹格特以实践行动，将商业成功与社会贡献相结合，为企业的可持续发展树立了典范。

（三）冒险与创新

企业家精神是一种独特的品质，融合了冒险、创新的勇气和坚守初心、追求卓越的决心。在丹格特的身上，这种精神得到了完美诠释。他不仅是一位杰出的企业家，还是一位拥有远大梦想和憧憬的未来领袖。他始终坚守自己的信念和价值观，勇敢地面对挑战和困难，不断追求卓越，超越自我。丹格特的企业家精神和领导力，为他的事业和未来发展奠定了坚实的基础，也为其他企业家树立了榜样。

丹格特的故事展现了企业家精神的力量和魅力。他以坚定的信念和无畏的勇气，成功打造了属于自己的商业帝国。他的成功并非偶然，而是源于他对商业的敏锐洞察、对创新的执着追求以及对社会责任的积极承担。这些优秀品质的融合，成就了丹格特这位非洲水泥大王的传奇人生。他的故事激励着无数人，成为企业家精神的光辉典范。

三、新加坡：郭明忠与面包新语

在商业世界中，企业家精神是一种强大的驱动力，它激励人们迎难而上，创造卓越的业绩。面包新语的创始人郭明忠就是这种精神的具体体现。从一开始，他就立志将面包新语打造成一家"改变面包文化"的领导品牌。面对激烈的市场竞争，他通过重新定义面包，致力于提供健康、美味、创新的产品，从而开辟新的市场空间。为了实现这一目标，面包新语不仅从法国引进了先进的生产设备和检测设备，还整合了世界各地的独特原材料资源，并在中国建立了自己的研究中心。他们通过技术创新和改进，将高质量的原料引入中国市场。虽然创业过程中经历了失败、挫折和困难,但郭明忠凭借坚定的信念和出色的领导力,引领面包新语走向了成功。

(一)不断探索创新

面包新语的创始人郭明忠不仅有着远大的商业理想,还具备坚定的决心和出色的执行力。他通过不断的试验和探索,寻求最佳的面包配方和制作工艺,打造出顶级的面包产品。郭明忠深知,只有在产品品质上精益求精,才能赢得消费者的心,并建立起品牌的忠诚度。面包新语在传承传统面包制作技艺的基础上,注入了创新元素和创意理念,为消费者呈现了更加丰富多彩的面包世界。无论口味、造型、材料还是技术,面包新语都不断突破,满足了消费者的多元化需求。这种探索创新的精神贯穿于面包新语的产品研发、经营模式、服务方式等各个方面。在面对困难和挑战时,面包新语展现出了顽强的拼搏精神。面包新语曾经历严重的财务危机,但通过推出新颖的产品线、拓展消费群体,最终成功扭转了局势,度过了难关。

(二)社会责任感

面包新语不仅在商业领域取得了成功,还在社会层面产生了深远的影响。通过积极支持社区和慈善机构,面包新语回馈社会,展现了企业家精神的社会责任感。这些行动证明了企业家精神不仅旨在实现个人和企业的目标,还致力于改善社会、造福大众,让世界变得更美好。面包新语的成功故事和社会贡献,成为企业家精神与社会责任相结合的典范。

(三)对品质的不懈追求

面包新语的核心价值观始终聚焦于对食品品质的不懈追求,旨在为消费者提供"健康、美味、快乐和方便"的美食体验。他们坚信,只要能够满足人们的需求并带给他们快乐,就应当全力以赴追求并完成所肩负的责任与使命。面包新语对品质的严苛要求是其成功的关键要素之一。他们精选上乘的面粉、奶油、巧克力等原材料,结合先进的生产工艺和技术,打造出品质卓越的面包产品。这种品质追求不仅体现在产品本身,还贯穿于服务、环境等各个方面,为消费者带来了全方位的优质体验。

（四）团队合作精神

面包新语的成功了得益于团队卓越的合作精神。虽然团队成员拥有不同的专业技能和背景，但都秉持相同的价值观和目标。他们注重团队沟通与协作，相互支持，共同努力完成任务和目标。这种团队合作精神不仅体现在内部团队之间，还体现在与外部合作伙伴形成的紧密的合作关系。通过团队协作，面包新语构建了强大的竞争力，为企业的持续发展奠定了坚实的基础。

第六章

企业家精神的本质

导入案例

优秀浙商的代表——鲁冠球

2017年10月30日,鲁冠球追悼会在万向集团公司多功能厅举行。

这是一栋两层小楼,小楼两侧挂着黑底白字的挽联,"时代楷模国家栋梁大德流芳芳播万向定春秋""复兴先驱民企巨擘传奇人生生如钱潮名天下",横批是"深切缅怀鲁冠球同志"。鲁冠球的棺木放在二层大厅中央,上面覆盖着党旗。那里是他一手缔造的商业帝国,也是他一生魂牵梦萦的地方。

与鲁冠球相交半生的财经作家吴晓波曾经问鲁老何时退休,鲁冠球的回答是:"战士的终点,就是坟墓。"而今,战士完成了他的使命。吴晓波遗憾地说:"我知道,从此以后,我再也接不到那通突如其来的鲁冠球的电话。"

一、鲁伟鼎:我们已经领命,一定会实现父亲的梦想

"爸爸虽然离开了,可他临去前交待给我的事,他说是三笔账,在我看来,那是又教了我三招。"当鲁伟鼎进入回忆时,一代商界大佬最后的时光清晰显现。第一件事是,一定要回国,要回家。"我不能在美国没。"2017年8月4日,飞机降临杭州,一辈子不爱出国的鲁冠球回家了。

鲁冠球的病情日渐严重，鲁伟鼎的心情也愈发沉重。鲁老说："我的病如果不能治好，也没什么。如果你要问我（这一辈子）够不够，我够了。我今年74岁了，但我已经活到了人家的120岁。"看到了儿子不解的神情，鲁冠球说："这笔账应该这么算，人家每天工作八九个小时，我要工作十六七个小时，我自己的一天，快抵得上别人的两天了。"

鲁伟鼎在追悼会上说道："我可爱的父亲，从来没有休息过，一直都在关心万向的未来发展。父亲临终前还嘱托我要把公司照顾好，特别是新能源汽车。"鲁冠球曾说："我不造汽车，我儿子也要造。儿子成功不了，我孙子继续。"

二、吉利控股集团董事长李书福：先生的名字应当载入中国汽车发展史

鲁冠球先生是浙商的杰出代表，也是我敬重的好前辈、好师长。他是创业创新的时代典范，有独到的商业智慧和战略眼光，更有卓越的企业家精神和社会责任感。他是最早踏入国际市场的中国企业家，在立足本土走向全球的实践中，他造就了受人尊敬的企业，也为我们树立了学习的榜样。

先生一生追逐汽车梦，勤勉执着地做出了不可磨灭的贡献。他的名字应当被载入中国汽车发展史！他对事业的热忱也将引领更多人为中国汽车的发展付出努力。先生的辞世令人惋惜，愿先生一路走好，精神永存。

三、复星集团董事长郭广昌：中国"企业家精神"最好的案例

我第一次看到老鲁的故事，是大一时候他被《半月谈》评为全国十大新闻人物。老鲁和他的万向作为浙江一家小小的乡镇企业，牢牢占领了国内"汽车万向节"这个零部件的大部分市场。这让我这个小老乡也挺骄傲的。

后来我自己创办了复星，和他在一次浙商的会议上相识。近距离观察后，最大的印象就是老鲁浓重的萧山口音，浙江人都不太好懂；但一谈到自己的企业，他总会滔滔不绝、神采奕奕，让人感同身受。

再后来我们成为很好的朋友。虽然他一直说我们是平辈相交，但我更愿意把他视作一位良师。因为每次向他请教、与他交流，老鲁都会毫无保留地把自己的经验甚至教训拿出来说，像如何同全球的大企业做生意、质量对产品是多么重要、科技研发对企业的重要性等，到现在都让我获益良多。

我们一直在提倡中国的"企业家精神"，老鲁的故事就是最好的案例。我相信，老鲁已经影响了一大批中国的民营企业工作者，而他的创业故事还将值得更多年

轻人去学习。

四、正泰集团董事长南存辉：他为民营经济创造了无数"最早"

20多年前的一次会议上，我第一次见到鲁老先生，当时他已名声在外。但他对年轻晚辈很热情，也很谦和，为人师表，对年轻人的影响和帮助很大。后来，我们同为全国两会的"常客"，与老先生经常见面。他总是笑嘻嘻的，姿态很低，平易近人，充满阳光。而更令人敬佩的是，在很多重要场合，鲁老先生总能很好地把握大局和方向，准确判断经济形势、行业趋势，发言时激情满怀，对周围人具有很强的感染力。

他还有很多有趣的经营哲学，朴素又充满智慧。在我们的交往中，有一个细节让我印象深刻，他喜欢带着一把小酒壶（装着洋酒），吃着霉豆腐，笑称这是"中西合璧"。而回顾他的创业历程，也是一个典型的立足浙江、放眼全球的"中西合璧"。

在呕心沥血的一生中，他为民营经济创造了无数的"最早"：他是最早苏醒产权意识的企业家之一；是拥抱资本市场的民营企业家之一；是最早在海外探索"以股权换市场""以市场换市场"的民营企业家之一；是最早开创中国民营企业收购海外上市公司先河的民营企业家之一……可以说，无论是在理念创新、产品创新、技术创新、管理创新，还是在金融创新、走出去创新等方面，鲁老先生都有着不凡的建树。而支撑这一个个"最早"的内核动力，除了他对商业世界的敏锐洞察、敢闯敢拼和远见卓识，还有他艰苦奋斗、锲而不舍的工匠精神和对责任的坚守、梦想的坚持。

在他身上，还有很多特色鲜明的标签，稳重不保守，创新不冒进。面对多元化发展的诱惑，他始终选择深耕主业实业；面对内外部环境的"不确定性"，他谋定而后动，以不变应万变；面对"造中国人自己的整体小轿车"的梦想，他不忘初心，踏实渐进……在一轮又一轮的大浪淘沙中，鲁冠球以其超凡的事业定力始终屹立不倒，带领企业跨越一个又一个事业高峰。

五、红豆集团创始人周耀庭：他的离世，是中国民营经济的一大损失

我和老鲁摸爬滚打30多年，一起见证了中国乡镇民营企业从开始到壮大的历程。如何让乡镇民营企业发展得好，这是我们共同的目标。

老鲁是我们乡镇企业"四千四万"精神最好的实践者。他影响、激励、帮助了一大批企业家，尤其是我们乡镇民营企业家。这种品质非常难能可贵，所以万向可以成为全国民营企业的标杆,鲁冠球可以成为民营企业家中的"不倒翁"。

六、华立集团董事局主席汪力成:他的创业故事与激情,激励代代浙商

鲁老是中国改革开放的第一代企业家,也是中国乡镇企业改革开放的旗帜,他以惊人的魄力和毅力带领萧山的农机修配厂成为今天闪耀世界舞台的万向集团。鲁老身上的创业故事、创业激情、责任担当一直激励和鞭策着一代又一代的浙商勇往直前。

20世纪80年代和20世纪90年代初,在很多场合我都聆听过他的高见,也专门带领华立的中高管去万向学习和讨教。鲁老是我心目中最值得尊敬的企业家之一,他的战略高度、政治觉悟以及每个时期提出的理念和观点对当时的浙江企业家们都起到了高屋建瓴的引领作用。鲁老虽然走了,但他留给我们的精神财富会继续发扬光大!

七、传化集团董事长徐冠巨:难以忘怀万向岁月

难以忘怀在万向工作的岁月。鲁主席是我们中国工商界景仰的领袖,是影响了一代企业家的老一辈企业家的卓越代表,是我们一直在学习的榜样和楷模!尤其是对我来说,一直对他怀着无限的感恩。

高中毕业后,我非常幸运,在萧山宁围800多名应聘者中被万向录用,成为万向第一批面向社会招聘的49名高中学历的年轻员工之一,由此跨进了万向的大门,在鲁主席身边工作了6年。从热处理车间工人,到设备动力科机修工,到财务科主办会计助理,到六车间统计员,再到供应科材料会计,万向给了我多岗锻炼的机会。我还有幸参与了万向"五好企业""六好企业"达标验收等发展过程,得到了很多的学习和成长。

我的第一份工作就在鲁主席这样杰出的企业家身边工作、学习,在万向这样杰出的企业中锻炼,这给了我非常宝贵的人生财富。后来我与父亲一起创业,如今取得一些发展,这与万向给我的教育培养、精神熏陶是完全分不开的。

创业30年来,我一直难以忘怀在万向工作的岁月。"一天做一件实事、一月做一件新事、一年做一件大事、一生做一件有意义的事",鲁主席对我们的教诲,每每回想起来都是那么亲切,那么语重心长。"天地生人,有一人当有一人之业;人生在世,生一日应尽一日之勤。"像鲁主席这样的老一辈企业家终身勤勉不倦、勇于开拓创新的精神,敢于担当的责任情怀,永远值得我们铭记、学习和发扬光大。

八、中南集团董事局主席吴建荣：多次提醒要多休息，他却还是那么拼

我们一起见证、参与了改革开放，他是我们深受爱戴的老大哥、老朋友！此前每次碰到他，都提醒他要多休息，保重身体，但他还是那么拼，永不停歇，他的精神将永远激励着我们！他不愧为民营企业家的"常青树"，我们永远怀念他！

九、万事利集团董事长屠红燕：异于常人的坚强与乐观

虽然早已知道鲁主席的身体境况，但听到鲁主席离去的噩耗，还是情不自禁地泪流满面，悲从中来，心中纵有万般不舍，但这依然是我们不得不接受的残酷事实。

清晰地记得去年我母亲患病期间，鲁主席第一时间给我打来电话，嘱咐我要坚定信心，勇敢对待疾病。特别是当面临医疗方案的选择时，鲁主席说要相信科学，要拿出企业家勇于尝试的精神，用最新医疗创新手段为母亲治病。在母亲病重住院期间，鲁主席不顾自己刚治愈的身体，来到母亲病床前，握着母亲的手，鼓励母亲说那么多企业发展的难关都闯过来了，一定可以战胜病魔。看到他们两人紧握双手、互不松开、惺惺相惜的神情，让我深深体会到他们这一代企业家之间的情深义重，体会到了他们异于常人的坚强与乐观以及直面人生、永不放弃的精神。

鲁主席一直是母亲心中最敬重的大哥，我心中最尊敬的大伯。听母亲无数次说过，在万事利企业发展最艰难的时刻，我们得到过鲁主席无私的帮助。所以，每年年初，我都会和先生去给鲁主席拜年，鲁主席总会在百忙中接待我们并仔细询问我们企业的发展情况，每次他都会夸奖我们坚守丝绸主业好，弘扬民族文化好，每次都能听到鲁主席对宏观经济非常深刻的理解和独到精辟的分析。鲁主席不仅是万事利两代人永远感恩的前辈，也是全体浙商尊敬的楷模！

资料来源：编者根据网络资料整理

思考题：

1. 列举鲁冠球企业家精神的具体表现。
2. 企业家精神对民族企业发展有哪些作用？

第一节　企业家的目标

企业家精神，是指企业家所具有的追求财富、追求理想、追求成功的精神。

企业家精神的基本内涵是创新，它包括对创新的理解、创新的实现以及对创新

的保护。企业家精神是一种"无中生有"的能力,是一种开拓精神,是一种冒险精神,也是一种创造精神。它对企业发展起到了关键作用,有什么样的企业家就有什么样的企业。

企业家精神有利于提高民族企业的竞争力。企业要想在激烈的市场竞争中生存下来,就必须具有创新能力。而创新需要企业家发挥他们与生俱来的创造性思维,不断开发新产品、新市场等,这样才能让企业在激烈的市场竞争中立于不败之地。

改革开放以来,我国经济持续快速发展,民族企业发展面临新形势和新挑战。面对当前复杂严峻的国际形势和国内经济下行压力,许多民族企业面临发展困境和转型挑战。而这些困难恰恰需要企业家精神来突破和化解。我们要通过培育和弘扬企业家精神,鼓励更多爱国敬业、遵纪守法、艰苦奋斗的优秀人才投身于民族企业发展之中,从而进一步推动民族企业加快转型升级、实现创新发展。

一、企业家的价值目标

(一)为社会创造价值

企业的目标不仅是追求利润,还要为社会创造价值,实现可持续发展。从社会的角度来看,如果一家企业不能创造出社会价值,就没有生存和发展的意义。对于个人而言,当个人对社会没有贡献而又占用资源时,可能就会被淘汰出局。有些企业因为规模大了就可以为社会创造更多财富,但是如果企业大了反而不能给社会提供更多财富,那么这样的企业也是失败的。因此,企业实现自身价值和为社会创造价值是统一的。

(二)实现自身的价值

企业家需要承担自己的社会责任,不能忘记自身是社会群体中的一员,应该尽自己所能去做对社会有益的事情,这样才能体现出自身的价值。我们认为,实现自身价值这一目标非常重要。企业不仅要创造出符合要求的产品,还要满足员工的需求、满足客户对产品或服务等方面提出的更高的要求。为了更好地实现自身价值,企业家需要不断创新企业经营模式或服务方式。企业家必须认识到一个基本的事实——只有把自己的时间和精力用在创造价值上,才能实现自身的价值。只有不断提高自己的能力和素质,才能把自己变成一个优秀、有价值的人。

(三)为相关利益群体创造价值

客户、股东和员工等相关利益群体是完整价值链缺一不可的组成部分,企业有责任为相关利益群体创造价值。在企业价值链中,从最开始的产品研发、生产、销售到售后服务的过程,都属于企业家利用企业创造价值的过程,也是实现个人价值的过程。此时,个人价值就是企业自身存在或者说社会所需要的物质和精神财富的基础。当企业有了盈利能力之后,就必须要考虑如何让客户、股东和员工等相关利益群体获得更多的回报,并要通过为相关利益群体创造更多价值、增加企业盈利能力等方面来实现。

二、企业家的行为目标

(一)不能仅仅局限于赚钱

通常情形下,如果企业家在一定时间内赚到比同行更多的利润,那么该企业就会被认为经营能力很强。如果企业能够赚到更多的利润,而这些获利的前提是不损害别人、不伤害自己和员工,那么就意味着该企业是一家有良心、关爱员工、有社会责任感和对社会有益的企业。事实上,企业家赚取利润还要考虑时间、道德和价值观等因素的影响。企业家不能仅仅局限于赚钱,而是要把眼光放长远一点。赚钱固然重要,但只有企业能为客户提供更好的产品或服务,才能体现出企业在客户心中的地位。很多企业家认为自己赚了很多钱就是优秀企业家了,这是他对自身价值认识上的误区。任何一位企业家,不管是企业的创立者还是管理者,都不能仅仅局限于赚钱。赚多少钱并不是衡量企业家能力的唯一标准。

(二)在市场上要追求卓越

在企业的经营管理中,追求卓越的产品质量、为客户创造更多的价值是企业家的目标,同时也是企业家实现自身目标的基本途径。追求卓越质量,应做到以下几点:首先,在市场经营中立志要做卓越品质、卓越服务和卓越品牌的推动者,为顾客创造更多价值的倡导者；其次，企业家要对自身工作有高度的责任感，并主动地把工作做好；再次，企业家不仅要兼顾顾客、股东和企业整体的利益，还要通过创造财富来回报社会并为他人创造价值——这是企业家在追求目标上最重要的事情；最后，企业家和企业管理层在追求目标时不能过于激进。对于过于激进者来说，在市场上可能会有更好的表现、获得更多资金或者其他资源等，但不利于企业的可持续发展。很多企业家之所以在市场上遭遇挫折，就是过于激进所致。

（三）要学会创新和创造

创新，是指在原有产品或服务基础上做一些有意义的改进。创业是一种持续的投资与投入，只有不断积累，才能实现企业的快速成长。企业在发展过程中会遇到各种各样的问题，有些问题也许一时半会解决不了，但我们可以去思考、去学习并实施创新，这个过程也能让我们更好地成长。在企业管理方面，要善于学习他人的先进经验。企业家要学会创新和创造，同时还要学会学习和利用新技术。企业家精神的内核是创业和创新。创业者要从市场开始，为顾客提供更好、更有价值的产品或服务。要满足用户需求，就要找到能解决问题或者带来其他新服务和方法的方式，并做到从用户中来、到用户中去——从用户中来是指要了解用户想要什么，到用户中去是指通过产品设计和产品服务满足用户需要。

（四）要有使命感和责任感

如果没有使命感和责任感，企业家就会缺乏危机感。在企业发展过程中，如果没有一定的危机意识，就容易让企业丧失发展后劲。有了使命感和责任感，就会在想着怎么去做的同时，有相应的行动。没有使命感和责任感，企业家经营企业往往难以成功；没有使命感和责任感的企业家，往往只会做一些表面上光鲜亮丽的事情。企业家需要具备一种能力，一种能够将责任与使命相结合的能力。在当今这个快节奏、高效率和多元化的社会中，承担责任是企业家必须具备的精神。作为企业创始人或者管理者的企业家，不断提升产品或服务品质、为企业创造最大利润、带领员工走向成功和培养接班人，就是他们为企业可持续发展承担使命和责任的日常行为。

三、实现企业家目标的条件

企业家是经济活动的核心人物,是创造社会财富的主体,是推动和促进经济发展的重要力量,对社会生产力的发展具有巨大的促进作用。企业家精神的重要目标就是创造财富,并把自己创造的财富投入公共福利事业中去。企业家精神还包括个人利益服从于公司和国家利益,以社会整体利益为己任,关心、爱护他人,勇于承担责任、遵守纪律、维护国家利益、维护世界和平、实现共同繁荣。

(一)企业家的素质要求

为了有效达成企业家目标,企业家应具备一定的素质要求。结合企业家自身条件和创业管理需要,企业家素质要求具体如下:

具有一定的经营管理知识和能力;

熟悉国家宏观经济政策及相关法律法规;

拥有一定数量的资本和生产要素资源或具备较强的资金能力;

拥有筹备相当规模的生产设备或提供某些生产要素的能力;

拥有较强的市场开拓能力;

具有创业精神和创新意识,以追求企业价值最大化为目标;

以企业员工为中心,能激发员工的工作热情;

在经营管理过程中做到依法经营和效益优先,使企业经济效益不断提高。

(二)社会经济环境

企业家是在一定的社会经济环境发展历史进程中成长起来的。在当前中国经济高速发展的背景下,这个历史进程表现为:社会环境从传统农业文明转向工业文明,经济环境从计划经济走向市场经济。在企业家成长的社会环境从单一转向多元的同时,新技术、新思想、新观念正在改造我们现有的生产和生活方式。企业发展到一定程度必须进行改革,企业家所面临的首要问题是适应环境,这就要求企业家在观念、管理和制度方面要进行变革和创新。企业所面临的最大问题是如何生存。为此,企业需要从适应发展环境和参与市场竞争两个方面进行变革。企业需要制定相应的发展战略,加强内部管理,关注市场需求的变化,开发新产品、新服务,降低成本,提升竞争力、生产效率和质量管理水平。企业家需要具备良好的领导能力和团队合作能力,能够有效地组织和管理企业的各项业务。同时,企业家也需要具备创新精神和敏锐的市场洞察力,能够抓住市场机遇,开拓新的业务领域。最重要的是,企业家还需要具备坚定的信念和追求卓越的精神,不断推动企业的发展和进步。只有通过不断的变革和创新,企业才能在激烈的市场竞争中立于不败之地。

(三)创新创业行为

企业家是具有创新精神、冒险精神和创业能力的人,是能将社会中分散的资源聚集起来、进行资源整合的人。企业家以创新、创业为目标,在经营中不断发现机会,并迅速采取行动,实现个人、企业以及社会的目标。

创新是一种冒险,要使创新具有可持续性,就必须把创新作为一个过程来管理。创新可以通过改变观念、方法和技术来实现。创新有三种模式:从大范围来看,在更大的社会范围内寻求解决方案;从小范围来看,通过技术进步使小企业也能分享大企业的成功;从整个经济角度来看,通过市场活动使整个经济获得持续增长。

企业家的创业行为,要求其不断适应社会的变化和发展,充分发挥自己的才能和智慧。从企业家的角度来看,社会在不断变化和发展,企业也是。企业家不可能在一个固定不变的环境中从事经营活动。企业只有不断适应变化和发展的社会要求,才能在激烈的市场竞争中立于不败之地。

企业家要建立企业并经营好企业,就必须有创新精神、冒险精神和创业能力。创新是一种新理念、新技术和新方法;冒险是一种不惧怕风险、不循规蹈矩的精神;创业是指一个人以创业为目标,在没有多少帮助或支持下通过自己的努力来实现目标的一种行为。

(四)完善的管理体制

为了实现企业的业务目标,就要建立企业的组织系统。企业的组织系统就是整个企业建立的一套组织以及相应的规章制度及其执行机制。在日常经营管理中,企业要在发展过程中不断修改完善这些制度,以确保企业的正常运转。对于业务目标的实现不能只是停留在口头上,更重要的是要把业务目标变成实实在在的效益目标,把业务目标变成企业实际的可执行性计划以及具体工作过程中必须遵循的规章制度和流程。这样才能保证企业把目标真正地落到实处,同时促使每一个员工在企业里都能够找到自己的位置和方向。

(五)健全的管理系统

为了实现企业的业务目标,企业必须建立相应的人力资源、财务监控、行政管理和业务运营等方面的组织管理系统。财务管理强调为财务制度和流程服务;人力资源管理通过为企业员工服务构建人力资源管理组织系统以及相应的管理体系;行政管理通过落实企业战略目标和维护日常运营构建一系列日常管理体系;业务运营则围绕产品或服务设计、生产、销售及售后服务建立一系列管理流程。在企业经营中,各个管理系统是相互联系、密不可分的整体,只有通过完善的管理制度和可持续健康发展的管理体制,企业才能构建健全的管理系统。

第二节　企业家的特性

企业家是市场经济中的特殊群体。在经济发展和社会进步的过程中,很多企业都以创新和改革为动力,中国改革开放以来的经济发展实践充分证明了这一特点。企业的发展离不开企业家群体的推动,因此,对企业家特性进行研究就显得非常重要。

一、企业家特性的影响因素

(一)社会地位

社会地位是众多企业家价值实现的重要标志,在很多国家和地区,政府都会为企业家颁发奖状、勋章等,以表明其对企业家价值的认可。这一殊荣也会授予为本国经济发展作出杰出贡献的外国人士。如法国政府表彰过为法国经济发展作出重大贡献的企业家,包括在1915年至1949年创办公司并积极参与法国战后重建与经济重建工作的外国人士,以及1945年至1954年在法国从事矿业开发,为法国工业作出重大贡献的外国人。以色列政府表彰过为以色列战后发展作出杰出贡献的外国人，这些个人或团体在20世纪30年代到20世纪50年代创办企业并积极参与以色列战后重建工作。日本"企业家公民奖"设立于1984年，旨在表彰那些在日本经济社会发展中作出重大贡献的企业员工和企业家。

（二）经济地位

企业家是市场经济中的特殊角色，但这并不意味着其是最富有的人。经济地位在很大程度上取决于企业对社会贡献的大小，对劳动力需求的多少等因素。企业是社会财富、人力资源和物质资源等的重要载体与平台。企业家不仅能够给企业带来价值，还能够对社会资源的增加作出贡献。企业家不仅要具有一定的生产技能与管理能力，还要对产品或服务及其商业模式进行创新。此外，企业家还需要通过企业融资、并购、投资等方式实现自身价值目标。

1. 市场类型

企业家是资本市场中的重要参与者，企业家和投资者构成了资本市场的主要交易主体。在资本市场中，银行、证券公司等金融机构是典型的"资本家"组织机构。企业家对资本市场发展的作用主要体现在：企业家能够凭借其资金优势与经验优势，帮助投资者降低投资风险；企业家通过融资能够推动企业发展并获得丰厚利润；企业之间的并购是市场力量的重要体现，也是不同国家经济发展模式的必然选择。

2. 财务能力

财务能力是指企业家在获取融资方面的能力，包括融资渠道的选择和融资能力的大小。由于企业是一种具有高度外部性的组织，企业通过外部融资能够获取更多资金。企业筹资水平与其所处环境相关，比如银行贷款利率等资金成本因素会对企业利润产生影响，从而影响企业的发展。企业家拥有有限的资源，如何有效配置有限的资源成为企业家面临的重要问题。从这个角度来看，企业家不仅要关注资本要素对企业发展所起到的作用，还应关注人力资本和物质资源等非资本要素，从而使企业家获得更多的发展机遇。随着我国经济进入新常态，民营企业的发展对民营企业家融资能力的要求越来越高。随着资本市场改革的不断发展，民营企业已经成为全社会的重点融资目标。对于小微企业而言，由于没有充足的社会资源，其融资渠道和能力较为有限。目前，金融机构对民营小微企业的信贷支持依然不足，这也反映出民营小微企业信贷风险管控能力不足等问题还没有得到有效解决。

（三）政治地位

在现代政治中，企业家的地位很高。因为企业家是企业的领导者，他们有决策权，对企业生产经营产生影响。在国家宏观政策制定的过程中，政府通常都会邀请一些具有代表性的商界领袖担任重要职务。政府希望通过他们所提供的公共服务来提升政府的决策能力。在实际的政治生活中，很多国家都会选择具有企业家资格和能力的官员来担任国家元首或政府首脑。例如在美国总统选举中，企业家通过参加竞选活动，有可能成为总统候选人，或者被提名成为副总统候选人。在英、法、德等欧洲国家，国家领导人与企业家有着密切的联系，部分国家领导人由成功的企业家担任。

（四）社会声誉

社会声誉是指一个人社会地位的象征，也可以是个人的品德修养和价值观念的体现。社会声誉主要来源于两个方面：一是由个人品质和能力构成，如正直、有正义感等；二是由其职业性质和职业行为构成，比如企业家为推动行业发展所作的贡献。企业社会声誉的评价体系由以下几个部分组成：企业家在行业中的地位和影响，企业对行业发展所做贡献以及该企业或企业家对所在地区社会经济发展所作出的贡献。对作出突出贡献的企业家给予相应的荣誉或奖励，通常会得到当地政府的支持和群众的欢迎。因此，可以说，拥有良好的社会声誉是企业家获得成功的重要前提。

（五）智力水平

智力水平是指人们获取知识的能力，即智力资源和信息资源的丰富程度。不同职业对智力水平的要求不同。对企业管理来说，在企业经营过程中往往需要综合运用各种知识和技能。这些知识和技能包括商业判断、管理方法、市场分析、财务分析处理技术等各种专业知识。不同行业对企业家提出了不同的要求和标准，对这些要求和标准进行概括后可以得出创新型企业家是对智力水平要求最高的企业家。在现代企业管理中,创新型企业家通常不是一个人完成工作,而是以团队的组织形式进行工作。创新型企业家在工作中具有创新精神,有自己的创新计划并组织实施,以获取预期成果或实现目标。创新型企业家往往是一家企业中不同部门之间的协调者和沟通者,具有较高的智力水平,并能将各个部门之间的协作结合起来。

(六)社会属性

从社会属性上看,创新型企业家是指具有较高的知识水平和创造性思维,能够把个人或群体的智慧和力量运用到工作中以解决问题和创造价值的企业领导人。企业家的社会属性通常包括以下特质:

(1)目标性。人们要达到什么目标,如何达到这个目标。

(2)创新性。对现有事物和方法进行创新。

(3)前瞻性。预见未来,把握趋势,及时作出决策。

(4)灵活性。能够适应不断变化的环境情况。

(5)适应性。具有较强的适应能力及应变能力。

(6)领导力。善于发挥个人和组织力量来完成工作;具有较强领导力,能根据现实情况灵活地进行决策。

(7)协调能力。既能够协调各个部门之间,也能够为其他部门的成员提供服务。

(8)组织协调能力。善于建立团队并且有组织能力,与外界环境相适应并能够及时作出决策。

(9)人际交往能力。善于与他人沟通互动、发现别人的长处并有处理冲突和解决问题的技巧。

此外,创新型企业家在工作中具有较高的创造性思维能力和应变能力,能够有效地将所学知识与实际应用相结合以解决实际问题;具有较强的组织协调能力,对外部环境的变化能够迅速作出反应并能够采取相应措施;有一定的人际交往能力和人际沟通能力。

(七)组织属性

根据组织属性,可将企业划分为两种类型:一是以企业家为核心的企业,如 GE

公司通过企业家的创业创新实现了由手工制造到大规模生产销售的转变;二是以企业家及技术专家为核心,如丰田公司等。企业家在企业中发挥着主导作用,同时也对他们所处的行业产生重要影响。当企业家在企业中处于主导地位时,他们能够对这个行业作出预测,并且能根据外部环境的变化迅速调整自己和产品市场;同时,他们能够通过内部创新来提高企业效率等。需要特别注意的是,这些企业家所处的行业往往具有一定的垄断性,并且通常是不可替代或是不可完全替代的,这就要求这些企业家拥有较高的技术、市场以及战略管理能力。在某个领域中处于主导地位并具有竞争优势和知名度的企业家就成为这个领域中重要的参与者之一。企业家往往具有较强的决策能力和较高的风险意识,对未来市场的发展方向有准确的判断,具有前瞻性和预见性,善于把握企业发展方向及其趋势,具有较强的风险意识,能够预见企业所面临的风险并采取相应措施,能够正确分析竞争对手和市场环境,选择正确的经营战略。这是企业在经济价值方面取得成功的关键所在。

(八)年龄结构

年龄结构是对企业家职业发展最重要的影响因素之一,对年龄结构进行研究可以为企业管理、组织激励和人才管理提供有益视角和参考依据。从年龄结构上看,取得关键职业成就的企业家主要是 30 岁到 50 岁的群体。这一年龄结构是由创业时间、强度和持续性等因素决定的。具体而言,30 岁到 50 岁的企业家,创业动机和创新意识较强,更关注企业利益,往往以市场为导向或者以产品为导向。30 岁到 50 岁的企业家,创新动机、冒险精神更强,更容易将公司发展成为具有市场竞争力的企业和品牌。50 岁以上的企业家具有资源优势以及社会责任感和使命感,但创新意识与冒险精神会下降。

(九)文化因素

企业家作为企业的主要管理者,必须具有一定程度的文化知识和经营管理知识。具体来说,包括以下因素:

(1)知识类型。有丰富的自然科学、社会科学和文学艺术等知识。

(2)文化程度。可以是初中及以下、高中、大学等不同学历。

(3)所受教育类型。包括正规教育和非正规教育。

(4)从事行业。主要是制造业或者服务业。

(5)经济管理类。金融保险、财政税收以及法律、行政管理和社会服务等。

二、企业家特性的本质

在《创新与企业家精神》一书中,彼得·德鲁克谈到了很多有关企业家的特性,并列举了大量案例。这些特性在日常生活中是经常可见的,但是对于很多人来说却是不熟悉的,而且很容易被忽视。如果把这些因素考虑进来,就可以得到一个关于企业家特性比较清晰的认识。

(一)企业家特性并不是天生的

很多人以为企业家是天生的,其实并非如此,每个人都可以成为企业家,关键在于如何发挥自己的特质。在现实生活中,人们经常会将个人特质和社会特性混淆,其实两者是有区别的。个人特性指的是个人能够把握的东西,而社会特性指的是能够在一定程度上影响他人决策的东西。企业家之所以成为企业家,并非因为他们天生就会做生意,而是因为他们具备了这些特质。

(二)企业家具有积极向上的特性

企业家有两个基本特性:第一,追求卓越;第二,承担责任。企业家并不是天生就具有某些特质的,他们的某些特质是通过后天在工作生活中不断地学习与实践形成的。这些特质最终都体现在他们创办或者经营公司的风格上。从这个意义上来说,他们其实是通过个人努力将自身特质变成了某种行为方式,从而成长为一名企业家。

(三)企业家特性通常是优秀的品质

企业家特性通常是优秀的品质,它可以使一个人拥有更多的选择、更好的技能、更强大的影响力以及在工作中的领导力。我们都希望自己是企业家,但实际上不可能人人都具备优秀的企业家特性,尤其是在一个人的求学阶段。如果你发现自己正处于这个过程中,那么你可以考虑一下如何培养企业家特性。在任何一个领域都有成功人士和失败者。成功者将自己的特性融入日常生活中,而失败者则只会把自己的特性强加于他人。因此,当你发现自己的某些特性和他人不同时,不要生气,也不要指责别人,要知道这就是你创造出来的东西。

(四)企业家特性可以通过学习获得

在某种程度上,企业家特性就是"模仿"别人所拥有的一些东西。例如,在早期美国互联网泡沫时期,很多人都认为自己所做的事和他人所做的不一样,但其实这是一种被模仿的行为。如果你在电视上看到了某个商业大亨,你也可能会学着他的样子去买一辆汽车。这一点并不是什么新鲜事。你甚至会发现一些人会用"模仿"来推销自己。这类现象在很多领域都可以看到。例如,有些人可能在模仿别人所拥有的技术、思想或习惯。这一点就可以说明为何我们很难从其他人身上学到我们所缺乏的东西,因为这些特质都是从别人那里得来的或继承过来的。

有些人可能会说:"我没有继承这种能力,但是我看到别人有。"这就说明他们不是天生的企业家。在很多情况下,企业家都是通过模仿别人而获得成功。这就产生了一个有趣现象:很多人都希望自己能够像某些成功人士一样做出一些与众不同的事情来。但当我们试图效仿他们时,却发现大多数人其实并不具备这些特征。所以最好的办法就是"我做得更好",或者说"我学得更多",如果你想要学习其他人所拥有或是模仿他人所拥有的一些东西,那么就必须让自己也变得和他们一样"好"!

第三节 企业家的职业发展

企业家的职业生涯往往与其企业绩效密切相关,甚至可以说,企业成功与否往往取决于企业家的职业选择。当各种各样的原因导致企业家无法选择自己想要从事的工作时,企业家会根据其自身情况和所处行业的特性来决定适合自己的岗位。

一、企业家自身特性

从职业选择的角度来看,企业家自身特性是企业家职业发展的基础,这涉及以下的一些问题:企业家的职业生涯是否能够持续?在职业发展过程中,有哪些因素影响企业家职业发展?企业家在多大程度上可以自由选择自己喜欢且有发展潜力的工作岗位？

（一）价值观

企业家自身价值观与职业选择息息相关。价值观是人们对世界的根本看法和评价体系。人的价值观受到先天遗传因素影响，但后天可以改变。价值观具有很强的可塑性，可以随着个人经历和环境的变化而发生变化。企业家是社会成员，所处的环境复杂多变、充满挑战。

企业家从事的创业工作，是一项需要长期投入、持续积累和动态发展的工作。企业家自身要有明确的价值追求，不能仅满足于做一名管理者，而是要具有社会责任意识，能够以"利他"为基本价值取向，在企业和社会之间找到最佳的平衡点，这样才能更好地为客户服务，实现创业目标。

（二）性格特征

根据调查结果，影响企业家职业选择的个人性格特征主要有：(1)性格豁达，喜欢挑战；(2)学习能力强，接受新事物快，善于思考；(3)独立自主性强，善于与外界沟通；(4)敢于冒险，有进取心；(5)注重生活品质，具有较强的责任心和服务意识，并愿意在工作中付出时间和精力。

（三）兴趣

当人们做自己喜欢的事情时，绩效会更好。兴趣对于职业选择非常重要，它可以提高人们的职业成就。如果一个人对自己所从事的工作具有浓厚的兴趣，就能把全部心思投入其中。兴趣可以帮助我们在工作中找到最大的利益和满足感。因此，对于企业家来说，选择合适的职业至关重要。但是我们必须明白兴趣与职业之间的关系：一方面，要在某个领域发展成熟后选择更适合自己能力特点及兴趣爱好的职业；另一方面，随着社会环境的不断变化，还必须适时调整自己以适应变化的社会需求。

（四）协调能力

企业家需要掌握一定的管理能力和协调能力。在企业初创阶段，企业家要同时具备多种管理岗位的技能和资质,如营销策划、人力资源和财务监督等。企业家还需要具有良好的应变能力,即能够根据不同情况采取相应措施来应对。此外,企业家在处理工作时要有团队合作精神。对于团队成员来说,领导者是他们最好的榜样,企业家如果善于协调和领导下属,对团队发展是非常重要的。如果企业家具备较强的能力同时能够协调和领导他人进行工作,促使每个人在企业中找到适合自身能力发展的岗位,这样就能促使团队为企业提供最佳的绩效。

(五)学习能力

对于企业家来说,学习能力是他成功的基础,也是企业得以发展壮大的关键。企业家的学习能力主要表现在以下几个方面:(1)善于思考和处理问题,对学习有着浓厚的兴趣;(2)在学校和社会中接受的知识对企业发展有利,并能有效地运用这些知识使自己获得成功;(3)能够有效利用自己所掌握的信息,并通过新知识、新方法或新思维来解决问题;(4)能够及时了解外界变化和发展趋势,把握信息优势与劣势、机会和威胁,使自己能够根据环境变化作出正确的决策;(5)善于在实践中学习与积累知识并将其应用到企业管理中,从而提高自身的能力。

(六)领导力和信任度

企业家要能够充分调动员工的积极性,因此,企业家的领导力和被信任度非常重要。有很多创业型企业在招聘时都会格外看重应聘者的领导力和被信任度,这说明了该项能力的重要性。对于梦想成为企业家的职场新人来说,在进行职场选择时必须结合自身条件综合考虑才能作出正确的决定。职场新人必须要在了解自己所处职位以及该职业所要求承担的职责和能力后再来选择适合自己职业发展的岗位。现实中,企业通常会面临一些困难与挑战,领导力和被信任度会帮助企业家度过难关。

二、企业家的行业特性

企业家的职业选择是比较困难的事情,因为除了涉及企业家的个人特性外,同时还涉及企业家的行业特性。优秀的企业家,会对自己在未来事业发展中所要达到目的有所规划,这一规划需要考虑很多因素,其中最重要的因素就是企业家对自己未来事业目标和愿景的判断。

（一）行业偏好

人们通常更愿意从事自己喜欢的工作，在职场上表现出更强的竞争优势，以此获得较高的收入和社会地位。现实生活中，大部分企业家并非自己想象的那么喜欢自己所从事的工作，他们可能会在某个时期对某一行业或职业产生偏好。当企业家对某一行业或职业发展有所偏好时，他们会将其作为职业选择的标准。通常情况下，我们可以从以下几个方面来考虑：行业是否符合企业家偏好，企业本身是否能够满足企业家偏好，企业家自身是否具有足够的实力为企业创造价值。

（二）工作环境

工作环境是影响企业家职业选择的重要外部因素，也是决定企业家未来职业发展状况的重要因素之一。研究表明，社会文化因素对企业家的职业选择有一定的影响。比如，有的企业家喜欢具有较强竞争意识的工作氛围，在办公室里可以随时听到有关业务问题和技术问题的讨论，这种环境会给创业者更多学习和提高自我能力的机会。在公司内部组织文化方面，企业家喜欢具有明确任务、时间限制、竞争氛围激烈且能够激发人们工作热情的工作环境。有的企业家在企业内部的组织能力非常强且对员工具有较大的影响力；有的企业家则非常适合去企业外部发展。在经济实力较强的地区，政府为本地企业发展创造了更多机会，扶持力度更大，从而营造了良好的外部环境。总之，在企业家职业发展方面，需要考虑所处环境如何影响企业家职业选择的问题。

（三）行业和公司规模

对于大多数企业家来说，他们更愿意从事规模较大的行业，因为这些行业中的企业一般有较为完善的组织结构、较多的员工和较高的业绩，而且可以帮助企业家获得各种资源。在选择职业时，企业规模和行业规模是重要的影响因素。一般情况下，大企业的领导通常都会比较忙，他们还会将自己不太喜欢或不擅长的工作交给下属完成。当领导没有时间的时候，员工就得加班加点工作或者做一些额外的工作。一些大企业会存在这样的情况：在招聘员工时往往会对应聘者做较多限制，也就是说如果应聘者不符合招聘条件就不会录取此人。相反的,中小型企业由于在人力和制度方面没有这么多的限制,可以给企业家发展提供更多自由发挥的空间。

（四）市场敏感度

市场敏感度是一种在商业环境中根据市场需求进行组织、管理和经营的能力。当企业家对自己所在行业的市场发展趋势有清晰的认识,并且可以通过不断创新来提升自身市场敏感度时,他们往往会取得更大的成功。例如,企业家会把相关的新技术应用在自己的企业,企业家认为他们应该专注于提供高品质的产品和服务并在全球范围内进行营销,企业家将企业发展为提供个性化产品和服务并能根据客户需求进行调整的综合服务商。市场敏感度还能有效地提升企业员工对企业战略目标的理解程度,从而促进企业迅速成长。

（五）人际关系

人际关系往往影响工作效率,与人际关系有关的能力通常被认为是职业成功的关键。然而,在多数情况下我们却没有意识到这一点。在企业家的职业生涯中,人际关系是一个非常重要的因素。对于企业家来说,良好的人际关系有助于自己获得成功,因为与别人建立融洽的关系能够使他们更好地协调自己的工作。如果企业家有良好的人际关系,他们就会更好地管理自己、激励员工和影响他人;反之,则会损害员工的士气并降低工作效率。

（六）职业规划

职业规划对企业家来说至关重要。如果企业家有清晰的职业规划,他们就不会盲目地随波逐流。只有制定科学的职业规划,企业家才能够充分发挥自己的主观能动性,在职业生涯中不断取得成功。对职业作出明智选择的人一定会为自己设定有价值的人生目标。从这个意义上讲,如果一个人想实现这样的目标,就必须首先确定自己想要做什么,然后通过各种途径努力实现。

第七章

企业环境分析与评价

导入案例

喜茶诞生记

中国是茶文化的发源地,茶在中国已经存在了近5 000年。即便我们拥有如此深厚的文化底蕴,但在茶饮市场上仍流传着"万家中国茶饮企业,利润不及一家立顿"的说法。现在的年轻人更倾向于可乐、果汁、奶茶等饮料。对于年轻人而言,接纳、融入并吸收茶文化需要经历一个过程。近年来,消费者对茶的消费也处于上升期,传统的茶业与新式茶饮存在摩擦与碰撞。茶行业准入门槛较低,茶商众多,对茶的甄别和管控方法也存在许多不同,而消费者对新式茶饮的期待越来越高。这样的背景下,新中式茶饮如何随着时代发展而变革也备受关注。2019年4月,美团发布的《美团外卖奶茶真香消费报告》显示,从2017年至2018年美团外卖平台上茶饮商户数量增长了3倍,2018年第三季度国内的现制茶门店数量为41万家,年增长率为74%。

喜茶(深圳)企业管理有限责任公司成立于2013年5月,2016年1月喜茶成立了深圳美西西餐饮管理有限公司,产品主要有现制饮品、蛋糕、面包、冰激凌和气泡水等,同年获得投资人民币1亿元。2019年,胡润研究院发布的独角兽数据中,喜茶以70亿元人民币估值上榜,同年其微信端小程序新增用户1 582万名,用户总数达到2 150万,相当于广州全市的人口数量。目前,喜茶全球共有门店695家,国内门店均为直营商店。直营模式保证服务与时效,每家门店都贯彻管理者的理念,同时方便管理者掌握每家门店的动态,更好地契合年轻人的口味和情感变化。

发展初期,喜茶在以广东为中心的华南地区进行市场开拓。2013至2015年,喜茶先后在广东省的东莞、佛山和广州等城市开店,通过在广东省的运营积累的经验,喜茶逐步扩张到相邻省份市场。喜茶采用的扩张方式是稳步推进战略,通过开店来获得市场。通过渐进式的市场扩张,喜茶根据所掌握的市场信息结合消费者反馈对产品服务进行不断改进。喜茶在运营过程中不断总结经验,形成了属于自己的运营模式。

资料来源:张健.喜茶营销策略优化研究[D].兰州:兰州理工大学,2021.

思考题:

1.喜茶的创始人聂云宸是如何挖掘创业机会的?
2.试分析喜茶的创业成功与当时的市场环境有何关联。

第一节 创业环境分析

一、创业环境概述

研究创业环境可以挖掘创业机会和分析创业可行性。外部环境时刻发生变化,创业者可以在这些变化中抓住机会,但同时也会承受这些变化带来的风险。创业者要充分了解行业的宏观与微观环境要素,掌握行业发展动向。创业者需要分析环境变化对特定行业和企业产生的影响。只有详细分析环境变化对行业或者企业的作用,创业者才能抓住机会,规避风险。

(一)创业环境的概念

创业环境一般指与创业者的创业与发展有关的各种外部条件,这些条件对创业者的创业活动有较大影响。创业环境一般包含内外两个方面:外部因素包括政治、经济、社会和文化等;内部因素是创业者有机会得到的协助与支援。创业环境内多种因素相互影响使创业环境成为一个有机整体。创业不仅需要创业者个人的力量,还离不开各种外部环境的支撑。

(二)创业环境的特征

1. 整体性

创业环境是一个有机整体,创业环境分析是对创业环境这一有机整体进行完整分析的过程。在对创业环境进行分析时,必须运用系统的思维方法,对创业环境进行全面审视,而不能将创业环境中各要素之间的关系进行分割。

2. 主导性

企业在不同发展时期会受到不同要素的影响。创业环境在企业开创时期起着主导性作用,因此,研究创业环境对创业者非常重要。

3. 可变性

企业的外部环境是不断变化的。这些变化主要表现在地区产业机构调整、政策法规修改、市场需求波动、消费能力变化等方面,这些可能会影响企业的创业成功率。因此,创业者要以动态的视角来审视和研究创业环境,这样才能更好地理解创业与环境的关系。

4. 差异性

创业环境是一个具有地域特色的概念,不同地区的创业环境互有区别。不同地域的政治、经济和文化背景不同,其创业环境也不同。

(三)创业环境的分类

创业环境可以分成很多类型,以下是创业环境的基本分类方式。

1. 按要素分类

根据与企业相关的要素,可以将创业环境分为经济、政治、法律、科技、商业、教育、社会、文化和自然环境。

2. 按层次分级

创业环境被划分为多个层级。第一个层级被称为宏观环境,主要包括创业所在国家或地区的创业氛围与制度等;第二个层级被称为中观环境,主要包括创业所在城市或乡镇的创业氛围等;第三个层级被称为微观环境,主要包括创业企业内部的文化氛围、创造精神和团队精神。

3. 创业的软环境和硬环境

创业环境中的软环境是指政治、经济、法律、文化等各种环境因素,硬环境是指企业经营环境中的物质基础设施、自然地理位置、区域经济等。硬环境是创业的物质基础。在创业过程中软环境的改变是有限的,软环境可以弥补硬环境的缺陷,增强硬环境的效能,进而提升创业环境整体的竞争力。

二、创业环境分析的功能和维度

(一)创业环境分析的功能

分析创业环境是为了帮助创业者适应环境,识别创业机会。分析并利用创业环境能够为创业者创造创业机会,提高创业者的创业能力。创业者利用创业机会、发挥创业能力,就会产生创业活动。创业活动常常依赖于特定的政策与市场环境。创业者要充分了解创业环境,并制定相应的措施,以确保创业成功。创业环境分析的功能主要有以下三个方面。

1. 指导创业实践活动

创业者的创业行为具有开放性,创业活动与它周围的环境相互作用。在创业过程中,创业者需要通过外部环境获得资本、识别机会和挖掘市场。研究创业环境、分析创业环境对创业活动的作用,可以为创业者提供指导。

2. 提高创业成功率

在全球范围内,创业成功概率普遍不高。除了创业者本身的实力不足和缺乏创业资本之外,创业环境也会影响创业的成功率。外部环境中的政府支持不足,法律制度不完善,社会服务水平低下等问题对创业企业的生存与发展会造成重大打击。因此,通过对创业环境的分析,揭示创业环境对创业活动影响的方式,可以帮助企业规避风险,提高创业成功率。

3. 健全创业支撑系统

创业有风险,并不是所有的创业者都能成功创业,大量创业者常常会陷入创业困境。究其原因,是企业经营过程中,周遭的各种创业环境对企业的经营行为产生很大影响。此外,各种环境因素对创业的作用也存在差异,即使是同一环境因素对不同的创业活动的影响也是不同的。因此对企业的创业环境进行适当分析,将有利于改善企业创业活动的状况,能够帮助政府健全公共事业职能,从而构建一个高效的创业支撑系统。

(二)创业环境分析的八个维度

本书选择 GEM(global entrepreneurship monitor)模型作为分析创业环境的工具。该模型由英国伦敦商学院和美国百森学院联合设计,目的在于研究全球的创业状况及变化,挖掘各国创业活动的动力,分析创业活动和经济发展之间的联系以及评价本国创业的相关政策。GEM 模型分析内容包含了创业环境中的金融支持、政府政策、政府项目、教育和培训、研究开发转移、商务环境与有形基础设施、市场开放程度、社会文化和社会规范等八个维度。

1. 金融支持

创业金融支持,是新成立的,成长型的创业企业可以获取的资金支持。具体表现在以下三个方面:一是政府补助的申请,比如国家火炬计划、中小企业科技创新项目等;二是金融机构的投资基金;三是社会投资,包括风险投资、个人贷款、天使投资等。创业者可以通过以下 6 个问题判断创业环境中金融支持的情况,见表 7—1。

表 7—1　　　　　　　　金融支持问卷调查的主要题项设置

问题	内容
问题 1	有充足的权益资金可供新成立企业和成长型企业使用
问题 2	有充足的债务资金可供新建和成长型企业使用
问题 3	有充足的政府基金为新成立企业和成长型企业提供支持
问题 4	除了创始人之外,个人是新成立企业和成长型企业的重要资金来源
问题 5	创业投资对于新成立企业和成长型企业来说是一个重要的私人权益来源
问题 6	IPO 是新成立企业和成长型企业的重要投资来源

2. 政府政策

政府创业政策包括对创业活动与成长型企业的支持、就业政策、企业组织形式的要求、税收政策等。创业者可以通过以下 7 个问题判断创业环境中政府政策的情况(见表 7—2)。

表 7—2　　　　　　　政府政策问卷调查的主要题项设置

问题	内容
问题 1	政府政策(例如公开采购等)一直为新成立企业提供优惠
问题 2	中央政府在制定政策时优先考虑新成立企业和成长型企业
问题 3	地方政府在制定政策时优先考虑新成立企业和成长型企业
问题 4	新成立的企业可在一周内获得必要许可证
问题 5	税收不会给新成立企业和成长型企业带来负担
问题 6	政府对新成立和成长型企业征收的税收及其管制是可以预见和稳定的
问题 7	政府支持新成立企业和成长型企业的政策有效

3.政府项目

政府项目支持作为创业环境条件的独立要素,体现了政府政策的具体性举措。政府项目不仅限于政府提供资金和支持的项目,还包括政府对创业企业的服务、奖励和帮助等。创业者可以通过以下 6 个问题判断创业环境中政府项目的情况(见表 7—3)。

表 7—3　　　　　　　政府项目问卷调查的主要题项设置

问题	内容
问题 1	新成立企业和成长型企业可通过单一代理获得政府的支持
问题 2	科技园和孵化器可以有效地支持新成立企业和成长型企业
问题 3	有足够数量的政府项目可供新成立企业和成长型企业使用
问题 4	政府机构人员能够胜任支持新成立企业和成长型企业的工作
问题 5	几乎所有希望得到政府项目帮助的新成立企业和成长型企业都会如愿以偿
问题 6	政府支持新成立企业和成长型企业的项目是可行的

4.教育与培训

教育与培训是进行创业活动必不可少的前提,也是创业者发现潜在商业机会、培养创业能力、取得创业成果的基础。创业者可以通过以下 6 个问题判断创业环境中教育与培训的情况(见表 7—4)。

表 7—4　　　　　　　　教育与培训问卷调查的主要题项设置

问题	内容
问题 1	中小学教育鼓励创造性、自立性和个人主动性
问题 2	中小学教育以市场经济原理为指导
问题 3	中小学教育充分重视创业精神和创业教育
问题 4	大学里开设足够多的创业课程和项目
问题 5	商业与管理教育是世界一流的
问题 6	职业技术教育和再教育体系能够为自谋职业者提供帮助

5. 研究开发转移

创业者的研究成果转化过程能否顺利运行,研究成果能否商业化是创业活动成功的关键之一。创业环境中的研究开发转移影响研究成果市场化的成功率,是创业者能否把握技术与商机的前提。创业者可以通过以下 6 个问题判断创业环境中研究开发转移的情况(见表 7—5)。

表 7—5　　　　　　　研究开发转移问卷调查的主要题项设置

问题	内容
问题 1	科技、科学及其他知识能够迅速从大学、研究机构运用到新成立企业和成长型企业
问题 2	新成立企业和成长型企业拥有与大型、成熟企业相同的机会接触新技术、新研究
问题 3	新成立企业和成长型企业能够负担得起最新科技的成本
问题 4	政府向新成立企业和成长型企业提供足够的资金来帮助企业获取新技术
问题 5	当地科技基础能够支持至少在某一领域内具有世界级水平的企业创业成功
问题 6	为科技工作者提供良好的支持,使他们可以将自己的研究成果商业化

6. 商务环境与有形基础设施

创业的商务环境包含以下内容。创业企业可以获得哪些资源,创业企业能够得到哪些金融服务和非金融服务。金融服务包括银行提供的借贷服务等,非金融服务包括法律咨询、会计审计企业、物流企业提供物流服务等。创业企业能否负担得起这些资源和服务。创业者可以通过以下 5 个问题判断创业环境中商业环境的情况(见表 7—6)。

表7—6　　　　　　　　商务环境问卷调查的主要题项设置

问题	内容
问题1	有足够的分包商、供应商和咨询机构来协助新成立企业和成长型企业
问题2	新成立企业和成长型企业能够承担分包商、供应商和咨询机构的费用
问题3	新成立企业和成长型企业很容易找到一流的分包商、供应商和咨询机构
问题4	新成立的、成长型的企业很容易获得优质专业的法律和会计服务
问题5	新成立企业和成长型企业易于获得良好的银行服务(会计批准,汇兑,信用证)

有形基础设施对于创业企业来说是必不可少的硬件设施,其包括厂房与交通设施等,是创业活动的载体。创业者可以通过以下5个问题判断创业环境中有形基础设施的情况(见表7—7)。

表7—7　　　　　　　有形基础设施问卷调查的主要题项设置

问题	内容
问题1	基础设施(道路,公用设施,通信等)对新成立企业和成长型企业提供良好的支持
问题2	新成立企业和成长型企业可获得较低成本的通信服务(电话,互联网等)
问题3	新建和成长型企业大约一周内就能开通通信服务(电话,互联网等)
问题4	新成立及成长企业可负担的基础服务费用,如水、电力、天然气等
问题5	一个月左右,新成立及成长企业可获得公用设施服务

7.市场开放程度

市场开放程度包含两部分的内容。一是市场变化,市场变化孕育着创业机会;二是创业企业进入市场时是否会遇到行业壁垒,有无对创业企业设立不平等障碍而阻碍创业企业的发展。创业者可以通过以下6个问题判断创业环境中市场开放程度的情况(见表7—8)。

表7—8　　　　　　　市场开放程度问卷调查的主要题项设置

问题	内容
问题1	商品市场和服务市场每年都在变化
问题2	工业产品和服务产品每年都在变化
问题3	新成立企业和成长型企业能够轻易进入新市场

续表

问题	内容
问题 4	新成立企业和成长型企业能够承担进入市场的成本
问题 5	成熟企业没有设置不公平的行业壁垒来阻止新成立企业进入行业
问题 6	反托拉斯法有效,执行有力

8.文化及社会规范

文化及社会规范主要表现在社会和文化规范是否鼓励个人的创业行为,社会上的创业氛围是否强烈。创业者可以通过以下 5 个内容调查社会对创业的总体态度(见表 7—9)。

表 7—9　　　　　　文化及社会规范问卷调查的主要题项设置

问题	内容
问题 1	本地文化鼓励个人通过个人努力取得成功
问题 2	本地文化提倡自立、自治和个人主动性
问题 3	本地文化鼓励创业者冒险
问题 4	本地文化鼓励创新与创业
问题 5	本地文化强调个人(而不是集体)对自己人生负责

第二节　创业市场调查

一、创业环境的调查方法

创业者们要对企业的发展状况有一个清晰的认识,了解其优势与劣势,以便寻找商机,规避风险。在分析企业发展状况时,首先要做的就是对企业的外部环境进行调查。创业环境调查有多种方法,创业者可以选择其中的一种或多种。具体的创业环境调查方法包括以下几项。

(一)主观反馈法

主观反馈法是让创业者主观评价创业环境的各个要素,并对它们进行系统分析。每一位创业者的亲身经历存在差异,对创业环境的感受与反馈也各有不同,基于创业者自身主观感受的评价是最直观的。

(二)抽样调查法

从已存在的创业者中挑选调查样本,对这些样本的分析,可以帮助创业者对创业环境有一个清晰的认识。

(三)问卷调查法

采取问卷调查的形式进行研究,对创业者进行创业环境问题的调查,并对答案进行统计处理,进而了解创业环境的实际情况。

(四)个人访谈法

根据自愿、互动的原则,选择有代表性的创业者进行非结构性采访,根据被调查者的经历和经验,分析创业者的心理与行为,进而推断创业环境的特点。

(五)座谈访问法

根据不同地区的情况,就创业环境问题在各地区举行研讨会,邀请一些创业者和公司经理参加研讨会。探讨创业者关注的创业环境问题,并给出相关的办法和建议。

(六)个案分析法

一方面,选择个别出色的创业者作为研究对象,以问卷的形式对其创办企业和企业发展进行问卷调查,分析创业成功的经验以及突破"瓶颈"的方法。另一方面,寻找一些创业失败者,调查分析其创业失败的原因。最后,整理调查分析结果中与创业环境相关的因素。

二、创业环境矩阵分析

对创业者而言,不断变化的环境既是机会也是威胁。在上一节中,我们学习了创业环境的调查方法,创业者可以采用矩阵分析法对创业环境调查结果进行分析与评价。

(一)机会矩阵

采用机会矩阵分析创业环境中的机会要素,横轴代表机会的吸引力,即在获得成功后所能获得的收益的多寡,纵轴代表机会出现的概率。该矩阵将企业可能面临的机会分为 4 种类型,并将它们分布在 4 个区域(见图 7—1)。

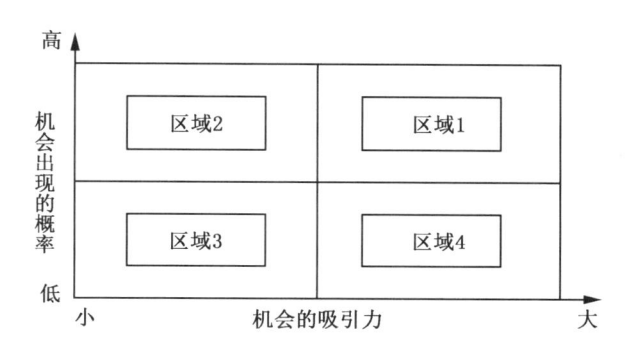

图 7—1 机会的吸引力与出现的概率分析矩阵

区域 1:机会的出现概率很高,机会的产生利益大,意味着企业将有更多的好处。所以对于创业者而言,有很大的诱惑力,是要尽可能地去争取的情况。

区域 2:机会产生的可能性很大,但是机会产生后所能获得的好处却很少,是创业者们需要关注的情况。

区域 3:机会发生的概率很低,机会产生后对企业的收益也不大,是创业者们要小心避免的一种情况。

区域 4:虽然概率很小,但只要有了这个机会,就能为企业创造更多的利润。因此,创业者要对这样的情况更为重视。

(二)威胁矩阵

采用威胁矩阵分析创业环境中的威胁要素,横轴代表该威胁的严重性,纵轴代表该威胁出现的概率。该矩阵将企业可能面临的威胁分为 4 种类型,并将它们分布在 4 个区域(见图 7—2)。

区域 1:有可能出现威胁,并且会产生严重的不良后果,因此,创业者们要格外小心。

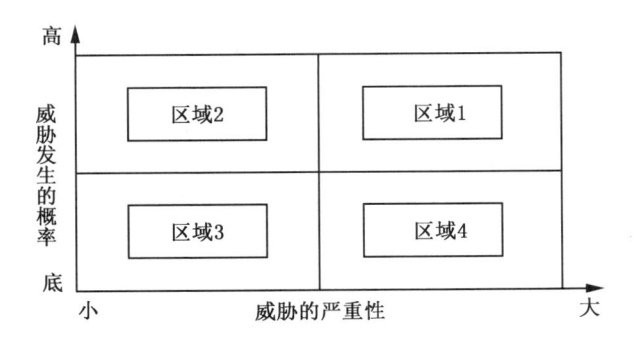

图 7—2 威胁的严重性与出现的概率分析矩阵

区域 2：威胁出现的概率较大，但其造成的影响相对较小，创业者们对这种情况应予以足够的重视。

区域 3：威胁出现的概率很小，而且对企业运营产生的消极影响也不大，几乎可以被忽视。

区域 4：威胁出现的概率很小，可是如果真的出现了，企业将会遭受巨大的损失，创业者对这种情况不能放松警惕。

（三）机会—威胁矩阵

结合企业的环境机会矩阵与环境威胁矩阵，可以确定企业所面临环境的情况。将机会与威胁的分析结果叠加，可以构成一个新矩阵。该矩阵的横向坐标代表机会，纵向坐标代表威胁。该矩阵将企业的业务分为 4 种类型，并将它们分布在 4 个区域（见图 7—3）。

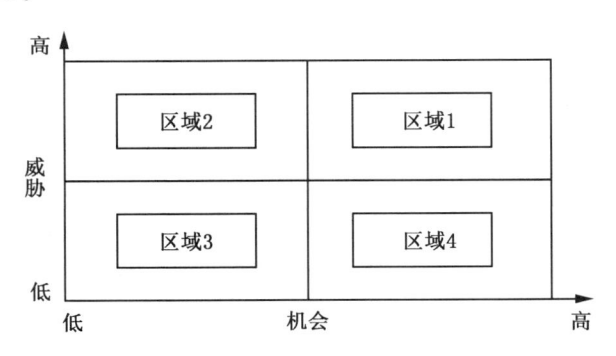

图 7—3 机会与威胁分析矩阵

区域 1：威胁等级和机会等级均较高，无法通过对比准确分析它们对创业的影响程度。该区域内的业务是风险型业务。

区域 2：高威胁和低机会是最糟糕的环境，创业者应该尽可能避免，该区域内的业务是困难型业务。

区域 3：威胁等级和机会等级都很低，利润不高，也不会有多大的风险，该区域内的业务是成熟型业务。

区域 4：较低的威胁等级、较高的机会等级，是最佳的环境状态，该区域内的业务是理想型业务。

三、创业宏观环境分析

宏观环境对企业产生的影响通常是间接的。一般情况下，创业者不能对宏观环境进行控制。因此，创业者要熟悉相关的宏观环境要素，依据宏观环境对创业活动作出规划。

（一）政治环境

政治环境是指与创业环境紧密联系在一起的政治氛围，包括政治局势和政府政策等，政治环境的主要内容包括以下 10 个方面。

1. 政治局势

政治局势包括国家和地区的稳定程度、与周边国家的关系、国家边界稳定程度、社会整体稳定程度等因素。频繁的政治变动、政府人事变动、暴力事件、宗教势力斗争、经济危机的爆发会导致国家内部和外部政策发生改变，从而对创业活动造成巨大冲击。

2. 政府政策

政府的政策方针是每一家企业都要遵循的原则。政府在对创业者所在行业进行调整或变更后，创业者就需要相应调整其创业活动的计划与战略。

3. 政策连续性

政策连续性包含了政策的稳定性与政策变动的连贯性。政府的任何一项决策都具有相对稳定性，创业者应该对各项决策的稳定性作出理性预测，从而使企业能够在国家政策的许可下更好地开展经营活动。但是，由于环境总是在发生改变，政策决策者必须对政策进行及时调整。创业者要根据不同的发展趋势作出理性分析,并对各项政策的趋势进行预测。

4. 信用策略

企业要想发展,必须有银行贷款,即便是大型的跨国企业,也不能失去银行贷款。政府与银行业如何处理企业的创业信用,将会对创业者创业的成功与失败产生重要影响。

5. 税务政策

税务政策在吸引投资、鼓励创业、保护创业、推动创业发展等方面发挥着举足轻重的作用。在促进创业者创业、保障创业者权益等方面,各国政府采取了较为宽松的税务政策,以降低创业者的创业风险。

6. 金融补助策略

为指导创业者的发展,政府通常会给予创业企业金融补助。金融补助能在一定程度上缓解企业的资金压力,为企业发展提供帮助。

7. 技术革新策略

政府技术革新的策略是促进科技人才创业、中小企业技术革新的关键。政府对企业技术革新给出的支持策略,通常包括孵化支持、法规支持与财政支持。

8. 孵化支持

孵化支持是指政府保护科技工作者的利益,帮助科技工作者实现科技成果转化。政府在资金、技术、人力、物资等多个层面上对企业给予扶持,以便快速、高效地培养高科技企业。企业孵化器是促进科技成果迅速向生产力转变的重要途径。企业孵化器分为以下4个级别。

一级孵化:又叫项目孵化,是指以科技成果商品化和产业化为目标创建新型的中小型高科技企业。

二级孵化:培养成功的中小型高技术企业。

三级孵化:利用科技园区引导中小型高科技企业向大型高科技企业发展。

四级孵化:利用高科技园区内的跨国企业和境外的企业孵化器,培育出具有一定规模的跨国高科技企业,并引进一些国外的高科技产品或者创业者,实现国际化运营。

9. 法规支持

法规支持是指为扶持建立高科技企业,推动科技成果的转换,出台相关的法规予以保障。比如,为扶持高科技企业,我国出台了《科学技术进步法》和《促进科技成果转化法》等相关法律法规。通过各种途径对高科技成果进行有效转换,技术拥有者既可以自行创办企业,也可以将技术作为资金投入其他企业。

10. 财政支持

财政支持是指为支持和推动高科技企业的发展与壮大出台的相关财政政策,如《关于科技型中小企业技术创新基金的暂行规定》等。针对企业和项目的不同特征,政府会给予创业者多种融资模式的支持,如贷款贴息和免费补助等。

(二)经济环境

经济环境包括经济结构、经济发展阶段、经济周期、资本市场的发展水平、居民收入及其变动趋势等,它们决定了企业潜在市场的大小。

1. 经济结构

经济结构是指一个国家或地区的行业结构、分配结构、交换结构、消费结构、技术结构和产权结构等。在这些因素当中,与新成立企业关系最紧密的是行业结构,当国家或区域的行业结构不断改变时,新成立企业就能获得更多的机会。

2. 经济发展阶段

在一定程度上,一个国家或区域的经济发展阶段决定了一家企业的运营情况。从商品的角度来看,在经济发展阶段较为先进的国家和地区的消费者更注重产品的风格、性能和特色,而不是产品的基本功能与使用价值;在经济发展阶段较为弱后的国家和区域的消费者,更注重的是产品的基本功能、实用价值以及成本。

3. 经济周期

经济周期是指经济活动沿着经济发展的总体趋势所经历的有规律的扩张或收缩。包括国民总产出、总就业和总就业的波动,国民收入,总经济活动扩张和紧缩等。经济周期通常被分为4个阶段,即繁荣、衰退、萧条和复苏,也被称为顶峰、衰退、谷底和扩张。

4. 资本市场

资本市场是金融市场的一个重要组成部分。资本市场的发展状况直接影响企业所拥有的资金总量和获取资金的难度。对企业特别是新企业来说,其所在地区资本市场的发展状况直接关系到企业是否能够打破初期的资金壁垒。

5. 居民收入

居民的个人收入是指来自不同渠道的所有收入，如工资、奖金、津贴等。从居民收入中扣减了税金和社会保险后，即为个人可支配收入；再减去基本的生活费，剩下的部分是个人可自由支配的收入。按照经济规律，收入与存款是相互关联的，在一定的收入水平下，消费和存款之间相互影响。部分居民的收入以不同的方式变成了存款，存款是一种潜在的购买力。潜在的购买力会对潜在的消费需求、消费模式、消费内容以及消费的发展趋势产生一定的影响。消费者的购买力不仅限于个人的收入和存款，随着经济的发展和成熟，消费者可以利用信贷方式来提高自己的购买力。

（三）社会环境

社会环境包括人口结构和社会文化环境等。

1. 人口结构

人是企业经营活动的基础与服务对象，也是构成市场的基本要素。市场潜力与市场容量取决于人口数量和增长率。然而，由于地理、气候、自然资源和风俗习惯等原因，各地区居民消费需求的种类和数量存在差异，在消费习惯与行为上也存在差异。在各个年龄段，人们需要的物品和服务也是不一样的，男性与女性的购物习惯和消费行为也是不一样的。人口结构的多样化带来了丰富的市场机会。

2. 社会文化环境

社会文化环境，是指一个国家、地区或民族的社会形态与传统文化。社会文化环境通常由人们的价值观、信仰、习俗、行为方式、社会团体以及它们之间的联系组成。人们的欲望和行为受到了社会文化背景的影响。人们处于不同的社会环境之中，他们的观念、信仰和行为准则也各有差异。因此，人们的消费需求是完全不一样的，人们的购买行为也因此而不同。企业只有充分理解社会文化环境，才能准确把握消费者的需求，正确地选择目标市场。

（四）科技环境

科技环境是社会科技水平、科技政策和科技法规等方面的综合体。这些因素会对创业企业的生产经营造成直接或间接的影响。科技环境也对企业管理具有极其重大的作用。科学技术的发展,一方面促进了管理理论的发展;另一方面,也为企业管理带来了新的工具。

(五)自然环境

创业者需要考虑他们选择创业的地区的自然条件是否适合创业,以及是否具备企业所需要的各种资源。随着人类对环境保护越来越重视,可持续发展也逐渐受到世界各国的关注。企业要实现企业利益、消费者利益、社会利益与环境利益协调发展,就要做到"企业—消费者—社会"的协调发展。

(六)法律环境

在市场经济环境下,法律对企业的经营行为进行了规范,尤其是那些与经济活动有关的法律,不但可以规范企业的行为,还可以决定消费者的需求量和结构,从而促进或限制特定商品的生产与销售。对创业者而言,首先要了解所在国家的基本法律制度。其次,创业者不但要对国内的法律法规有所了解,还要对国际贸易的相关规则和习惯有所了解,要了解其他国家关于生产、经营和投资合作的相关规定,以及反垄断法、反倾销法、劳动法和其他相关的法律规定。

扩展内容

PEST 分析法

管理学中有很多分析企业战略的方法,如 SWOT 分析法、波特五要素分析法、PEST 分析法等。在分析市场环境时,企业常常使用 PEST 分析法,那么 PEST 分析法到底是什么呢? PEST 分析法是对影响企业经营的大环境的情况进行分析的一种方法,P 代表政治因素(politics),E 代表经济因素(economic),S 代表社会因素(society),T 代表技术因素(technology)。在对一家企业的外部环境进行分析时,往往要从这 4 个方面开始。

政治因素包含了国家、地方的法律法规与政策等。这些法律法规和政策可能随时会影响企业,企业经营过程中必须考虑当地的法律法规和政策,其经营决策也应该根据政策改变作出相应调整,以实现可持续经营。

经济因素包含了国家整体的经济状况,GDP、CPI、人均可支配收入、贷款利率、通胀率、失业率、就业率等。企业经营必须考虑在不同经济形势下采取不同的经营策略。

社会因素包含了当地的文化特点、风俗信仰、生活习惯、人口规模、男女比例等。社会因素可以让企业了解消费者需求以及市场潜力,从而设计相适应的经营策略。

技术因素包含了影响经济发展的行业外部的技术因素和行业内部的技术因素两部分。行业外部的技术是指互联网技术、智能技术、移动支付技术等,行业内部的技术是指与行业生产经营有直接关联的技术。两项技术的进步同时推动了企业的发展。

根据PEST分析法,只要有良好的政治、经济条件,企业就可以发展。反之,企业就难以发展。在一个不好不坏的情况下,企业要慎重地对各种因素加以考量,确定企业能够发展。

四、行业环境分析

由于不同行业的发展阶段存在差异,不同行业的特点也不尽相同。这些特点将会直接影响企业能否选择合适的经营范围,产品能否为企业带来大量收益,这关系到企业的生存发展。行业分析可以帮助创业者了解行业的竞争情况和发展潜力,从而帮助创业者作出正确决策,避免资源浪费。

(一)行业发展阶段

各个行业的发展阶段可以分为4个时期:孕育期、扩张期、成熟期和衰退期。这种生命周期从根本上取决于该行业主要技术的发展情况。一种新技术刚刚出现,由于缺乏足够的认知,它的发展速度往往较慢,行业也还处于孕育阶段。一旦过了初级阶段,技术就会快速发展,并形成一定的规模,行业就进入了扩张期与成熟期。随着技术发展与传播的速度放缓,行业随之进入衰退期。在行业进入衰退期时,若是行业中出现了可以替代旧技术的新技术,行业的生命周期就会随着技术替代而得以延续。

1. 孕育期

行业的孕育期是指目前行业生产技术还处在研究和开发的阶段,用户群不清晰,企业的发展机会很大,企业在生产方面具有一定的优越性,但是在技术方面存在潜在风险。

2. 扩张期

行业扩张期是指行业刚刚成型的时期,这一时期的企业规模普遍较小,生产的商品不多,但这一时期创业家们拥有更多的机会。由于该行业的主要技术逐渐趋于完善,各大企业纷纷涌入该行业。在这一阶段,行业规模不断扩张,产品种类也越来越多,市场需求快速增加,为创业者提供了更多获得更大利润的可能性。

3. 成熟期

行业成熟期是指一个行业平稳发展的时期。这一时期各大企业的竞争愈演愈烈,缺乏竞争力的企业,不是被吞并,就是被消灭。随着市场的稳定,创业者们在这一阶段的机会将会减少。

4. 衰退期

在行业衰退期,许多企业会纷纷撤出。随着市场需求的降低,旧产品逐渐被新产品取代。在这一阶段,市场机会非常渺茫,创业者需要谨慎考虑是否进行创业活动。

在行业发展的 4 个时期中,最大的市场机会来自行业的成长时期,因此,创业者应当在此时期进行创业活动。

(二)行业进入壁垒

创业者在踏入某一行业前,一定要明白在此行业中可能遇到的壁垒。行业准入门槛愈高,进入的机会越小。影响后续企业进入的行业壁垒主要包括以下几个方面。

1. 规模经济

某一行业中,不管是什么类型的创业,如果达不到一定的规模,就很难获得利润。只有产能和销量提升,企业才能盈利。

2. 产品差异

如果某一行业中的产品存在较大的差异,那么新进企业在品牌建设、产品定位和广告宣传等环节上都要花费巨资,以改变顾客对行业内现有品牌的偏好。

3. 顾客品牌转移难度

品牌转换困难是顾客对旧品牌的信任和偏好造成的。顾客对所熟知的品牌愈是信赖,则愈难接纳新的品牌,这样的行业进入难度较高。

4. 投资需求

投资需求是指企业进入一个新行业所需投入的资金数额,这不仅取决于该行业的最小经济规模以及合理的经济规模,还取决于行业技术的复杂性。工业企业的技术要求越高,技术难度越大,新进入企业投入的用以开发新产品、试生产和商品化的资金就越多。投入越多,进入市场就越困难。

5. 转换成本

企业成本既包括固定资产的投资、工艺设备的改造、原材料供应的转换、新员工的培训等成本,又包含转换用户心理的成本。转换用户心理的成本指的是新进入的企业使用户接纳新产品所耗费的成本。转换成本越高,越难进入这个行业。

6. 销售渠道限制

如果进入一个新的行业,不能使用原来的渠道,需要投资开辟新的销售通道,这也会增加企业的成本。建立渠道的成本越高,进入这个行业就越困难。

7. 资源稀缺性

如果某一行业内的资源(如原材料、劳动力、设备等)相对充足,那么这个行业的进入门槛相对就低。反之,资源匮乏的行业则意味着进入难度巨大。

8. 技术进步速度

技术发展的快慢与产品的市场寿命息息相关,而企业技术的发展是否能够与行业技术水平相适应,将会对企业生产的产品的市场销量产生重大的影响。行业技术发展的速度愈迅速,新的产品取代旧产品愈快,企业愈难打入这一行业。因为这对于创业者来说,新的产品研发将是一个巨大的考验,创业者甚至还来不及开发出这个行业中的旧产品,旧产品就会因为技术进步而进入成熟期或者衰退期,从而影响企业的利润。同时,其他企业的新产品会影响现有市场。

扩展内容

波特五力模型

20世纪80年代初期,迈克尔·波特首先提出了波特五力模型。他相信,行业中有5股力量会影响这个行业的规模和范围,并对现有企业的竞争策略产生巨大影响。这5股力量分别是行业内现有竞争者的竞争力、潜在竞争者的进入能力、替代品的替代能力、供应商的议价能力和购买者的议价能力。波特五力模型将多种因素结合起来,用于对行业的基本竞争状况的分析。从某种意义上说,竞争战略的制定源于企业对所处行业的竞争规律的深刻理解。

一、供应商的议价能力

供应链的成本和企业的成本是直接挂钩的,供应商可以通过改变原材料成本的高低和质量的好坏来影响企业的成本支出。如果该供应商给企业提供的原料对企业来说是非常重要的产品组成部分,与企业的盈利情况也更密不可分,那么从企业角度来看,供应商具有很强的议价能力。一般而言,满足以下条件的供应商具有较强的讨价还价能力。

其一,供应商通常是一些市场地位比较稳固、不容易受到激烈市场竞争的企业,他们的商品有许多购买者,单一的购买者无法对供应商造成巨大影响。

其二,供应商的产品各有优势,使购买者难以替换或替换成本过高,或者很难找到替代品。

其三,供应商能够较为轻松进入购买者所在的行业,而购买者则难以进入供应商所在的行业。

二、购买者的议价能力

购买者对企业的盈利同样也有影响。购买者会通过压低价格寻求更高质量的产品来影响企业盈利,如果购买者对企业来说是非常重要的客户,这时候购买者讨价还价能力就很强。

一般而言,满足以下条件的购买者具有较强的讨价还价能力。

其一,购买者所在的行业中供应商的规模普遍较小。

其二,购买者主要购买一种标准的商品,因此购买者可以从多个供应商那里购买产品。

其三，购买者能够轻易进入供应商所在的行业，而供应商较难进入购买者所在的行业。

三、潜在竞争者的进入能力

行业内会出现许多竞争者，其进入形式也是多样化的，可能是通过组成新企业进入，也可能是通过多元竞争进入，这种潜在竞争者会给该行业带来一定的冲击。进入不同的行业有不同的障碍且现有竞争者对潜在竞争者的反应不同，潜在竞争者面临的威胁程度因行业而异。

四、替代品的替代能力

替代品就是那些功能和属性与企业现有产品重合的产品。一类替代品的质量越好、转换成本越低，该替代品的替代能力就越强，竞争力也越强，企业的经营压力也就会越大，因为消费者可以随时选择替代品。

企业产品的销售价格和利润增长都将受到替代产品的影响，这个影响来自消费者转换成本的高低。因为替代品生产商的参与，现存的企业不得不削减成本，降低销售价格或增加产品的特性和优势，否则，企业的业绩和盈利的增长就会受阻。总的来说，如果替代品有更低的价格、更好的质量、更低的消费者转换成本，就会引发更大的市场竞争。企业可以通过研究替代品销售增长率、替代品生产商的产能以及利润率等方面的问题来判断竞争者的竞争力。

五、行业内现有竞争者的竞争力

在大多数行业里，企业都会有竞争对手。一家企业的发展不可能完全脱离行业的发展。一个行业就是由多家提供类似服务和产品的企业构成的。一家企业的成长与其所在行业的成长紧密相连。要在这个行业中占有一席之地，企业必须密切注意行业内的竞争对手，并获得较强的竞争能力。如果发生下列情形，就表示该行业中现有企业的竞争将会更加激烈：行业进入壁垒较低、竞争对手较多、竞争参与者范围较广；市场已经进入成熟期，但需求量很低；竞争对手以降价等方式进行促销；竞争对手提供类似的产品和服务，而对消费者来说，转化成本很低；行业退出壁垒较高，即企业退出竞争的成本高于继续参与的成本。

第三节 创业机会识别

一、创业机会的涵义

（一）创业机会

在商业领域，机会就是用各种不同的方法结合各种不同的资源，以弥补不同的市场需要，进而产生超额价值的可能性。创业机会则是指创业者们可以抓住的机会，市场需求尚未得到完全满足便存在创业机会。任何重要的行动都是从机会中产生的，创业活动更是如此。

（二）创业机会的类型

创业机会通常有3种类型：一是在现有产品市场或服务市场中还有尚未满足的客户，企业可以通过开发新的市场或增加现有产品的新功能、新用途来满足客户；二是创新、发展、设计及制造出满足人们需求的新型商品；三是随着社会经济的发展和专业化的推进，出现新的细分市场。创业者应该寻找、发现和识别市场机会，找到适合自己的发展机会。

（三）创业机会的特征

1. 吸引力

尽管有各种不同的创业机会，但是只有创业者们识别到这个机会的存在和意义，认识到这个机会可以带来利润，创业者才会选择创业。对于创业机会而言，最重要的特征就是它对创业者的吸引力。

2. 持久性

创业活动是一个动态的、不间断的过程，它从创业者的创造性思考开始。但是，创业机会的利用受到诸多内外因素的制约。就整体而言，创业机会是持久的，它始终存在于市场中。

3. 适宜性

创业机会是在特定时期、地点和空间内产生的，同时也只在特定时期、地点和空间是有效的。

4. 可识别性

创业者对创业机会有一个认识的过程，以下将讨论影响识别效果的因素。

二、德鲁克关于机会来源的理论

管理学大师彼得·德鲁克提出了7种来自外部环境的潜在机会来源，这7种机会来源包括意想不到的事情或后果、"前后矛盾"、流程需求、行业或市场结构意外变化、人口状况变化、观念变化以及知识的更新。

（一）意想不到的事情或后果

出乎意料的成功意味着该企业能够朝一个新的或更大的市场转换或靠拢。企业可以通过分析成功的原因，研发新的产品和新的业务，抓住时机并获得利润。然而，创业者经常忽略意外的成功，因为企业的业务报告中往往只关注产生意外的原因，而不是关注"成功"这个结果。出乎意料的成功往往被视为意外或者不合时宜的。例如，某个企业的产品在其他行业获得意外的成功，有了巨额的销量，但企业的管理者们认为这不属于本企业的经营范围，就停止这类商品的生产。而其他行业中的一些企业抓住了这一机会并生产类似的商品，最终最初的这一家企业错失良机，其他企业则趁机扩大市场。

如果企业已经引起了足够的重视，结果却意外地失败了，那就意味着可以通过改革，将失败转化为机会。因为失败的原因可能出乎意料，所以很难通过分析数据的方法来查找。企业要找出原因，就得"出去走走，看看，听听"。外部环境的意外事件以及突发事件可能会带来巨大的机会。当然，如果企业内部现有专家无法利用这些事件，那么这一机会可能就会与企业失之交臂。

（二）"前后矛盾"

"前后矛盾"是指当前发生的事件与人们的想象不同，一些事情无法被过往经验所解释。"前后矛盾"通常意味着有一种被识别的变化出现了。在行业内人士看来,事件"前后矛盾"是显而易见的,但由于它们往往与大众的观点不符,所以时常会被忽略。企业必须广泛地收集有用的不一致的信息,以便寻找机会。在某些行业中,不一致的经营状况可能是潜在的机会来源。实际生产情况与预期生产情况之间的不一致、产品特性与消费者预期之间的不一致、企业生产系统中内部工艺之间的不一致、各个生产环节之间的不一致也可能是机会的来源。对于创业型企业来说,由于各种不一致而产生的机会往往是巨大的。创业者应抓住机会,让企业活动得以实现。

(三)流程需求

流程需求通常指企业生产经营的流程中存在不足或者瓶颈。此时,创业者可以用新的技术、知识和方法来解决原来复杂而烦琐的流程,在这一过程中会产生机会。

(四)行业或市场结构意外变化

一个稳定的行业或市场结构可能突然发生出乎意料的变化,这就需要相关企业进行改革以适应新环境。这些变化在给行业外成员造成机会的同时,也给行业内成员造成威胁。要预测结构的变化,就需要观察行业和市场是否快速增长,企业管理者们是否制定了不协调的市场细分策略,行业技术是否趋同,商业做法是否迅速等。只由一家或几家企业主导的行业或市场对于创业者来说是很有吸引力的。

(五)人口状况变化

人口规模和结构的变化,如教育程度、年龄或群体数目的增加,往往是显而易见的,而且是可预测的。这些变化发生得非常迅速,且会对市场产生巨大影响,但是企业很少在意,在企业的决策中鲜有考虑人口状况变化的。人口状况的变化为创业者提供了许多机会。举例来说,如果某一个国家没有一家大型连锁家具店专门为越来越多的老年人群体提供特别的家具或服务,那么其他国家的创业者就能够利用老年人群体日益增长的需求,通过提供特殊服务打入这个国家的市场。

(六)观念变化

如果人们对自己的看法发生了变化,也会有机会产生,因为这会催生新的需求。已经站稳脚跟的企业往往难以意识到人们观念的转变,因此,基于观念转变而进行创业的企业往往很少会遇到竞争对手。

观念的变化很难被发现,因为消费者心理发生的变化是很难察觉的。出乎意料的成功或失败可能意味着观念的改变,在出乎意料的成功或失败发生后,通过对观念的调查,可以发现改变观念的消费者的数量可能是巨大的。举例来说,威廉·本顿调查发现,20世纪50年代大多数美国人改用"中产阶级"而不是"工人阶级"来描述自己,而且希望通过教育来提高他们的社会地位。正是这种洞察力使他买下了《大英百科全书》的版权,并把它推向了当时的中产阶级。把握机会必须是在适当的时间内,当企业能够预见未来观念的变化,但却因为没有找到合适的市场而止步不前时,会给竞争对手创造机会。但同时要注意的是,有些企业将某些事物的流行看作是重大观念的变化,并以之为根据进行创新,那将给企业带来风险。由于存在这些风险,德鲁克建议,由于观念转变产生的机会应从小规模开始并通过实践检验。

(七)知识的更新

德鲁克之所以在结尾处才列举了"知识的更新"这种机会的来源,是因为它难以管理,无法预见,花费更高,而且需要长时间的准备。然而,目前大多数组织都把新知识的出现放在重要的位置上,因为它们更容易引发消费者的兴趣。需要注意的是,基于新知识的机会往往可能是失败的,因为多种新知识可以创造新的产品,但单一的新知识却很难创造新的产品,因此必须多个领域同时取得突破才能让知识的更新转化为市场需求。由于新知识需要与技术和社会在各方面协调一致,因此组织很难成功引进基于新知识的机会。

基于新知识的机会需要良好的企业管理,否则难以取得巨大的成功。特斯拉和微软都坚持生产基于新知识的创新产品,这两家企业都是成功的例子。而其他技术实力不强、在科研领域处于落后地位的企业,则需要寻找新的机会,而新知识则是最后的选择。基于新知识的机会必须依赖于"好想法",但"好想法"通常很难管理,就像"赌博"一样,根本无法进行预测。像微软这样的企业往往靠"好想法"的数量取胜,他们雇用了许多人来进行头脑风暴,因而他们可以从更多的"好想法"中获得所需要的机会。

第四节　创业机会评价

创业者在发现创业机会之后,就需要对创业机会进行评估。就创业者而言,评价市场机会与评价投资计划是相似的,因为二者同样关系到企业能否获得投资收益。评价创业机会也可以帮助创业者从不同角度分析创业机会是否具有持续性并为企业成长带来价值。在现实中,创业项目中约 60%～70% 的机会在创业初期就被否决了,原因在于它们无法满足创业者和投资者的评价标准。

一、创业机会评价的基本原则

为了全面、真实地反映创业机会的价值构成,创业机会评价指标体系应遵循以下 5 个原则。

（一）全面性和关键性

机会评价指标体系既要尽可能全面反映创业机会的全貌,又要力求抓住关键因素,突出评价重点,不能泛泛而谈。

（二）科学性和实践性

指标体系应正确反映被评价的创业机会中各项要素之间的因果关系、主次关系、隶属关系以及客观机制,在满足系统性要求的前提下,评价指标要做到内容简洁、含义明确、便于操作。

（三）排除互斥性和保证逻辑性

在评价指标体系中,首先要排除具有互斥性的指标,消除重复设置的指标,以减少评价结果失真等不合理现象。完全独立无关的指标是不能构成有机整体的,因此在评价过程中还需要注意指标之间要有逻辑关系,将不同指标有机地结合起来。

（四）动态性和稳定性

为了进行综合、动态的比较,评价指标设置应具备一定的动态性。创业机会评价体系应该同时保持稳定性的特点,以便通过指标体系来准确分析机会的变化规律。

(五)可比性原则

机会评价体系建立的目的在于识别创业机会的优劣,帮助创业者选择最佳的创业机会。因此,指标设定应遵循可比性原则,以帮助创业者选择合适的机会。

二、创业机会评价指标

创业机会评价指标的选择取决于创业者的个性及其对创业机会的认知程度。同等条件下,谨慎的创业者在进行创业机会评价时,会多角度地采用评价指标;在评价较难识别的创业机会时,大部分创业者都会选用比较完善的评估指标。一般来说,常用的创业机会评价指标包含以下内容。

(一)行业和市场

具备较大发展空间的行业与市场可以提供更多符合消费者需要的产品,消费者可以通过购买产品或服务获得更多的利益。根据这个逻辑,消费者的消费趋势可以展示出什么行业与市场是具有吸引力的。因此,企业可以通过研究消费趋势发现市场机会,这些市场机会预期会给企业带来持续的收入。为了规避风险过高和利润减少的问题,创业者应尽量避免进入竞争激烈的行业和市场。

(二)经济因素

一般认为,创业项目必须有15%及以上的年投资收益率。如果年投资收益率在15%以下,这个创业项目就需要重新选择。只需要较少或中等资金规模投资的创业机会很有吸引力,如果创业需要大量投资,这类创业机会就不那么吸引人了。考虑到初创企业的盈利能力和成本问题,创业者要谨慎评价创业机会。

(三)退出机制

创业主要有两个主要目的:一是将创业作为一项事业,二是实现资本的保值增值。如果有合适机会,创业者也可考虑通过出售现有企业获得利润。对于风险投资者而言,需要考虑在一定的时间内收回投资。因此,合理的退出机制在评估创业机会方面也非常重要。目前,常见的退出方式主要有企业收购、出售、公开发行股票等。有吸引力的创业机会不仅要使创业者获利,而且应该具备合理的退出机制。如果没有合理的退出机制,创业机会将变得没有吸引力。

(四)优势分析

创业机会是否拥有足够的优势是重要的评价指标之一。如果创业项目拥有专利或者独占性(局部垄断),那么企业可以阻止其他竞争者进入市场,独占创业机会。如果创业者能够在价格、成本和销售渠道等方面有强大的控制力,这样的创业机会就会很有吸引力。这种优势来自和其他企业的对比,是一种相对的力量。成本优势是企业竞争优势的主要来源之一,降低成本可以使企业获得更大的竞争优势,同时也能获得更多的投资机会。如果一家创业企业无法获得并维持成本优势,它的生命周期将会大大缩短。

(五)管理团队

创业者能否拥有一支强大的管理团队,对于评价创业机会是非常重要的。管理团队一般应该具有互补的技能和一致的价值观,以及在同行业中具有技术、市场和服务等方面的知识和经验。如果缺少强大的管理团队,这种创业机会就会变得缺乏吸引力。

(六)致命缺陷

有吸引力的创业机会不允许存在致命的缺陷,存在一个或者多个致命缺陷则会使创业机会失去吸引力。这种缺陷与前文提及的若干评价指标相关。在许多案例中,有缺陷的创业项目往往由于市场规模过小、市场竞争过于激烈、进入成本过高导致缺乏必要的竞争力而早早失败。

(七)创业者个人的创业标准

选择什么样的创业机会应该由创业者自己决定。因此,创业机会的评价与创业者的个性、能力和期望目标有关。创业机会是否适合要考虑创业者想要做什么以及创业者能够做什么。当然,创业成功与否与创业者的能力和热情密不可分。

(八)战略的灵活性

在市场比较完善的条件下,要通过创意防止产品与服务的同质性导致的风险。此外,创业者需要通过制定合适的战略以保证经营的灵活性。创业者的战略灵活性是必不可少的创业机会评价指标。

三、评价创业机会的方法

创业者在进行评估时,常常忽视评估指标和评估方式,只依靠直观的感觉来评判,这种评估方式往往不够严谨。根据科学评价的要求,下面介绍两种常见的创业机会评价方法。

(一)定性分析法

定性评价通常包括以下5个步骤:

第一步,评估新的产品对顾客产生的价值,判断潜在的阻碍。

第二步,分析产品在目标市场中的技术风险、财务风险和竞争风险并进行机会评价。

第三步,确定产品制造过程中能否保证足够批量的生产,且产品质量可被接受。

第四步,估算新产品的初始投资金额,规划融资渠道。

第五步,把风险因素考虑范围想得更广一些,即做好控制与管理风险因素的准备。

(二)定量分析法

1. 标准评分矩阵

通过选择影响企业创业成功的因素,聘请专业人士对每个因素进行评分,将各个因素分为不同等级,最后得出各因素的加权平均值,综合分析创业机会的成功概率。

2.方程式法

对于不同的创业机会,用特定数值进行计算,优先级越高的创业机会,成功的可能性就越大。创业机会优先级的方程式表示如下:

技术成功概率×商业成功概率×年平均销售数量×(售价－成本)×投资周期/总成本＝创业机会优先级

上述方程式中,技术和商业的成功概率用百分比表示,平均年销售量以销售产品的数量计算,成本以单位产品成本计算,投资周期是指预期年销售数量保持稳定的年限。

第八章

创业规划

导入案例

创业计划书

一、企业概况

企业名称:立华防盗门厂

创业者姓名:陈立华

日期:2022年12月8日

通信地址:××市××街装饰装潢材料场8号

邮政编码:123456　电话:13912345678　传真:1234567

邮箱:123456@123.com

选择创业项目的理由:本人有焊工技能,也有制造防盗门的工作经验,经过市场调查,本地有旺盛的市场需求,而且随着社会的发展,市场需求还在稳步增加。

简述企业愿景:将"立华"防盗门打造成为全国知名品牌,让企业成为××市家居安全行业的领导者。

企业主要经营范围:生产加工立华牌安全防盗门,也可以来料加工。

企业类型：☑制造企业 □贸易企业 □服务企业 □农、林、牧、渔企业
□其他（请说明）

二、创业者个人情况

以往的相关经验（包括时间）：

陈立华，2016 年 10 月—2018 年 10 月在××市安居防盗门厂从事铆焊工作。

教育背景及所学习的相关课程（包括时间）：

2016 年 9 月，××技师学院焊工专业毕业；

2018 年 11 月，参加 SYB 培训班，学习了如何创办自己的企业的课程。

三、市场评估

目标顾客描述：

需要加强居住安全防范而安装防盗门的居民；需要加强单位、办公室安全防范而安装防盗门的机关、企事业单位及商贸门市。

市场的容量或变化趋势：

本企业周边地区有居民 20 万户，机关企事业单位 40 余家及商贸门市 500 余户，年需求约 2 000 扇；

随着老旧小区的改造，新小区和商业区的大量增加，市场容量呈快速上升趋势。

预计市场占有率：

本企业新创办，没有什么知名度，也没有固定的客户和可靠的销售渠道，需要慢慢打开市场，预计第一年防盗门的年销售量能达到 120 扇，市场占有率仅为 6％。

竞争对手的主要优势：

有两家竞争对手，他们的企业创办得较早，有一定的知名度和市场口碑。

竞争对手的主要劣势：

(1)有的产品价格偏高；

(2)有的产品质量不好。

本企业相对于竞争对手的主要优势：

(1)产品式样新颖，做工精细，质量可靠；

(2)产品价格适中；

(3)销售地点好。

本企业相对于竞争对手的主要劣势：新办企业，缺少知名度和市场的认可。

四、市场营销计划

1. 产品或服务

产品或服务	主要特征
防盗门	采用最新工艺制造,16个锁点,安全可靠。有最新样式和多种颜色供消费者选择

2. 价格

产品或服务	预测成本价格(元)	预测销售价格(元)	竞争对手销售价格(元)
防盗门	920	1 800	1 700～1 900
折扣销售			
赊销销售			

3. 地点选址细节

地址	面积(平方米)	租金或建筑成本(元/月)
××市长城路装饰装潢材料商场5号	25	1 500

(1)选择该地址的主要原因

该商场是××市两大装饰装潢材料商场之一,有较高的知名度,客流量大,目标顾客集中,销量好。

(2)销售方式(选择一项)

将把产品或服务销售或提供给:

☑最终消费者 □零售商 □批发商

(3)选择该分销方式的原因

因本企业规模小、产量低、可定制,只能直接面对消费者。

4. 促销

广告	发产品传单	成本预测(元/月)	200
人员推销		成本预测(元/月)	
营业推广		成本预测(元/月)	
公共关系		成本预测(元/月)	

五、企业组织结构

企业将注册成:☑个体工商户□个人独资企业□合伙企业□有限责任公司□其他(请说明):

拟定的企业名称:立华防盗门厂

企业成员:

职务	薪金/工资(元/月)
企业主或经理	3 000
员工:焊工技师	3 000
助手	1 200

公司将获得的营业执照、许可证:

类型	预计费用
工商执照(三证合一)	免费

企业承担的其他法律责任(保险、纳税等):

种类	预计费用(元)
财产保险	2 400
估税	0

六、投资

1.机器、机械和其他生产设备

根据企业销售量的预测,假设达到100%的生产能力,拟购置以下机器、机械和其他生产设备:

项目	数量	单价(元)	金额(元)
电焊机	1	1 250	1 250
切割机	1	450	450
台式钻床	1	1 600	1 600
打磨抛光机	2	120	240
台式电脑	1	2 000	2 000

续表

项目	数量	单价(元)	金额(元)
合计			5 540
供应商名称	地址		电话或传真
黄河路五金商场	黄河路175号		0951—5045692

2. 器具、工具和家具

根据企业生产经营活动的需要,拟购置以下器具、工具和家具:

项目	数量	单价(元)	金额(元)
氧气瓶	1	400	400
乙炔瓶	1	500	500
手电钻	2	125	250
手动工具	?	?	800
合计			1 950

3. 交通工具

根据交通及营销活动的需要,拟购置以下交通工具:

项目	数量	单价(元)	金额(元)
合计			

4. 电子设备

根据企业办公需要,拟购置以下电子设备:

项目	数量	单价(元)	金额(元)
合计			
供应商	地址		电话或传真

5. 无形资产

根据企业的需要,开业前拟购买以下的无形资产:

项目	数量	单价(元)	金额(元)

6. 开办费

根据企业的需要,需支付以下开办费:

项目	数量	单价(元)	金额(元)
前期费用			1 260
合计			1 260

7. 其他投入

根据企业的需要,除固定资产、无形资产、开办费外,开业前还需要支付以下费用:

项目	数量	单价(元)	金额(元)
合计			

8. 投资概要

项目	金额(元)	月折旧额/摊销额(元)
房屋、建筑物		
机器、机械和其他生产设备	5 540	
器具、工具和家具	1 950	
交通工具		
电子设备		
无形资产		
开办费	1 260	
其他投入		
合计	8 750	

9. 流动资金（月）

（1）原材料（或商品）和包装费

材料描述	数量	单价（元）	每月总费用（元）
钢材	10	900	9 000
灌气	2	100	200

供应商	地址	电话或传真
昆仑钢材市场	黄河路118号	0951－5034218

（2）其他经营费用（不包括折旧费用和贷款利息）

项目	月费用（元）	说明
业主工资	3 000	
雇员工资	4 200	技师和助手各一名
租金	1 500	
促销费用	200	
水电费	400	
电话费	150	
维护维修费	100	
保险费	200	
办公费	50	
宽带费用	50	
总计	?	

10. 销售收入预测（12个月）

销售的产品或服务	销售情况	1	2	3	4	5	6	7	8	9	10	11	12	合计
（1）防盗门	销售数量	2	4	6	8	10	11	12	12	13	13	14	14	119
	平均单价（元）	1 800	1 800	1 800	1 800	1 800	1 800	1 800	1 800	1 800	1 800	1 800	1 800	
	月销售额（元）	3 600	7 200	10 800	14 400	18 000	19 800	21 600	21 600	23 400	23 400	25 200	25 200	214 200
（2）	销售数量													
	平均单价（元）													
	月销售额（元）													
合计	销售总量	2	4	6	8	10	11	12	12	13	13	14	14	119
	销售总收入（元）	3 600	7 200	10 800	14 400	18 000	19 800	21 600	21 600	23 400	23 400	25 200	25 200	214 200

11. 销售与成本计划

	月份 金额（元） 项目	1	2	3	4	5	6	7	8	9	10	11	12	合计
销售	含流转税销售收入	3 600	7 200	10 800	14 400	18 000	19 800	21 600	21 600	23 400	23 400	25 200	25 200	214 200
	流转税（增值税）													
	销售净收入	3 600	7 200	10 800	14 400	18 000	19 800	21 600	21 600	23 400	23 400	25 200	25 200	214 200
成本	原材料													
	钢材耗费	1 800	3 600	5 400	7 200	9 000	9 900	10 800	10 800	11 700	11 700	12 600	12 600	107 100
	灌气耗费	40	80	120	160	200	220	240	240	260	260	280	280	2 380
	业主工资	3 000	3 000	3 000	3 000	3 000	3 000	3 000	3 000	3 000	3 000	3 000	3 000	36 000
	员工工资	4 200	4 200	4 200	4 200	4 200	4 200	4 200	4 200	4 200	4 200	4 200	4 200	50 400
	租金	1 500	1 500	1 500	1 500	1 500	1 500	1 500	1 500	1 500	1 500	1 500	1 500	18 000
	促销费用	200	200	200	200	200	200	200	200	200	200	200	200	2 400
	水电费	400	400	400	400	400	400	400	400	400	400	400	400	4 800
	电话费	150	150	150	150	150	150	150	150	150	150	150	150	1 800
	维护维修费	100	100	100	100	100	100	100	100	100	100	100	100	1 200
	折旧及摊销费	146	146	146	146	146	146	146	146	146	146	146	146	1 752
	贷款利息	100	100	100	100	100	100	100	100	100	100	100	100	1 200
	保险费	200	200	200	200	200	200	200	200	200	200	200	200	2 400

续表

项目 \ 月份 金额(元)	1	2	3	4	5	6	7	8	9	10	11	12	合计
办公用品	50	50	50	50	50	50	50	50	50	50	50	50	600
宽带费	50	50	50	50	50	50	50	50	50	50	50	50	600
总成本	11 936	13 776	15 616	17 456	19 296	20 216	21 136	21 136	22 056	22 056	22 976	22 976	230 632
附加税费													
利润	−8 336	−6 576	−4 816	−3 056	−1 296	−416	464	464	1 344	1 344	2 233	2 233	−16 432
税费 企业所得税													
个人所得税													
其他													
净利润													

12. 现金流量计划

项目	月份(元)	1	2	3	4	5	6	7	8	9	10	11	12	合计
	月初现金	3 600	7 200	17 350	11 250	6 650	4 150	3 350	3 050	4 050	5 050	6 550	8 350	11 150
现金流入	现金销售收入		7 200	10 800	14 400	18 000	19 800	21 600	21 600	23 400	23 400	25 200	25 200	
	赊销销售收入													
	贷款	20 000												
	企业主（股东）投资	17 000												
	现金流入合计(A)	40 600	24 550	22 050	21 050	22 150	23 150	24 650	25 650	28 450	29 950	33 550	36 350	
现金流出	现金采购	1 800	3 600	5 400	7 200	9 000	9 900	10 800	10 800	11 700	11 700	12 600	12 600	
	赊账采购													
	灌气费	100	100	100	100	200	300	200	200	300	300	200	300	
	工资	7 200	7 200	7 200	7 200	7 200	7 200	7 200	7 200	7 200	7 200	7 200	7 200	
	租金	1 500	1 500	1 500	1 500	1 500	1 500	1 500	1 500	1 500	1 500	1 500	1 500	
	促销费	200	200	200	200	200	200	200	200	200	200	200	200	
	保险费	2 400												
	维修费	100	100	100	100	100	100	100	100	100	100	100	100	
	水电费	400	400	400	400	400	400	400	400	400	400	400	400	
	电话费	150	150	150	150	150	150	150	150	150	150	150	150	

第八章 创业规划

续表

项目 \ 月份	1	2	3	4	5	6	7	8	9	10	11	12	合计
宽带费	600												
办公用品购置	50	50	50	50	50	50	50	50	50	50	50	50	
贷款本息			300			300			300			20 300	
税金	7 490												
固定资产投资													
开办费	1 260												
其他													
现金总支出(B)	23 250	13 300	15 400	16 900	18 800	20 100	20 600	20 600	21 900	21 600	22 400	42 800	
月底现金(A－B)	17 350	11 250	6 650	4 150	3 350	3 050	4 050	5 050	6 550	8 350	11 150	－6 450	

思考问题：

1. 请指出上述作品存在的问题和不足。
2. 上述创业计划书有哪些值得我们借鉴的地方？
3. 一份完整的创业计划书应该包括哪些内容？

第一节　创业规划概述

一、创业计划书的内涵

创业规划即企业对其发展总体战略目标的规划。为了实现创业目标，创业者需要制定合理科学的企业发展战略供全体员工遵循和执行。因此，这一主题就有了其特殊性。创业计划书也是一份创业项目计划书，是对一个创业项目的详细完整的介绍，也是获取投资人青睐的通行证。由于创业者所制定的整个创业战略与企业发展战略相吻合，创业计划在实施中有很大的灵活性。此外，从实际情况来看，一个良好的创业战略能促进企业更快更好地发展。一般来说，创业者在制定战略目标时会结合企业自身存在的发展需要，对这一目标作出合理的界定和规划。在具体实施过程中，还要根据不同发展阶段、行业性质、企业发展战略、企业面临的目标、完成时间、工作范围等因素进行动态调整。如果企业能够考虑这些问题且能够根据上述分析进行合理评估，制定科学的发展战略目标，就可以引导企业稳步发展。基于创业计划书的内涵，制定创业计划书时应该做到以下几点。

第一，创业计划书不要夸大事实。不要说"我们做得更好"，而要说"我们正在做得比以前更好"。不要在创业计划书中写满一些没有意义的数字、财务报表或其他东西。如果创业计划书中没有写清楚资金的来源和用途，投资者会认为你没有把钱用在刀刃上。投资者希望知道创业者到底能够为他们带来多少收益。

第二，创业计划书要有自己的特色。创业计划书要呈现企业的市场竞争优势，包括产品、价格、服务、渠道等方面的优势。创业计划书要体现企业的创新能力，包括技术和经营管理体系的创新。创业计划书还要包含规划目标的可操作性，以指导创业团队具体工作的开展。

第三，创业计划书要有项目评价体系。项目评价体系应该包括具体的评价方法及相应的评价标准,项目评价方法主要有市场调查法、竞争分析法、成本与费用分析法等。每个企业都会采用各种方法对自己的产品或服务进行评估,但这些方法和标准都不是一成不变的。创业者应当在创业计划书中向投资者说明如何对项目进行评价,要提出具体的量化标准,即评价标准。此外,还应当给投资者提供有关项目预期收益的信息。总之,创业计划书应该包含企业向投资者提供的详细完整的评估方案。

第四,创业计划书要体现投资者的评估意见。投资者对项目的评估意见主要包括项目的价值和投资风险两个方面。在一份优质的创业计划书中,创业者首先要了解自己项目的市场潜力如何,它将给投资者带来多少利益,市场需求状况如何,并用市场数据对项目进行全面评估。在对项目进行评价时,还要全面分析该项目的技术、管理和销售等方面的情况以及项目给投资者带来的收益。

二、创业计划书的要求

(一)要有全面的分析

企业发展战略需要有一个总体规划,这一点非常重要。如果目标不够明确,那么就很容易出现问题。对于企业的经营发展战略要进行详细的分析,这样才能知道企业目前有哪些优势和劣势。一个酝酿中的项目,初始方案往往都很模糊,通过制定创业计划书,经过反复推敲,创业者就能对这一项目有清晰的认知。

(二)要用数据说话

通过对数据的整理分析和比较相关项目的各项参数,对创业过程中所需要的人力、资金、物力等费用进行预算,对未来的收益进行预测。若利润不够理想,则可对成本进行重新调整,减少资源浪费,以提高效益。

(三)创业目标应该明确且具体

对于创业企业来说,制定明确的目标非常重要。这个目标需要经过多方面调研来确定,包括市场需求、竞争情况、企业现有资源等。比如,创业企业今年的销售收入要达到100万元,员工人数增加到30人。这个规模需要根据市场情况和企业的实际情况来调整。

（四）要有完整的客户服务方案

在创业过程中,客户服务至关重要。创业团队要不断提高解决问题的能力来满足客户在不同时期的需求。例如,早期目标是如何有效拓展市场以吸引客户,当创业者实现这个目标后,就要思考客户需要的是什么样的服务,是否会影响项目的进展,是否需要增加销售收入,产品和服务是否可能出现过剩或短缺。

（五）要维持合适的企业发展规模

企业规模越大,发展所需的资本就越多,相应地就会影响企业业务所需要的现金流和支出规模。当企业超过一定的规模时,企业经营业务所需资金就会变得很大。因此,对于初创企业来说,规模太大可能是危险的。如果现有资源不足以支撑企业可持续发展的需求,则企业规模须维持在一个可接受的范围中。

（六）要有应对竞争对手的策略

在决定开始创业时,创业者要围绕如何应对竞争对手思考以下问题:如何顺利完成销售工作?如何保证客户满意度?如何应对竞争对手的竞争行为?如何制定合适的战略目标?如何在不增加成本投入和开支的情况下增加利润?当企业决定进入一个新市场时,应考虑如何最大限度地适应竞争对手带来的环境改变。

第二节　创业计划书的主要内容

创业计划书是利益相关者对项目和企业的"第一印象",是非常重要的商业文件,须认真书写。创业计划书应考虑以下内容:(1)说明创业构想;(2)对投资和融资作出可行性分析;(3)描述企业目前所处的竞争环境;(4)说明企业所能提供给投资人的价值与投资条件;(5)说明企业的经营计划、财务状况和组织管理;(6)介绍企业的主要目标及其他在市场上存在的机会;(7)说明企业的主要经营项目、财务预测及风险分析;(8)介绍投资人可能感兴趣的问题。一份有效的创业计划书通常包含封面、摘要、目录、正文、附录5个部分,其中正文应包括企业概述、市场分析、团队简介、产品与服务、营销策略和财务保障等。以下分为 10 个部分介绍创业计划书。

一、封面

当投资人拿到一份创业计划书时,首先看到的就是封面。封面通常包含企业名称、核心业务或理念及企业标识等,必要时还可以放上相关的产品图片(见图8—1)。

图 8—1 创业计划书封面示例

二、摘要

摘要列在创业计划书的最前面,它是创业计划书的浓缩的精华。摘要要涵盖创业计划书的要点,要做到一目了然,以便投资人能在最短时间内评审计划并作出判断。

摘要一般包括以下内容:切入痛点、市场前景、竞争对手、产品介绍、产品优势、研发实力、市场运作、盈利模式、投资回报、团队优势等。创业计划书摘要写作要求如表 8—1 所示。正文撰写按照摘要的逻辑思维框架展开,还没有注册公司的要突出团队,由团队创建公司的思路展开。摘要要尽量简明、生动,特别要详细说明企业与其他企业的不同之处以及企业获取成功的市场因素。除了常规的文字摘要,还可以图文结合。虽然摘要在创业计划书的最前面，但是应在正文写完之后提炼。一般情况下，先完成创业计划书的主体部分，对内容有了深入了解后，最后再完成摘要部分。

表8—1　　　　　　　　　　创业计划书摘要内容

切入痛点	一句话说明理念由来
市场前景	一句话说明市场的需要
竞争对手	一句话说明还有谁提供了这些需要
产品介绍	一句话说明你们提供了什么产品或服务
产品优势	一句话说明你们提供的比他人提供的强在哪
研发实力	一句话说明你们如何做出这个项目
市场运作	一句话说明你们如何把产品或服务对接到需要者
盈利模式	一句话说明你们弥补的需要能赚多少钱
投资回报	一句话说明你们赚的和分给我们多少，需要我们提供什么
团队优势	一句话介绍你们

三、目录

创业计划书的基本结构框架大多相同，但因所处行业、产品或服务类型的不同，可能会有细微的区别。为了让投资人快速找到感兴趣的信息，目录不仅要有一级标题，还应有二至三级标题，一般无需四、五级标题。此外，还可以根据具体情况添加一些附加章节，例如市场调研报告、竞争对手分析报告等，以便更全面地展示创业项目的优势和潜力。

四、企业概述

企业概述部分主要包括企业和项目简介，例如企业名称、企业标识、注册时间、企业规模、企业使命、企业性质、项目介绍、组织架构和员工人数等。整体要求简洁明了，让投资人对企业和项目有一个基本的认识和了解。若企业尚未成立，仍处于创意阶段，则只需介绍企业的愿景与使命。此外，还可以列举企业发展过程中的重要事件，展示企业的成就和实力。同时，也可以简要介绍企业的创始人和核心团队成员的背景和经历，突出他们的专业能力和创业精神。

五、市场分析

市场分析是创业计划书中非常重要的一部分,需要对目标市场进行深入的研究和分析。这部分主要包括以下几个方面:

其一,市场概述。介绍目标市场的规模、增长趋势、主要消费者群体等信息。

其二,竞争对手分析。详细介绍竞争对手的情况,包括他们的产品特点、市场份额、营销策略等,以便更好地了解市场竞争情况。

其三,市场趋势分析。对市场的未来发展趋势进行预测和分析,以便为企业的战略决策提供参考。

其四,目标市场定位。明确企业在目标市场中的定位和目标客户群体,以便更好地制定营销策略和产品策略。

六、团队简介

创业核心团队的简介应包含以下几个方面:

(1)团队核心成员的学习背景、特长、爱好、学历等情况;

(2)团队目前的能力和技术的掌握情况;

(3)团队运营或管理方面的经验和成长的历程;

(4)团队成功的例子;

(5)团队的专业顾问或相关技术指导。

此外,还可以简要介绍团队成员的合作经历和默契程度,突出团队的协作精神和创新能力。同时,也可以强调团队成员在创业过程中的贡献和作用,展示团队的凝聚力和战斗力。

七、产品与服务

产品与服务介绍是创业计划书中最重要的内容之一,需要详细介绍企业的产品和服务的特点、优势和竞争力。这部分主要包括以下几个方面:

其一,产品与服务概述。介绍企业的主要产品和服务,包括产品的功能、特点、优势等。

其二,产品与服务研发。详细介绍产品的研发过程和技术特点,包括研发团队的情况、研发进度等。

其三,产品与服务市场应用。详细介绍产品在市场中的应用情况和竞争优势,包括市场调研数据、客户反馈等。

其四,产品与服务未来规划。详细介绍企业对产品和服务的未来规划和发展方向,包括新产品的研发计划、技术升级计划等。

八、营销策略

营销策略对于企业经营是极具挑战性的环节,应着重强调如何开发产品和服务以满足目标市场的需求。影响营销策略的因素有许多,如消费者的特点、产品(或服务)的特性、企业的自身状况以及市场环境等。因此,制定营销策略需要考虑多个方面的因素。首先要进行市场调研。市场调研部分的内容既可以放在营销计划之中,也可以作为辅助材料放在创业计划书的附录中。这部分内容对于论证创业项目的可行性极其重要。市场调研主要是对消费者、竞争对手和市场的基本情况进行调研和深入分析。其次是确定目标市场。虽然部分产品和服务可以面向大众市场,但是绝大多数的产品和服务都是具有针对性的,即为特定的目标市场和人群而设计。所谓目标市场,是指企业在市场细分之后的若干"子市场",不同子市场之间,其需求存在明显的差别。就消费者市场而言,细分方式归纳起来主要有地理环境因素、人口统计因素、消费心理因素、消费行为因素、消费受益因素等。相应地,就有了地理细分、人口细分、心理细分、行为细分、社会文化细分这5种市场细分。最后是制定营销策略。通常会借助4P营销理论来制定营销策略,即产品(product)、价格(price)、推广(promotion)、渠道(place)。营销策略也不应该一成不变,而是随着产品或服务的变化、企业发展的阶段以及市场环节的变化随时调整其范围和方式。

九、财务保障

财务计划的制定和分析需要由专业的财务人员花费大量时间和精力来完成,一般包括以下内容:

(1)资产负债表(Balance Sheet);

(2)未来3～5年利润表的(Profit and Loss);

(3)现金流量表(Cash Flow Chart);

(4)盈亏点分析(Break-even Analysis)。

此外,还可以根据企业的实际情况添加一些附加的财务指标和分析报告,例如销售收入预测表、成本预测表等,以便更全面地展示企业的财务状况和发展潜力。同时,也可以对财务数据进行解释和分析,突出企业的盈利能力和成长潜力。

十、附录（佐证材料）

附录也是创业计划书的一个重要部分。为了使正文言简意赅、突出重点,许多无法在正文详细叙述的内容可以放在附录部分。特别是一些表格、市场调查结果、相关的辅助证明材料等,均应列入附录部分。当附录部分内容较多时,应进行分类。附录部分内容并非越多越好,只需提供必要的、可增加说服力的补充资料即可,避免冗长烦琐。

第三节　创业计划书的撰写实例

某高校组队参加"挑战杯"中国大学生创业计划竞赛作品(其中附录部分资料大部分予以删除,见本书附录)。

第九章

创业融资管理

导入案例

海伦司完成首轮融资

2021年2月19日,线下小酒馆连锁品牌海伦司完成3 300万美元的首轮融资,由新消费基金黑蚁资本领投,投资银行中金公司跟投。

这是海伦司上市之前的第一笔融资,也是最后一笔融资。海伦司从2009年开始就没有采取过任何筹资策略,凭借自己的实力在中国的小型酒吧行业取得了突破性的进展,成为全国第一大酒吧。但在中国,酒吧行业的发展却并不顺利,尽管有很大的市场,但总体来说还是分散的,并没有形成太大的影响力。

一路走来,海伦司在找准了自身定位之后精准发力,先是明确受众范围——做面向年轻人的小酒馆,将品牌形象打造为更加贴近年轻消费者的、社交性更强的年轻化平价小酒馆,突出小酒馆的强社交属性与高性价比,并基于当前年轻人的生活方式,推出更有吸引力的营销方案,培养了一群忠诚度高、黏性强的消费者。

在扩张这条路上,在加盟经营逐渐显露弊端之后,海伦司果断转至直营,采用标准化策略在多个城市地区迅速铺开,高度标准化或许也是海伦司顺利在多个地区站稳脚跟的重要原因。

此次融资的领投方新消费基金黑蚁资本一直非常看好海伦司的未来发展,曾多次表示投资意愿,并最终于2021年完成对国内市场第一小酒馆的支持。

2021年9月,海伦司上市,成为"国内最大原酒吧公司"。但海伦司的酒吧业务并没有就此结束,海伦司也不再局限于单纯的销售,而是逐渐融入年轻人的生活和社会之中,对于海伦司接下来的发展,无论资本还是市场,都充满了期待。

资料来源:新零售财经.复盘2021:零售圈十大融资案[EB/OL].[2021—12—28]. https://weibo.com/ttarticle/p/show? id=2309404719406042185937.

思考题

1. 海伦司的融资渠道及方式属于哪一种?
2. 假如你是投资人,你会如何选择投资的项目?

第一节 创业融资概述

中国今日的辉煌成就,很大程度上归功于企业的繁荣发展。自2010年起,国家对企业的大力扶持,引发了新一轮创业热潮。然而,中小企业面临的风险较大,且缺乏足够的抵押品,导致其融资成本大幅上升,给银行带来了不小的压力。如果这些中小企业在创立初期或中期未能获得银行的充分投资或贷款支持,将难以获得长期发展的资金,最终可能被市场淘汰甚至面临破产倒闭的厄运。

从广义上讲,融资是企业为满足生产经营活动需要筹措资金的行为。通常情况下,企业会向银行或其他金融机构申请借款以进行融资活动。然而,企业进行融资活动时必须满足一定的条件才能成功融资。企业必须向银行或其他金融机构提出借款申请,并按照规定及时向银行或其他金融机构申请贷款。此外,企业必须向合法经营的单位、企业或其委托代理人或中介机构申请贷款,并严格按照合同规定和企业章程进行融资活动。

一、创业融资的条件及要求

(一)创业融资的条件

在进行融资活动时,企业必须满足以下几个条件:首先,筹资的目的是满足生产经营活动对资金的需求;其次,筹资要求是按照财务计划和财务管理规定使用资金;最后,筹资期限是指开办企业资本金筹集的时间要求。为了实现这些目标和时间安排,企业在筹集资金时要遵循以下原则:第一,必须在有利于经济目标实现的范围内安排资金以满足生产经营活动的需要;第二,必须满足经济目标实现后所需资金,要优先考虑用于保持或扩大再生产;第三,不得超过既定限额进行筹资。这些原则是企业进行融资活动时必须遵循的重要准则,只有这样才能保证企业的财务稳健和可持续发展。

(二)创业融资的要求

为了使各种融资方式具有一定的针对性和灵活性,企业在融资时应注意以下几点。

首先,融资方式要与企业的发展战略紧密结合。企业的发展战略决定了其财务结构、生产规模、市场前景以及经营管理等各个方面,而这些都需要通过股权融资和债券融资等方式来实现。因此,在选择融资方式时,必须充分考虑企业的发展战略,确保融资策略与企业的长期发展规划相一致。

其次,要平衡投资与收益之间的关系。为了使投资获得最大的效益,或者使销售收入与利润增长最快,需要在合理控制投资规模和确定投资收益水平方面作出科学的决策。可以通过适当控制投资收益水平,作为平衡投资效益和保证市场盈利水平的主要手段。

最后,要对短期资金需求作出正确的决策。在经济形势良好、生产经营状况稳定以及盈利预期较好时,如果短期资金需求过大,需要在一定时期内采取降低利率或者减少利率优惠等措施予以控制,以避免财务风险。

此外,建立完善的财务制度也是非常重要的。企业要建立健全各项内部管理制度,确保资产的安全和高效使用,为融资活动提供有力的制度保障。

随着我国市场经济地位和影响力日益提高,现代金融市场规模不断扩大,我国企业的融资渠道也日趋多元化。企业应积极利用多元化的融资渠道,根据自身情况和市场环境,灵活选择合适的融资方式,以满足生产经营的资金需求,促进企业的持续发展。

二、创业融资类型划分

(一)金融工具

金融工具是金融机构在特定条件下用于融通债务和资金的各种工具的总称。为了满足企业的长期发展和财务管理需求,企业通常会使用多种金融工具来解决财务问题。为了适应国内外经济形势的变化,企业也需要运用多种金融工具来解决筹资问题。其中,银行是货币市场金融工具中最基本、最常用的一种工具,具有资金融通、股票投资、债券投资和衍生品投资等多种功能。金融工具对于企业的资本运作和投资活动具有重要的支撑作用。

1. 银行融资

银行是资金融通的主要渠道,其通过吸收公众存款或发行债券为企业提供长期融资,同时扩大银行业务规模以提升信用水平。在贷款方面,银行通常作为贷款人与债权人之间的中介,提供短期、中期和长期贷款服务。此外,银行还为贷款人提供低利率的贷款和债券转让以及担保等服务。然而,银行贷款具有一定的滞后性,对贷款还款日的要求严格,风险与管理费用也较高,同时对贷款还款人的信用状况要求非常严格。因此,在选择银行贷款时,需要权衡利弊并谨慎考虑自身的还款能力和风险承受能力。

2. 债券和其他债权融资

债券是一种有价证券,由发行人按照约定的利率和期限支付利息并到期还本。随着社会经济的发展,债券的种类和形式也日益丰富多样,包括定期债券、超短期债券和无抵押债券等。企业通过发行债券和其他债权筹集资金的方式称为债权融资。此外,在金融机构进行资产证券化的过程中,债券和其他债权也被用作资产证券化贷款或证券化资产的抵押品。这种融资方式为企业和金融机构提供了更多的融资选择和风险管理工具,促进了资本市场的发展和经济的繁荣。

3. 股票等权益证券

权益证券是企业股东所持有的股票的总称。权益证券的持有人通常具有投票权,与企业的财产权益和盈利水平密切相关。投资者通过持有权益证券可以获得资本增值和权益分配所带来的收益。股票是权益证券的主要代表,其价格与投资者的持有时间和收益水平密切相关。如果投资者长期持有且企业处于高收益期，其收益将会更高；反之，如果投资者持有时间较短且企业处于低收益期，其收益则可能会降低。因此，投资者需要根据自身的投资目标和风险承受能力来选择持有权益证券的时间和数量。

4. 利率及汇率市场融资

利率市场是商业银行通过提供利率水平并根据利率变动调整业务经营目标，以实现利润最大化的市场。在我国，利率市场主要在经济稳定发展、利率水平相对稳定的时期发挥调节市场利率和汇率风险的作用。在实际运行中，利率会有一段相对稳定的时期，此时各商业银行提供的利率水平基本保持稳定。然而，当利率进入波动期后，利率水平会呈现出一定程度的波动。同时，汇率市场受到全球经济和政治等多方面因素的影响。

5. 衍生品融资

衍生品金融是金融工具在法律框架下进行的交易，衍生品融资可视为一种利用信用工具的风险管理功能，是一种通过衍生品交易达到融资目的的融资方式。以期货市场为例，它通过套期保值的方式开展经济活动，采用交割原则或保证金交易，以较小的资金投入获取更大的收益，因此可以较好地满足企业的融资需求。随着国内外经济金融环境的变化和企业实际情况的发展，外汇市场、利率市场以及股票市场等衍生品市场不断壮大。国际市场和各国经济发展的经验表明，以外汇为基础的衍生产品能成为一种非常重要的金融工具类型。

（二）借款

借款主体在选择金融机构时，应优先考虑能够提供充足流动性并满足筹资需求的机构。在确定借款条件和利率时，需综合考虑企业的资信状况、生产经营状况、财务管理水平及信用状况等因素。通常情况下，大型国有企业或其下属子公司在贷款期限上可能较中小型企业更短，因此在确定借款对象时需根据其资信状况选择合适的期限。此外，中小企业在选择金融机构时，也应考虑贷款利率的因素。通常情况下，小银行对利率敏感度较低，相对稳定，因此选择小银行对中小企业来说可能更有优势。

1. 资金需求主体

中小企业的筹资渠道主要有向银行和金融机构借款两种方式。其中,向银行借款是满足大部分资金需求且融资成本较低的方式之一,而向金融机构借款则可以为中小企业提供更全面的融资服务。作为贷款主要机构之一的银行,为中小企业主提供了融资服务,并通过提高贷款利率和贷款条件等方式,给中小企业主提供较低贷款利率或不设利率限制的融资支持,从而降低了中小企业的融资成本。银行通常不会设立过高的利率,这为小微型企业提供了更为优惠的贷款利率。因此,中小企业在向金融机构借款时,应该根据自身情况和需求选择合适的借款方式和机构。

2. 借款方式

由于各商业银行的经营策略和风险偏好不同,对企业而言,借款方式也存在很大差别。例如,国有银行更倾向于采用抵押贷款方式,而较少采用抵押为主、不附加担保的贷款方式。然而,对于中小资产管理公司而言,由于中小企业往往缺乏足够的抵押资产和流动资金,因此采用保证保险型小额贷款成为一种更为有效和实用的借款方式。这种借款方式既能满足中小企业的资金需求,又能降低贷款风险,提高工作效率,便于管理与控制,能保证借款人按时还本付息,降低借款成本。因此,中小资产管理公司通常会采用保证保险型小额贷款作为主要的贷款方式。

3. 借款期限

借款期限是指金融机构向中小企业发放借款的时间范围。为了促进中小企业的发展和满足其生产经营的需要,金融机构可以在一定的期限内给予中小企业借款利率优惠,以吸引更多的信贷机构为中小企业提供融资服务,从而提高贷款的回收率并降低贷款成本。在确定借款期限时,金融机构需要综合考虑各种因素,如企业的经济实力、经营状况、管理水平、资信水平以及经济效益等。同时,金融机构还需要注意在借款期限内不得向企业收取反担保费用或其他费用。在选择金融机构时,中小企业需要全面考虑自身情况和需求以及各银行的业务范围、服务质量、利率水平等因素,以作出最优的决策。

4. 贷款利率

贷款利率是贷款银行根据贷款人的资信水平、生产经营状况、贷款期限等一系列要素综合确定的结果,它决定了贷款人按照贷款合同规定的利率向金融机构偿还贷款的利息金额。在确定贷款利率时,银行需要充分考虑贷款期限,并结合贷款人的资信状况和生产经营情况来进行综合评估。因此,贷款人在选择金融机构和确定贷款条件时,应该全面了解各银行的贷款利率水平和相关政策,以便作出最优的决策。

(三)担保形式

担保形式是企业根据融资需求,将其全部或部分资产作为抵押或质押物为债务偿还提供担保的一种方式。担保形式包括抵押和质押等多种不同方式。其中,抵押担保是指银行、信用合作社等金融机构在为企业提供贷款时,要求借款人提供担保人来承担偿还责任的一种债务担保形式。银行通常会设立专门的贷款条件来规范抵押担保的操作。担保作为一种信用形式,要求被担保人提供财产等作为担保物,以确保担保债权的按期实现。同时,信用合作社在提供贷款时,也可能会要求借款人提供其他法人组织的信用作为担保物,为借款人提供担保服务。

1.抵押物抵押

抵押物抵押是指债务人或第三人将其财产作为抵押物,向债权人提供担保,在债务未受清偿时,债权人有权就该财产优先受偿。在实际操作中,抵押物抵押分为留置抵押和普通抵押两种方式。其中,抵押物留置是一种担保方式,其核心在于确保债权的实现,与抵押物的位置、结构、权属、种类和状况等因素密切相关。通过抵押物留置,债权人可以更好地保障自身的权益,降低风险。

2.质押

质押,也称为质权,是指债务人或第三人将其动产或权利移交给债权人占有,以确保债务的履行。在债权人未实现债权之前,债务人或第三人需保持该动产或权利的出质状态,在质权人未实现债权之前,不得转让该动产或权利。质押主要分为权利质押和财产质押两类。其中,权利质押在我国的运用可以追溯到20世纪70年代。而财产质押则是银行对企业贷款时常用的一种融资工具,属于信用合作中的一种信用方式。通过质押,债权人可以更好地保障自身的权益,降低风险。

3.应收账款质押

应收账款质押是一种担保方式,是指将具有价值的应收账款权利作为担保物,为债务人的债务提供担保。应收账款质押也被称为应收账款质押融资,其中债权人可以通过质押应收账款来获得融资。在这种方式下,债权人享有优先受偿的权利,即在债务未到期之前,债权人可以优先获得清偿。当债权到期后,如果债务人没有依约定清偿债务或提供担保,债权人则有权依法就质押的应收账款进行优先受偿。应收账款质押可以有效降低债权人的风险,提高融资效率,同时也为债务人提供了更多的融资选择。

(四)其他融资方式

为了解决企业生产经营的资金需求,目前可以采取多种融资方式,如发行股票、债券等金融手段和其他以股份为主要形式的融资方式。

1. 债券融资

债券的信用等级是评估债券风险的重要指标,它反映了债券发行人的偿债能力和信誉度。信用等级的高低会影响投资者的投资决策和债券的市场价格。

一般来说,信用等级越高的债券,其利率越低,因为投资者对该债券的信任度更高,风险更低。债券持有人可以要求发行人支付一定的利息和本金,这是债券的基本特征之一。利息是债券持有人因借出资金而获得的收益,而本金则是债券到期时发行人需要归还给持有人的资金。债券面值,是指债券发行时所确定的票面价值,它代表了发行人为筹措资金而向投资者发行的一种记名证券的面值。债券面值通常是固定的,而市场价格则会随着市场利率的变化而波动。不同类型的债券可能会有不同的担保项目和担保条件,但也有一些债券不要求任何担保。这种情况下,投资者的风险相对较高,因为发行人的偿债能力和信誉度没有得到额外的保障。

总之,债券作为一种融资工具,具有不同的信用等级、利息和本金支付方式、面值等特征,投资者需要根据自身的风险承受能力和投资目标来选择适合自己的债券。

2. 股票融资

股票融资是一种通过发行股票来筹集资金的方式,与债券融资相比,它具有不同的特点和优势。首先,股票融资是以股票作为证券的所有权的转移,这意味着投资者购买股票后成为企业的股东,享有企业的权益和分红。其次,股票融资具有融资规模大、周期短、风险低等特点,因为股票市场的流动性较好,投资者可以根据自己的需求随时买卖股票。此外,股票融资不受直接融资的限制,企业可以根据市场情况和自身需求自由决定发行股票的数量和价格。

由于股票的种类繁多,所以在社会生活中有着广泛的应用。股票具有较强的流动性,投资者可以在市场上自由买卖股票,有利于企业的资本运作和股东的权益保护。同时,股票具有较好的分红特性,企业可以根据盈利情况向股东分红,有利于增加股东的收益和提高企业的投资价值。尽管股票市场具有较好的流动性、体现企业价值、信息披露机制健全等优点,但由于股票交易存在市场波动性、股权分散等问题,可能使其无法完全发挥应有的功能。此外,股票市场存在信息不对称的现象,部分投资者可能无法及时获取所有相关信息。股票市场是一个具有高流动性和信息披露机制的融资工具,如果能有效发挥其功能,可以为企业提供资金并为投资者提供机会。虽然存在一些缺点和挑战,但这些问题并不妨碍股票市场作为一个整体的有效运作。

综上所述,股票融资作为一种非常规的新型融资方式,具有独特的特点和优势,但也存在一些问题和挑战。企业需要根据自身情况和市场需求来选择合适的融资方式,加强信息披露和监管,保护投资者利益,维护市场稳定。

3. 直接投资

直接投资是指投资者直接将资金投入企业或其他经济实体中以获取经营收益或资本增值的一种投资方式。直接投资的形式包括境外上市、股权基金、定向增发、增发新股和优先股等。这些投资方式各有特点,适用于不同的投资目标和市场环境。

直接投资与间接投资的主要区别在于投资形式的不同。直接投资是股东个人出资,资金来源不受限制,投资者成为企业的股东,享有企业的权益和分红。间接投资则是通过购买股票、债券等证券来获取收益,投资者并不直接参与企业的经营和管理。从长期来看,直接投资能够取得高回报率。因为直接投资者可以成为企业的股东,参与企业成长发展的过程,分享企业的经营成果。同时,也可以通过参与企业的经营和管理,提高企业的价值和竞争力。然而,直接投资也存在一定的风险和不确定性。投资者需要对市场情况和企业状况进行深入细致的调研和分析,以确保投资的安全性和收益性。此外,直接投资需要投入大量的资金和时间,对投资者的实力和经验要求较高。

综上所述,直接投资是一种重要的投资方式,可以为投资者带来高回报率,但也需要投资者具备足够的实力和经验并进行充分的市场调研和分析。

第二节 创业企业成长及融资需求

对于任何企业而言,资本都是其成长与发展的关键要素。缺乏资本的支持,企业的壮大与扩展将变得异常艰难,就像一颗失去根系的树苗,无法稳固根基,极易受到外部环境的冲击。类似地,企业在面临经济周期性的波动时,也可能会遭遇资金短缺的困境。因此,资本的重要性不容忽视,它为企业提供了稳定的基础,以应对市场环境的变化和挑战。

一、企业成长周期

在一家企业的成长过程中,通常会经历四个阶段:初创阶段、成长阶段、成熟阶段和衰退阶段。初创阶段是企业的起点,没有这个阶段,企业可能无法实现规模化发展,只能通过不断的积累才能获得持续发展的能力。因此,在初创阶段,创业团队需要充分发挥创新精神,不断适应市场的变化。随着企业的发展,在进入成长阶段后,扩大规模变得尤为重要。只有通过不断扩大规模,企业才能获得持续盈利的能力,为未来的发展打下坚实的基础。企业的成长周期一般从初创期开始,经历成熟期,最后进入衰退期。在不同阶段,企业对于资金的需求也有所不同。从初创阶段到发展阶段,企业需要较多的资金支持以推动业务的拓展;而在成熟阶段和衰退阶段,随着企业规模的扩大和市场环境的变化,对于资金的需求也会相应增加。因此,为了保持企业的持续发展和竞争力,创业团队需要根据不同阶段的特点和需求合理分配资金资源,以确保企业在各个阶段的稳定发展。企业成长阶段及其划分如图9—1所示。

(一)初创阶段

在初创阶段,企业的主要任务是进行市场培育和销售推广。由于此时企业尚未形成自己的品牌和明确的盈利目标,缺乏足够的实力进行品牌推广,因此需要依靠资本来支撑自身的运营和发展。对于创业团队来说,为了保持企业的稳定和持

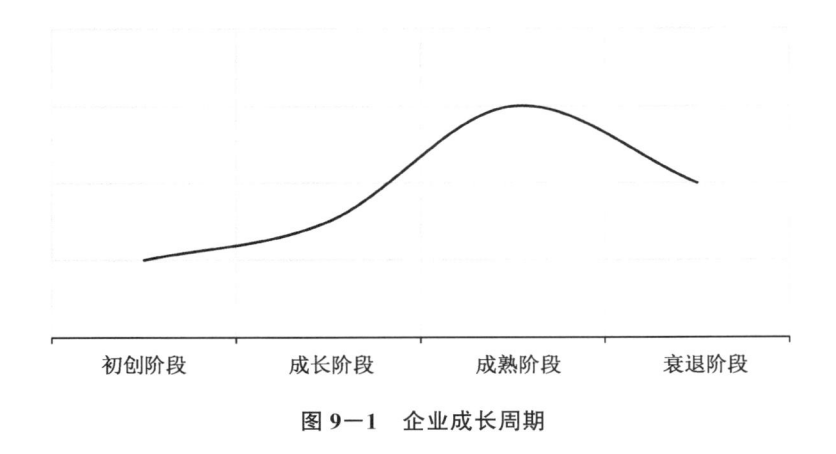

初创阶段　　　　成长阶段　　　　成熟阶段　　　　衰退阶段

图 9—1　企业成长周期

续发展,必须不断进行新产品的研发和生产,确保企业在市场竞争中的优势地位。因此,初创阶段企业所需要的资金主要包括种子用户投资、自有资金投入、银行贷款。其中,种子用户投资和自有资本投入对企业的发展至关重要。这些资金可以帮助企业扩大规模,提高生产效率,进一步拓展市场份额,从而为未来的发展打下坚实的基础。因此,在初创阶段,创业团队需要充分利用各种融资渠道融资,确保获得足够的资金支持,以推动企业的稳定发展。

(二)成长阶段

在成长阶段,企业已经摆脱了初创阶段的困难,开始进入快速发展和扩张的时期。此时,企业需要更多的资金支持来扩大规模,提高生产效率,进一步拓展市场份额。同时,企业也需要投入更多的资金进行产品研发和创新,以保持市场竞争力。对于创业团队来说,成长阶段是一个充满机遇和挑战的阶段。他们需要充分利用各种融资渠道,获得足够的资金支持,以满足企业快速发展的需求。同时,创业团队还需要保持敏锐的市场洞察能力,及时调整战略和业务模式,以适应市场的变化和挑战。总之,在成长阶段,企业需要更多的资金支持来推动自身的发展,创业团队需要充分发挥创新精神和市场洞察能力,以保持企业的竞争力和可持续发展的能力。

(三)成熟阶段

在企业进入成熟阶段后,尽管企业的产品已经进入了市场的中上游,销售价格也趋于稳定,但由于品牌影响力不够强大,仍然会面临一些低端产品的价格竞争。在这一阶段,企业的生产能力和技术水平也得到了进一步的提升,但同时也经常面临亏损的风险。由于市场竞争激烈,扩大生产规模变得更加困难,导致企业难以实现正常的生产经营。因此,企业需要更加注重品牌建设和产品创新,提高产品质量和服务水平,以保持市场竞争力和可持续发展的能力。此外,企业还需要加强财务管理和成本控制,提高运营效率,降低生产成本,以应对市场竞争和盈利所带来的挑战。同时,企业还需要关注员工福利和企业文化建设,提高员工的工作积极性和忠诚度,为企业的稳定发展提供有力的保障。

(四)衰退阶段

在衰退阶段,市场开始萎缩,企业进入了发展的衰退期,面临着走向消亡的风险。此时,企业需要寻找新的项目或产品,以重新激发市场活力和消费者需求。同时,企业需要投入大量的资金进行市场推广和新产品研发,以保持市场竞争力。为了维持企业的持续发展,企业需要不断增加资金,以支持新项目的开展和业务的拓展。此外,企业还需要加强内部管理和成本控制,提高运营效率,降低生产成本,最大限度地利用有限的资金资源。同时,企业需要关注员工福利和企业文化建设,保持员工的工作积极性和忠诚度,为企业的转型发展提供有力支持。总之,在衰退阶段,企业需要积极应对市场的变化和挑战,寻找新的发展机遇,以维持企业的持续发展和竞争力。

二、融资条件及影响因素

融资条件是企业发展过程中必须认真考虑的关键因素。从初创到形成竞争优势,企业通常需要经历较长的时间,因此满足一定的融资条件至关重要。

(一)融资条件

融资条件主要包括融资规模、融资方式和融资效率。

(1)融资规模。企业在扩张过程中,必须确保财务状况健康,以便为发展提供足够的资金保障。融资规模的确定需综合考虑企业的资金需求和市场状况,以确保稳健发展。

(2)融资方式。企业可以通过发行债券、股权投资、向银行借款等多种方式获取资金。每种融资方式都有其特点和适用场景，企业需根据自身需求和实际情况作出合理选择。

(3)融资效率。融资效率的高低直接影响企业的发展速度。企业应努力提高融资效率，及时获取所需资金，以支持企业的快速发展。

（二）融资影响因素

在融资过程中，企业还需全面考虑以下因素。

(1)融资额度。确定融资额度时，需充分评估企业的资金需求和财务状况，以确保有足够的流动资金支持企业的日常运营和发展。

(2)融资渠道。企业应积极开拓多种融资渠道，以降低融资风险。维护与金融机构的良好关系，有助于提高融资的成功率。

(3)融资时间。企业在不同的发展阶段需要有不同的融资策略。初创阶段需大量资金投入研发和市场推广，成长阶段则需更多资金用于扩大规模和提高生产效率。因此，企业应适应不同阶段的需求，制定合理的融资计划。

总之，融资条件是企业发展的重要保障。企业在制定融资策略时，应充分考虑各种影响因素，以确保融资活动的顺利进行，为企业的持续发展提供有力支持。

三、融资目的

（一）扩大生产规模

扩大生产规模是企业提高市场占有率、提升经济效益的重要手段。当小型企业在2年内达到年产300万元商品的能力时，其销售额预计可达到300万元左右；当产能提升至年产1 000万元商品时，销售额可达到1 000万元左右，甚至更高。扩大生产规模将产生大量的流动资金，这些资金可作为企业资金周转的重要支出部分。

（二）扩大投资，提升市场竞争力

投资有助于增加企业的销售收入，同时也能增加企业流动资金的需求。然而，扩大投资必须建立在企业生产稳定的基础上,因此银行需要对企业的项目资金需求和稳定性进行审查。如企业因自身原因发生贷款逾期,银行有权要求企业全额归还贷款本金。

(三)增加收入,提高现金流

贷款可以增加企业的现金流,从而带来更多的收入。然而,企业融资成本较高,因此在贷款时需要考虑利息问题。当企业营业额增长到一定程度后,需要偿还银行贷款,这将增加企业的利息成本、经营风险和信用风险。如果企业规模没有增长,偿还银行贷款可能不足以满足需求。因此,必须提高企业的负债率,降低风险。

(四)优化资本结构,降低融资成本

通过调整资本结构,减少债务杠杆,可以降低企业的融资成本。债务杠杆是指企业发行债券的数额占其资产总额的比例。在正常情况下,债务杠杆越高,企业的负债结构就越不合理,越容易出现债务负担重、资金周转困难的问题。因此,企业应合理调整债务杠杆,优化资产负债结构,以降低融资成本。同时,企业还应关注权益资产和长期股权投资的比例,避免过高的权益资产导致企业所有者权益的增加,从而影响企业的资本结构。

第三节 创业融资方式的选择

企业融资是指以一定形式获得资金的行为,这是一个复杂的过程。企业融资的方式多种多样,包括民间借贷、银行贷款、政府资助资金、企业合同关系、借贷协议等。其中,民间借贷分为短期贷款和长期贷款,银行贷款或政府资助资金可以通过借贷企业(股份)获得。借贷合同或协议是借贷双方达成的协议,其规定了借贷关系中的权利和义务。此外,还有一种利用贷款利息进行资本投资或股权投资的融资方式。

一、银行贷款

贷款期限的选择对企业融资至关重要。短期贷款的期限通常为1~3年,这种

贷款方式的好处在于能够为企业提供充足的流动资金,以满足其生产经营等活动的需求。然而,短期贷款的最大缺点是借款期限过长,一旦贷款期限超过企业的资金回流周期,就可能导致企业流动资金紧张,出现资金短缺的问题。因此,在选择短期贷款时,企业应充分考虑自身的资金状况和还款能力,确保贷款期限与自身的经营计划相匹配。相比之下,长期贷款的期限更长,可以满足企业长期发展的需求。但长期贷款不仅需要支付利息,还需要支付一定数额的现金作为保证金,这增加了企业的融资成本。此外,一旦贷款人出现资金困难,就可能影响企业的生产经营。因此,企业在选择长期贷款时,需要充分考虑自身的还款能力和未来发展计划,以确保贷款的合理使用和及时归还。

(一)借贷的抵押与考察

短期借贷需要抵押物作为担保,以确保贷款人的还款能力。在选择长期借贷时,必须对贷款人进行全面的信用评估和考察,以降低贷款风险。通常,贷款需要提供抵押物作为担保,抵押物的价值应与可变现资产相等。如果无法按要求提供抵押物,则需要用现金来还款。同时,如果抵押物出现问题,借款人需要及时寻找替代抵押物,以确保贷款的安全性。对于短期贷款而言,抵押贷款是一种较为优先的选择,因为抵押物可以提供额外的保障,降低贷款风险。如果抵押物的价值超过贷款数额,贷款人可以选择长期贷款来偿还短期贷款,以更好地匹配自身的资金需求和还款计划。在贷款过程中,贷款人还需要了解利息的支付方式和金额,确保贷款的合理使用和归还。同时,贷款人需要合理规划贷款期限,避免期限过长导致流动资金紧张,影响生产经营。

(二)担保方式的多样性与选择

担保方式的多样化为创业者提供了多种融资选择,同时也为商业银行提供了贷款风险管理的手段。然而,担保方式的选择必须符合国家有关法律法规的规定,以确保其合法性和有效性。在为创业者提供贷款时,贷款人可以根据创业者的实际情况和贷款需求,选择适合的担保方式来支持创业者的发展。创业者可以提供抵押物,如房屋、土地等不动产作为担保,也可以提供一些担保物权作为抵押,以增加贷款的安全性。为了使贷款获得良好的回报,创业者可以向商业银行申请小额贷款以满足自身的需求。然而，商业银行对贷款金额和用途有严格的要求，创业者需要充分考虑自身的实际情况和还款能力，选择合适的贷款条件，以避免贷款风险。总之，在选择担保方式和申请贷款时，创业者需要充分了解各种方式的利弊和风险，根据自身情况量力而行，以确保贷款的安全性和有效性。

（三）信用评价与融资条件

信用评价标准对于创业者的融资能力具有重要影响。较高的信用评价标准能够保证创业者的信用，为其提供更好的融资条件。在创业初期，由于抵押物较少，难以满足贷款条件，创业者可以通过担保和抵押贷款的方式解决流动资金问题。从长远来看，这种融资方式可以提高创业企业的发展速度，促进其快速发展。然而，这种融资方式的成本较高，对创业者而言风险也较大，贷款期间可能无法收回所需资金。因此，创业者需要充分考虑自身的实际情况和还款能力，选择合适的融资方式。此外，由于创业企业规模较小，一般不会产生大额贷款。因此，如果创业者有足够多的资金来保证创业企业的可持续发展，则这种融资方式是可行的。这是由小微企业本身的特点决定的，需要根据自身的实际情况和融资需求进行权衡和选择。总之，在选择融资方式时，创业者需要充分了解各种方式的利弊和风险，根据自身情况量力而行，以确保融资的安全性和有效性。

（四）办理手续与贷款选择

办理手续相对简便的融资方式，虽然在一定程度上简化了融资流程，但是需要有一定年限的还贷保证，这在实际操作中可能会对创业者的经营项目产生不利影响。因此，在选择融资方式时，创业者需要考虑各种因素，包括自身的还款能力和项目的实际需求。短期贷款和长期贷款各有其优势和适用场景。短期贷款一般适用于小规模企业的生产经营，投资额度较小、期限较短，可以根据市场状况灵活调整融资额度。而长期贷款则适用于需要较长时间周转资金或扩大规模的企业。对于创业者而言，选择何种融资方式需要根据自身的实际情况和项目需求进行判断。在市场前景良好、流动资金充足、利润丰厚的情况下，可以选择申请短期贷款以支持企业的发展。然而，在贷款资金不足、现金流紧张、经营效益不理想的情况下，申请长期贷款可能会增加企业的负担和风险。

二、债权投资方式

债权投资是企业通过向债权人贷款来获取未来收益或偿还债务的一种融资方式。相较于一般贷款融资方式,债权投资具有一些优点,比如比较容易获得贷款,可以随时还款,同时企业可以获得稳定、长期的利息,有利于企业的融资规划。然而,债权投资也有一些缺点,比如资金占用过多、占用期较长,可能会对企业现金流平衡和资金周转产生一定影响,限制企业的长期经营发展。因此,在选择债权投资方式时,企业需要进行全面的评估尤其是风险承受能力的评估。对于创业企业而言,债权投资并不完全适用。除了考虑财务收益外,企业还需要考虑资金运用效率。对于资金使用效率高但资金需求大、经营压力大的企业,债权投资可能会导致其经营困难。因此,在使用债权投资时,一定要谨慎评估自身的还款能力和资金运作能力,确保融资的安全性和有效性。总之,债权投资虽然是一种可行的融资方式,但在使用时需要根据企业的实际情况和风险承受能力进行权衡和选择。

(一)不宜大量采用债权投资方式

对于中小企业来说,当生产经营面临困难时,选择债权投资方式往往会呈现出"短平快"的特点。然而,过多依赖债权投资可能会导致资金周转困难,甚至使企业无法承担债务压力。如果企业未经充分评估就盲目投资,可能会陷入"巧妇难为无米之炊"的困境,最终导致资金链断裂。在债权投资方式下,如果创业者没有足够的资金来支持企业的扩展,创业企业往往难以承受债务风险,进而导致经营失败。具体来说,实行债权投资方式时,如果企业所投款项无法迅速回收,而是需要按月或按季度偿还(包括利息和本金),这将可能引发经营亏损。同时,企业通过贷款来偿还债务时,需要按照银行利率计算利息总额,这进一步加重了企业的财务负担。因此,许多企业为降低负担,倾向于采用更多更好的债权投资方式,然而这可能会导致企业在财务上陷入不良后果。综上所述,中小企业在选择债权投资方式时,应充分评估自身的还款能力和资金运作能力,以确保融资的安全性和有效性。

(二)要选择有信用保障的投资人

信用问题是企业在经营过程中面临的一个核心挑战。缺乏信用保证可能导致企业之间难以建立信任关系,甚至引发纠纷。一旦发生纠纷,创业企业可能面临被骗的风险。因此,在选择债权投资方式时,最好选择信誉良好的大企业作为投资对象,以确保投资的安全性和有效性。然而,同时也要注意,债权投资必须以投资企业在未来所能获得的收益为基石。如果债权投资所获得的收益无法偿还企业所欠债务,将直接影响企业的正常运营,甚至可能导致破产。因此,必须采用有保证的债权投资方式,以确保投资回报和企业的稳健发展。在选择债权投资对象时,创业者必须谨慎评估潜在投资对象的信用状况和还款能力。通过综合考量投资对象的信誉、经营状况和未来发展潜力,创业者可以降低投资风险,确保债权投资的安全性和稳健性。

(三)投资规模要适度

融资的数量是有限度的。对于风险投资来说,风险资本的投入一般在一定程度上可分为短期内多次的投资和长期的债权投资。创业企业应根据自身的生产经营情况和资金需求来确定投资的数量。创业企业投资较多,风险资本不能随入随出,只能随出随投;投资规模过大,则会出现大量资金闲置。一旦企业经营出现问题,不但可能使债权资本面临损失,而且还会使创业企业经营出现困难。因此,创业企业投资规模宜控制在总资产(包括流动资产和固定资产)的10%以内。

(四)要注意投资期限和风险等级

债权投资有长期和短期之分,长期债权投资虽然也有短期的选项,但并非所有债权投资都能为企业带来无限的发展机遇。在选择债权投资方式时,企业必须综合考虑债权投资期限、项目风险等级以及贷款利率等多个因素。当企业资金充裕时,可以根据实际情况灵活选择债权投资的期限。如果企业已有一定的资本积累,且资金需求减少,可以适当延长投资期限。然而,投资期限的确定需依据企业的经营状况和资金状况进行,不宜过长或过短。对于资金需求较大、发展前景良好但因贷款或担保限制等因素而受限的企业,可以选择短期债权投资。然而,如果企业处于初创期,财务稳定性较高,经营价值和发展前景广阔,就不建议采用债权投资方式进行融资。目前,尽管有些企业将债务投资作为主要的融资方式,但在这种情况下,通过股权融资也可以满足企业的债务融资需求。总之,在选择债权投资方式时,企业需全面评估自身的财务状况、发展需求和市场环境,以确保融资决策的合理性和有效性。

三、企业股权融资

企业股权融资,是指企业通过向投资人发行股份,以获得资本的一种方式。当企业逐渐发展壮大,投资人可以以一定条件收购并增资到一定程度,从而形成股权资本。这种融资方式具有以下特点:投资者和企业之间签订"股份"协议,明确双方的权利和义务;投资人持有企业一定比例的股份,可以通过企业分红获取投资收益;企业通过上市交易可以实现更大规模的融资目标,提升企业的资本实力;在投资期间,投资人以股权换取企业股权或上市公司股票,并在特定条件下享有股东的同等权利和义务;投资者具有优先购买权,也可以选择在一定时间内将其持有的企业股票出售给特定或不特定的投资者。总体而言,企业股权融资为企业提供了一种有效的融资方式,有助于促进企业的发展和壮大。然而,在实际操作中,双方需充分评估各种因素,确保融资活动的顺利进行。

(一)企业股权融资的优势与局限性

企业股权融资最大的优势在于能够为企业提供充足的资金。股权融资是企业不断发展壮大后,通过各种手段积累资金而形成的一种资本融资方式,具有较强的融资能力和较低的融资成本,有利于企业的快速成长。企业股权融资的最大弊端在于其融资过程缺乏灵活性,当企业在经营或融资过程中遇到问题时,难以快速有效地找到适合自身发展和融资需求的融资方式,也无法获得必要的支持。企业股东不仅拥有或控制股份,还可以通过股份融资获取相应的资金,投资者也需要通过长期投资获得回报,因此股权融资成为企业短期资金来源的重要途径。此外,企业股权融资与股票融资有着本质上的联系,因为股票融资主要是通过发行股票筹集资金。目前,我国股票市场正处于转型阶段,不具备证券发行条件而发行股票以筹集资金的企业较少,且大部分是民营企业,因此企业股权融资成为民营企业短期资金来源的重要途径。因此,必须大力发展资本市场,为企业股权融资提供更加广阔和稳定的融资平台。

（二）企业股权融资的特点与重要性

企业股权融资可以有效地满足创业者对企业发展壮大时期的资金需求，同时还能够保证企业原有管理层的稳定，从而降低投资者的投资风险。股权融资是企业融资方式中最重要和最基本的一种，其主要特点包括：具有巨大的融资功能，能够为企业提供充足的资金；融资期限相对较短，通常为3～5年，能够为企业提供较为快速的资金支持；是企业融资过程中较为稳定、收益较高、资金需求量较小、风险较低、回报时间长的融资方式之一；投资者能够获得资金并尽快收回全部投资成本，有利于企业更好地发展壮大，以实现自身利益和股东利益；公司股权融资还具有良好的风险控制机制，能够帮助企业有效降低资本成本和财务风险。这些特点使得股权融资成为企业融资的重要方式之一，为企业提供了更加稳定和可靠的资金来源。

（三）企业股权融资成本与多种融资方式的权衡

采用企业股权融资后，创业公司通常需要经历股票上市、再融资和出售3个过程才能实现收益的最大化。相较于传统股权融资方式，企业股权融资的融资成本大大降低，主要包括利息和股息的支出。然而，企业股权融资也存在一些缺点。例如，可能导致控制权被分散，影响企业稳定。此外，如果企业规模太小，可能难以适应资本市场的发展，同时持股比例也可能无法满足投资者的要求。因此，创业者在选择股权融资方式时需要慎重考虑，权衡各种融资方式的优劣，选择最适合企业自身发展的融资方式。如果选择不当，可能会对其未来发展产生不利影响。

（四）企业股权融资方式与自身资本结构的考量

"股份制改造＋转股型上市"融资模式能够吸引银行、证券等金融机构为企业提供更多的贷款支持。然而，由于资本市场对上市公司有更高的要求和风险，金融机构一般不接受这种类型的创业公司上市融资。因此，这种股权融资模式主要适用于资金实力雄厚、技术基础好、管理规范并具备一定规模、经营状况良好和具备上市条件的公司。对于资金实力不足、技术基础差、管理水平低、财务不规范或缺乏规范管理经验的创业企业来说，这种模式可能不太适合。同时，这种模式一般适用于已有上市企业，这些企业通过国家相关部门核准后，采用并购方式寻求上市交易条件，并在上市后进行了股份制改造。股份制改造是企业股权融资工作中非常重要且复杂的一个环节，涉及不同地区、不同行业和不同类型公司之间、企业股东之间的权利和义务关系以及不同类型企业如何进行股权融资等诸多问题。因此，在进行股份制改造时，企业需要根据自身情况制定相应的改造方案和计划。此外，这种类型的企业在进行股权融资时，需要注重对企业股权结构改革中资本结构和企业产权结构的设计、改制方案的制定、改制过程中的监督以及改制后对企业内部治理结构的综合考量，以确保融资活动的顺利进行和企业的稳定发展。

这些融资方式各有利弊，企业需要根据自身的情况和融资需求进行选择。短期贷款适用于短期资金需求，长期贷款则适用于长期的投资或经营计划。债权投资方式可以为企业提供资本支持，但同时也增加了企业的债务负担。不同的融资方式之间也存在一定的联系。企业可以根据自身的经营状况和市场环境，灵活运用不同的融资方式，以满足不同阶段的资金需求。同时，企业需要充分了解各种融资方式的利弊和风险，制定科学的融资策略，以确保企业的稳健发展。

第十章

创业团队管理

导入案例

Devver 的教训

Devver 成立于 2008 年,旨在帮助软件开发人员通过云端服务,以一种比当前做法更为便捷的方式"测试"其代码。该企业最初专注于 Ruby on Rails 软件应用。它的旗舰产品之一 Caliper 为 Ruby on Rails 的开发人员提供了测试代码的质量指标。Ruby on Rails 的开发人员可以使用 Caliper 快速发现重复代码、复杂代码和"代码异味"之类的问题。在计算机编程领域,"代码异味"指的是程序源代码中可能指向更深层次且更严重问题的任何表征。

丹·梅耶(Dan Mayer)和本·布林克霍夫(Ben Brinckerhoff)是 Devver 的联合创始人。两人在高中相识,并在高中毕业前共同创建了一项网络业务。他们在大学里学习的都是计算机编程,梅耶在科罗拉多大学(University of Colorado)学习,布林克霍夫在华盛顿大学圣路易斯分校(Washington University in St. Louis)学习。两人于 2008 年再次走到一起,并创立了 Devver。他们是 TechStars 的毕业生。TechStars 是总部位于科罗拉多州博尔德的导师驱动型种子投资基金。Devver 从 2008 年初开始运营,直至 2010 年初关停。该公司在宣布关停计划时表示,虽然公司一直在努力实现其愿景——使用云端打造可以改变软件开发人员生活的工具,但它无法产生足够的收入来维持和发展公司。

布林克霍夫在一篇深思熟虑的博客文章中反省了 Devver 失败的原因。他认为,尽管 Devver 失败的原因很多,但关键在于创始团队的组建、内部沟通、渠道梳理和产品研发。

在创始团队方面,梅耶和布林克霍夫都认为自己是"电脑怪杰"。回望过去,布林克霍夫认为,在经营初创企业时,如果拥有一个热爱商业运作的联合创始人,将会是一个优势。在对此进行反思时,梅耶对一句老生常谈的话提出了质疑,即"你可以教黑客做生意,却不能教商人如何做黑客"。拥有技术背景的创始人有时会使用这句话来证明其团队中不需要商人。虽然梅耶认为确实有可能教黑客做生意,但无法迫使黑客对商业感兴趣或对此给予适当的关注。据梅耶所说,黑客就是喜欢做黑客。因此,他们衡量进度时用的是代码的行数或类似标准。而对初创企业而言,使用商业标准来衡量进度同样重要——例如,与之交谈的客户数量或分销渠道的发展情况等。Devver 在这方面做得远远不够。

在沟通方面,Devver 接受了远程协作。该公司成立于博尔德,两位联合创始人在此展开合作。而 Devver 的第一批关键雇员在宾夕法尼亚州工作,后来梅耶搬到了华盛顿特区。他们认为,Devver 可以通过远程协作雇用最佳人才,而无需把人员全部搬到科罗拉多州。此外,他们还认为,允许团队成员进行远程协作,可以将干扰降到最低,这对于有效地编写代码非常重要。遗憾的是,实现这些目标比创始人预期的要困难得多。沟通成了一项挑战,也给管理带来了麻烦。梅耶和布林克霍夫发现,同时管理多个州的薪酬、福利等事项是一件很痛苦的事情。除此之外,"结对编程"也很难远程进行——对此,Devver 团队自始至终都未能找到合适的解决方案。

最后,布林克霍夫认为,Devver 应该花费更多的时间进行客户开发和寻找最小可行产品。最小可行产品(minimumviable product)是精益创业活动的主要组成部分,它意味着该产品仅具有其部署时所必需的功能,别无他物。通常,企业会通过早期采用者进行测评。这样做的目的是避免在产品中加入客户不需要或不想要的烦琐功能。然而,Devver 没有这么做,它对其第一款产品"Ruby on Rails"进行了最低限度的测评,然后就专注于构建产品,没有再与潜在用户进行交流。结果,在 Devver 失利之前,它的 Ruby 测试加速器及其他产品从未真正满足市场需求。回首往事,布林克霍夫认为,Dewver 本应尽早对单个产品进行部署,并就价格、市场规模和技术挑战征求更多客户的反馈。最终,他们发现市场太小,而且定价太低,无法维持公司生存。

案例来源:[美]布鲁斯·巴林杰.杜安·爱尔兰.创业学——成功创建新企业[M].杜颖,译.北京:中国人民大学出版社,2022.

思考题

1. 回望过去,布林克霍夫认为,如果 Devver 的新创企业团队中拥有商务方向的联合创始人,将使 Devver 具有一定优势。你的想法是否与此相反?如果两个商人准备成立一家技术方向的企业,你认为拥有一个技术方向的联合创始人对他们来说更有利,还是聘请一名技术方向的员工就足够了?

2. 列出员工远程协作的利弊。相对于其他企业来说,这种方式是否对某些类型的初创企业更有利?你对这种方式有何看法?

第一节 创业团队的特质

创业团队是由不同的创业者构成的,他们在确定共同目标的前提下展开合作,彼此相互信任与依赖,共享收益、共担风险。创业团队中的成员一起成立一家新公司,形成简单的组织结构,通过分工的方式各自完成所负责的业务,成员之间认可彼此的价值,共同努力、进步。创业团队成员的特征不同,可以从许多方面来对创业团队的构成进行比较。本节总结创业团队的构成,主要从创始人特质、创业团队异质性与创业团队网络关系 3 个方面来分析。

一、创始人特质

(一)创业者的共同特质与态度

尽管现在普遍认为人人都有创业的可能,并且都有可能成为成功的创业者,但大量的研究和社会实践表明,创业的成功率不高且失败的原因五花八门,而成功的企业家通常具备一些共同的特质。熊彼特将这些特质概括为 5 个方面:积极进取的冒险精神、对成功的渴望、艰苦奋斗的工作态度、精明敏锐的商业洞察力以及强烈的事业心。同样,格劳斯贝科也指出,成功的创业者往往表现出 5 种共同的态度:对现状的持续不满足、健康的自信心、适当的工作能力、对细节的关注和能够接受不确定性的未来。这些特质和态度对于创业者的成功至关重要。

(二)创始人的特质与早期决策

创始人的特质和早期决策对创业团队的塑造方式具有深远的影响。他们的个人特征和社会特质不仅会影响整个团队的行为选择,还在很大程度上决定了创业企业的成败。在这方面,创业团队的规模成为一个重要因素。相较于单个创业者,团队能够为新企业带来更多的人才、资源和专业优势,同时也能产生更多的创意。团队成员之间的专业能力互补和相互提供的心理支持也是初创企业成功的重要因素。然而,在合作关系中,尤其是当团队成员彼此不太了解时,可能存在一些风险。例如,团队成员在工作习惯、风险承受能力、对企业的投入程度以及对企业运营方式的看法等方面可能产生分歧。如果无法解决这些问题,可能从一开始就给企业的经营带来困难。此外,创始团队规模过大也可能导致沟通问题并增加冲突的可能性,因此团队规模的适度控制也十分关键。

二、创业团队特质

(一)创业团队的私人特征

研究创业团队创始人的私人特征可以从心理学和行为学两个角度深入探讨。从心理学的角度,我们主要关注创始人对成功的渴望程度、对自身能力的自信程度、对企业发展的责任感、领导团队的能力以及管理和控制团队内部成员的能力。这些心理因素对于创始人的决策和团队的运行有着深远的影响。从行为学的角度,专家们则更侧重于研究在市场经济环境下,创始人如何将其知识储备和综合素质运用到初创企业的领导中。这包括创始人的创新能力、风险偏好以及对市场变化的敏锐反应等。这样的分析有助于我们更全面地理解创始人的行为和决策模式以及其对创业团队的影响。

(二)创业团队的异质性

创业团队的异质性(heterogeneity)又叫创业团队成员构成的多样性,指的是创业团队中的成员因性别、年龄、成长背景、工作经历、价值观等的差异,会在创业活动的过程中表现出明显的差异。创业团队成员虽然在专业领域方面非常相近,但是由于其在能力、经验上各有千秋,更可能在技术、雇佣决策、竞争策略或其他活动上持有不同的观点。这种不同的观点能够在创业团队之间引起有价值的冲突和建设性的争论,从而降低在未充分考虑其他观点的情况下作出决策的可能性。创业团队的异质性能够帮助团队应对单个个体知识储备有限、职业经验不足、资源整合不全等创业困境,每一个团队成员都能发挥其长处,使创业组织形成优势互补的合作机构,最大化地发挥团队成员的潜力。创业团队成员的异质性也可能会带来一些潜在风险,如决策偏好不同、对问题重要性认识的差异化等,这可能导致团队无法达成一致意见,进一步影响团队合作的效果。

三、创业团队网络关系

(一)创业成员的网络关系与团队凝聚力

创业团队成员之间的关系可以多样且复杂,从亲人、朋友到陌生人,这些关系形成了一个多维的网络结构。这种网络关系会对团队内部的业务完成情况和成员间的凝聚力产生重要影响。在创业团队中,往往不会只有单一的网络关系存在,而是多种网络关系交织在一起。每个成员与其他团队成员之间都存在着一种或一种以上的社会关系,这使得每个成员在团队中扮演着多重角色,从而产生不同的合作方式和创业企业行为。随着企业规模的不断扩大,团队成员需要更加积极地参与到和外部相关单位建立的网络关系中,这些网络关系的维护和利用情况将直接影响企业的运营效率。因此,对于创业团队来说,有效管理和利用这些网络关系至关重要。

(二)创业团队的社会分类理论分析

社会分类理论学指出,人们往往会自动或无意识地基于个人的特性、偏好等因素对群体进行分类。那些与自己相似度高的人会被归为"圈内人"或"自己人",而与自己差异较大的人则被视为"圈外人"或"外人"。在社交互动中,人们通常会对"自己人"给予更高的信任。每个人都更愿意与相似的人建立交往关系,更容易相互信任和互助,而常常会将行为表现、价值观不同的人排除在交往范围之外。在创业团队中,如果成员之间建立了紧密的网络关系,他们更容易将彼此视为"自己人",从而在创业公司内部和所在行业中获得更多的资源。因此,构建和维护创业团队的网络关系是团队构成中需要重点关注的内容,其目的是促进团队内部的信任和合作,提高团队的效能和成功率。

(三)创业团队网络关系的潜在缺陷

创业团队之间的网络关系虽然具有诸多优势,但也存在以下3个潜在的缺陷。首先,团队成员之间可能存在相处不融洽的情况,这主要是由于团队成员间的异质性关系造成的,这种关系可能导致成员难以达成一致意见。其次,创业团队成员都是以平等的身份参与,因此在企业需要建立正式的组织结构并指定首席执行官时,可能会产生权力冲突。为了避免这种不必要的冲突,创业团队在成立之初就应该确定正式的组织结构,明确每个成员的角色和职责,并建立清晰的组织层级和报告关系。最后,如果创业团队成员的专业领域过于相近,可能无法充分发挥各自的优势,无法实现互补效应,因此团队成员的专业领域应该具有一定的差异性,以便能够更好地取长补短,共同推动企业的发展。

第二节 创业团队组织的影响因素

创业团队组织受到5个关键因素的影响,这5个关键因素被称为5P要素。5P要素包括目标(purpose)、人员(people)、定位(position)、权限(power)和计划(plan)。在创业活动中,创业团队需要明确共同的目标,确保人员分工合理,对团队和成员进行准确的定位,划分相应的权限,并制定详细的实施计划。这5个要素对于创业团队的协作和成功至关重要,它们共同构成了创业团队组织的核心框架,为团队的发展和运作提供了明确的指导。

一、目标

（一）创业团队目标的确定与传播

确定发展目标是创业团队成立的重要任务之一，明确的目标能够为团队成员提供明确的指引和方向。缺乏目标会导致团队像无头苍蝇一样，无法取得长远的发展。为了更好地实现团队目标，团队需要将其按照时间长短和复杂程度进行分类：长期目标和短期目标，以及大目标和小目标。然后，根据组织的分工，将各个目标分解到每个成员身上，大家共同努力实现这个共同的大目标。同时，团队目标需要在团队内外部成员中进行有效传播，确保每个人都清楚了解目标的内容和意义，并在工作过程中逐步落实和达成目标。

（二）创业团队目标对绩效的影响

团队目标导向是一个关键的预测变量，能够影响团队的绩效产出。通过使团队成员在目标倾向和行为偏好方面尽早达成一致，团队目标导向可以提高团队的协作效率和执行力。同时，团队目标导向反映了团队的整体氛围，明确了各创业群体在学习目标、绩效趋向目标和绩效规避目标之间的组合。所有团队成员需要对目标导向确定的内容达成共识，以确保团队目标的顺利实现。团队学习目标导向和团队绩效趋向目标导向对团队创造力有正向影响，而团队绩效规避目标则会对团队创造力产生负向影响。因此，创业团队在确定目标时，需要充分考虑目标的内容、形式和类型，以确保它们能够促进团队成员的合作方式、努力方向和工作内容，进而提升整个团队的绩效表现。

二、人

（一）受教育程度和先前经验对创业成功的影响

团队成员作为构成团队最核心的元素，其知识、技能和经验对于企业的发展起着决定性的作用。在企业初创阶段，创始人的素质往往成为投资人和贷款人评估企业潜力和发展前景的主要依据。研究表明，成功的创业者通常具备较高的受教育程度，这使得他们在搜索能力、预见性、创造力和计算机技能等方面具有优势。高等教育为创业团队成员提供了重要的商业技能，如数学和沟通能力。同时，特定的教育背景，如工程学、计算机科学、管理信息系统、物理和生物化学等，有助于他们在相关领域创业时取得优势。以科大讯飞创始人刘庆峰为例，他在中国科学技术大学无线电电子学专业的优异表现，为他后来在语音技术领域的研究和科大讯飞的创立奠定了坚实的基础。

（二）行业经历和人脉关系对企业经营效益的作用

创业团队成员先前的创业经历和相关行业经验，有助于他们在面对复杂任务时更加得心应手，从而提高企业的整体效益。具有创业经历的创业者，往往能够更好地应对创业过程中的挑战，从而取得更好的未来创业的表现。同时，团队成员在所在行业的相关经验，使得他们能够建立更为成熟的行业关系网，并深入理解行业的精微之处，这对于企业的运营和发展至关重要。在生物技术、互联网、食品加工生产等技术行业，行业经验的重要性尤为凸显。以三九企业集团和小米公司为例，它们的创始人都拥有丰富的个人经历和行业经验，这些经验为企业的创办和发展奠定了坚实的基础。

（三）人员选拔、互补性和社会资源运用的影响

首先，选拔合适的人员是组建创业团队过程中最关键的一步。组建创业团队需要考虑团队成员在管理能力、专业技术和各项资源上的互补性。这种互补性能够有效提升团队成员间的合作效率，进而增强整个团队的战斗力。其次，团队成员的适度规模也是需要考虑的因素，人数太少无法涵盖必备的专业领域人才，人数过多则可能增加沟通协调的难度。因此，一般认为团队成员人数控制在 2~12 人为最佳。最后，社会资源的运用对于创业团队的发展也具有重要意义。在创业初期，产品和服务尚未得到市场和消费者的认可，这时需要依靠团队成员的现有资源来打开市场。因此，团队成员应该具备成熟的社交和专业关系网，以便能够筹集资金或获取关键资源。同时，人脉关系的建立和维护也是创业过程中不可或缺的一环，它有助于团队成员寻找潜在的投资者、商业合作伙伴或客户。微软公司的创始人比尔·盖茨在其 20 岁时利用其母亲的人脉关系与 IBM 签订了第一份商务合约，

从而迈入了成功之路,这充分证明了人脉关系对于创业成功的重要性。

三、定位

创业团队的定位是指该企业在整个产业供应链中处于什么位置、哪些因素会对团队成功创业产生影响、什么因素有利于团队能力的整体提升进而推动创业的进程。创业团队的定位包含两层意思,即团队的定位和个体的定位。

(一)团队定位

团队定位是指创业团队在市场中的整体定位以及团队在企业生态系统中所扮演的角色,这涉及团队的使命、愿景、核心价值观和战略规划等方面。团队需要清晰地认识到自身的核心竞争力,并确定如何在激烈的市场竞争中与竞争对手加以区分。同时,还需要考虑与其他企业、机构或组织的合作关系,以及如何从生态系统中获得所需的支持和资源。以顺丰速运为例,其团队定位随着市场的变化和企业的发展而不断调整。成立初期,顺丰主要定位为提供快速、高效、优质的物流解决方案,成为国内领先的快递物流综合服务商。随着市场的不断变化和客户需求的升级,顺丰逐渐将其业务范围从单一的快递运输服务拓展到了仓储管理、销售预测、金融管理等更广泛的领域。通过运用大数据、云计算等新一代信息技术,顺丰为客户提供了更加全面和个性化的解决方案。如今,顺丰已经将自己定位为一家独立第三方行业解决方案的数据科技服务公司,旨在为客户提供更加智能、高效和创新的物流服务。这一团队定位使得顺丰能够更好地适应市场的发展趋势,不断扩大品牌影响力,并努力成为中国民营快递行业的领军企业。

(二)个体定位

个体定位是指团队成员在团队中的具体角色、职责、能力和发展方向。个体定位需要充分考虑团队成员的优势、特长和潜力,并将个体的能力与团队的目标和战略相结合,以实现团队整体效能的最大化。同时,还需要为团队成员提供培训和发展机会,帮助他们不断提升能力和职业素养,促进个人和团队的共同成长。

对于初创企业而言,明确团队的定位尤为重要。不同类型的团队在工作周期、一体化进程、工作方式、授权大小和决策方式等方面都存在差异。因此,需要根据企业的实际情况和发展需求,选择适合的团队类型,并随着外部环境及内部条件的变化及时调整团队的定位和发展方向。同时,还需要关注团队成员的成长和发展,为他们提供更多的机会和挑战,激发团队的创造力和活力,推动企业的持续发展。

团队定位和个体定位是相互关联、密不可分的。只有综合考虑团队的定位和个体的定位,才能让团队成员充分地发挥自己的优势,形成合力,共同实现团队的目标和愿景。团队定位明确了团队在市场中的角色和发展方向,为个体定位提供了宏观指导和支持;个体定位则关注团队成员在团队中的具体职责和发展方向,为团队定位提供了微观支撑。通过明确团队定位和个体定位,团队成员的积极性和创造力可以更好被激发,有利于提高团队的凝聚力和向心力,促进团队的稳定和持续发展。同时,也有助于团队成员在职业生涯中不断成长和提升,实现个人价值和团队价值的双赢。因此,在创业过程中,必须重视团队定位和个体定位及两者关系的梳理,以实现团队和个体的共同发展。

四、权限

明确团队中各成员的权限对于团队的效率和工作质量有着至关重要的影响。随着团队的发展和组织规模的扩大,每个成员的能力和资源也会不断增长,因此领导者需要逐渐从团队的核心成员中脱颖而出,成为决策中心人物,以更好地协调团队资源,确保团队的高效运作。在创业企业中,组织架构的确定决定了内部成员之间的权责关系,明确了企业管理的层级。一个现代化的、管理规范的组织结构通常包含3个关系子系统:决策层、执行层和监督层。决策层负责制定企业战略和重大决策,执行层负责具体实施各项任务和计划,监督层则负责对决策和执行过程进行监督和评估。这样的组织架构可以确保创业企业内部的管理更加规范化、科学化,提高工作效率和质量,同时也有助于建立清晰的职责分工和权力边界,增强团队的凝聚力和向心力,为企业的稳定、持续发展提供有力保障。

(一)决策子系统

组织的领导体系和各级决策机构及其决策者共同构成了决策子系统。不同层级的决策机构按照权限划分,拥有不同范围的决策权和决策范围。根据事情的重要性和紧急程度,企业可以选择个人决策或集体决策的方式。决策流程的设置方式会对决策效率产生影响,但并不一定能提高决策的准确性。因此,企业需要制定符合自身发展要求的决策子系统,不能简单地通过增加决策层级的方式来提高决策的准确性,而是要结合企业的实际情况,明确各级决策机构的职责和权限,建立科学、合理的决策流程和机制,以提高决策的效率和准确性,为企业的稳定发展提供有力保障。

(二)指挥子系统

指挥子系统是组织活动的核心指令中心,由各职能单位或部门的负责人和成员组成垂直形态的系统。作为决策子系统的执行保障,指挥子系统主要负责将决策机构发布的指令落到实处,协调组织内外部资源,确保决策任务的顺利完成。高效的指挥和协调可以确保组织的各项活动有序进行,实现组织目标。

(三)执行子系统

执行机构负责具体落实指挥系统发出的指令,必须准确无误地贯彻执行,确保组织的各项计划得以有效实施。在执行过程中,执行机构要正确理解上级的指令,明确目标,有针对性地完成执行任务。决策中心负责确定组织的战略发展方向,指挥中心负责协调各部门的工作并发布相关指令,执行中心则负责将相关计划方案落地实施。

这3个系统相互独立但又紧密相连,彼此之间的工作表现会相互影响,因此需要进行有效的协调和配合。在团队成员的职权划分上,应该尽可能明确各自的职责和权限,确保职权划分清晰合理,以便于创业计划的顺利执行。同时,由于创业企业面临较大的外部环境变化和内部组织结构变动,因此团队成员的职权应根据实际情况进行及时的调整,以适应企业的发展需求。

五、计划

团队目标、愿景的实现需要有计划、有步骤地逐步推进。计划包含两个层面的含义:一是确立各层级目标,并细分出各层次的具体目标,制定可执行的行动方案,为行动提供基础;二是按计划安排进度表,逐步落实方案内容,确保团队执行的时效性和最终的落地效果。只有按计划操作,团队才能有条不紊地接近目标,最终实现愿景。在创业过程中,创业者需要对企业的产品、技术、市场等进行明确定位,然后根据企业的实际情况制定出一份详细且可行的创业计划。这份计划应包括3个方面的内容:明确未来发展的方向,确定具体的发展目标并制定相应的行动纲领,将目标和行动计划落实到每位员工身上。创业企业的人力资源管理是计划的重要内容之一,涉及招聘、选拔、培训、薪酬、绩效和员工关系管理等相关内容。有效运用企业内外的人力资源,才能满足企业当前及未来的发展需求,保证组织目标和个人目标的共同实现。由于初创企业人员数量较少,因此人力资源管理的重点是人员招聘、薪酬体系和激励机制的设计。这需要创业者根据实际情况,制定出合理的人力资源策略,以确保企业的稳定和持续发展。

(一)人员招聘计划

人力资源是企业最宝贵的资源,特别是在初创团队中,由于实力方面的限制,如何吸引并成功招聘、留住高素质人才成为创业企业人力资源管理的核心内容之一。因此,创业团队成员的招聘应该注重吸引那些拥有专业技术能力、相关工作经历和认同企业价值观的人才。

由于初创企业面临较大的不确定性和有限的资金,无法建立完善的培训体系或从内部培养符合企业发展需求的人才。因此,能否招聘到高素质、认同企业价值观的人才是决定企业成败的关键因素之一。这就要求创业者在招聘过程中精心挑选,确保招聘到的人才能够为企业的发展作出积极贡献。

(二)薪酬体系设计计划

初创企业应根据各部门的岗位性质和层级高低设置不同的薪酬激励机制,再基于职务说明书明确岗位职责,进一步确定绩效考评体系,并根据考评结果完善薪酬激励制度。员工的薪酬由固定薪酬、业绩薪酬和福利等组成。在设计固定薪酬奖励机制时,需遵循内、外部公平公正的原则。内部公平要求各部门薪酬水平能够反映各自对企业整体业绩的价值贡献程度。具体来说,人力资源部可以从岗位对高端知识技能、学历、外形等的要求,岗位对解决问题能力、人才素质高低的要求,以及岗位承担责任、规避风险、直接为企业创造价值的能力3个方面对岗位进行评估。利用KPI指标结果大致确定薪酬差异范围,并设立宽带岗位薪酬级别,以体现员工表现差距与薪酬水平的关系。外部公平则是指本企业薪酬水平在行业中是否具有市场竞争力。企业各岗位薪酬水平需要参考同行业平均薪酬水平，并适当高于平均水平以吸引和留住高素质人才，这样才能在劳动力市场获取较强的竞争力。以华为、腾讯公司为例，他们在同行业中保持高于平均数的薪酬水平，吸引了大批优秀的程序员。

由于岗位价值评估不能完全准确地体现员工价值，企业需要加入业绩薪酬制度，使薪酬结构更灵活、更具有激励作用，从而充分调动员工的工作积极性。从事相同工作的员工由于业绩表现差异，最终收入也会存在较大差距。此外，企业还可以根据年度效益情况决定是否发放股权激励、现金分红或其他年终福利。福利作为薪酬体系的必要补充，可以在一定程度上缓解员工对固定薪酬和业绩薪酬差异的不满情绪，许多互联网企业就是通过提供优惠的福利政策来吸引并留住人才的。因此，人力资源部门除了制定薪酬激励机制外，还应参考同行业其他企业的福利水平来调整本企业的福利机制，以提高企业的综合竞争力。

（三）创业企业的激励计划

由于初创企业的资金主要用于新产品研发或市场推广等方面，用于支付员工薪酬的资金往往有限，因此无法依赖高薪这种物质激励方式来激发员工的工作主动性。这时，精神激励就显得尤为重要。创业企业可以采取以下3个方面的精神激励措施。

1. 信任激励

对员工的信任是一种重要的激励方式，它赋予员工较好的预期和较充分的授权，让他们知道自己被信任，并在职权范围内拥有独立处理问题的权力。信任激励能够激发员工的创造力和工作热情，促进他们更好地完成工作。领导者对员工的信任主要体现在尊重下属的人格和劳动成果、为他们提供必要的支持和帮助等方面。企业要坚持"用人不疑，疑人不用"的原则，赋予员工充分的管理权限，让他们参与决策和问题的解决过程。授权是展示对员工信任的一种方式，通过授权，员工可以掌握工作的主动权和决策权，从而构建责权对等的组织机制。这能够激发员工的潜力，提高他们的责任感和使命感，增强员工的忠诚度。同时，授权还能让员工个人的目标与企业发展的目标保持一致，促进企业的协同发展和员工的个人成长。通过信任激励和授权管理，可以建立一种积极、开放、创新的企业文化，推动企业的持续发展和进步。

2. 榜样激励

榜样激励就是通过评选优秀员工、先进员工等方式，选拔企业中工作最有成效的优秀分子作为榜样，让他们成为全企业学习的标杆。这样可以充分发挥榜样的力量，激发员工向榜样学习的动力，形成良性的竞争关系。这种激励方式可以促进员工之间的相互学习和交流，营造积极向上的工作氛围。员工可以借鉴优秀分子的工作方法和经验，提高自身的工作效率和质量。同时，榜样激励也可以增强员工的归属感和自豪感，让他们感到自己的工作是被认可和重视的，这有助于提高员工的工作满意度和忠诚度，促进企业的稳定发展。总之，榜样激励是一种有效的激励方式，可以激发员工的潜力和创造力，提高企业的整体绩效和竞争力。

3. 目标激励

在制定目标时，企业领导必须考虑外部环境对目标实现的影响。过高的目标可能导致员工产生过高的期望值，进而产生难以达成目标的挫败感。而过低的目标则可能使员工缺乏挑战性和信心，不利于激发他们的工作积极性。因此，制定一个合适的团队目标至关重要，这可以激发员工的工作热情，提高他们的工作效率，从而促进企业的快速发展。企业领导需要将目标制定作为管理工作的重要内容，通过深入了解和分析内外部环境，制定出既具有挑战性又能够达成的目标。同时，企业领导还需要密切关注目标的实现情况，及时调整目标并制定相应的措施，以确保目标的顺利实现。只有这样，才能真正调动员工的工作积极性，推动企业的快速发展。

第三节 创业团队管理的实施

目前，国内关于创业团队管理问题的研究主要集中在创业团队合作过程和创业团队治理等方面。深入探索团队成员间的协作机制、沟通方式和团队决策过程可以为创业团队的管理提供宝贵的理论和实践指导。这些研究成果有助于创业者更好地组建和管理团队，提高团队的效能和创新能力，从而提升创业成功率。

一、创业团队合作过程

创业团队合作过程涉及团队成员之间的分工、合作和冲突 3 个方面。

（一）创业团队成员分工

创业团队是一个工作集体，由于业务内容的不稳定性，其具体工作内容会不断变化。因此，使用角色而非工作职责更能清晰地描述创业团队成员之间的分工。高绩效团队中一般存在 7 种角色：领导者、提建议者、评论者、执行者、协调者、联络者和督促者。在创业团队中，同一个成员可以兼任两个或更多的角色，而同一个角色也可以由不同的人来共同担任。为了确保高绩效，创业团队成员应明确各自在团队中的定位，并且能够根据工作内容的调整互换角色。在创业团队中，始终有一个成员担任领导者的角色，这一角色可能是形式上的，也可能是实质性的。对于高绩效的创业团队而言，主要负责人可能同时承担领导者、评论者、执行者、协调者、联络者和督促者等多种角色。骨干成员可能扮演执行者、协调者和联络者等角色，其他一些成员则可能担任提建议者、评论者和联络者的角色。明确并灵活调整团队成员的角色定位，可以确保团队在不同阶段和业务需求下保持高效运转，从而推动创业企业的成功发展。

（二）创业团队成员的合作

为了提高整个团队的工作效率，创业团队成员根据各自的特长和资源状况进行分工后，还需要进行合作。这种合作可以分为常规性合作和非常规性合作。常规性合作是指团队成员在各自承担的工作职责和扮演的角色的基础上，进行工作协调和整合。每个人做好自己的本职工作，就是对其他团队成员工作的重要支持和配合。特别是对于那些工作内容有交叉和衔接的成员来说，做好自己的工作更是对其他团队成员工作的关键支持和配合。非常规性合作是指团队成员在完成本职工作和所扮演角色的前提下，跨越自己的工作范围，直接帮助其他团队成员完成他们的工作，以救助、支持并加强整个团队和企业的工作。常规性合作是最基本的合作方式，它确保了团队日常工作的顺利进行。而非常规性合作则是一种补充性的、救急性的合作方式，用于应对特殊情况下的问题和挑战。团队成员之间的合作应以常规性合作为基础,同时以非常规性合作为必要的补充,从而确保团队在各种情况下都能高效运转。

(三)创业团队成员的冲突

创业团队成员之间的冲突可分为个人冲突和群体冲突两种类型。个人冲突涉及个人与个人之间的争端,包括工作中的分歧、利益冲突、交往中的不和以及思想情感或性格上的差异。而群体内部的冲突则可分为工作性冲突和情感性冲突。创业团队成员在教育背景、工作经历、价值观和选择创业的原因等方面可能存在差异,这些差异在工作中可能产生交互影响,从而引发冲突。这些冲突有可能对创业企业的运营效率产生不利影响,特别是关系沟通冲突和利益冲突,它们对企业组织结构有着最为直接的影响。有效的沟通是创业团队内部的重要因素。成员具备良好的沟通意愿、态度和方法有利于提高沟通效率和效果,促进开放的讨论和相互支持。相反,如果成员逃避沟通、态度恶劣或独断专行,就可能导致相互猜忌和不满。利益冲突则是指团队成员在创业企业中的权益关系和比例上产生的争端,这是最为严重的冲突类型,因为它可能影响成员的工作动力和积极性。因此,解决利益冲突对于维护团队稳定和提高工作效率至关重要。

二、创业团队治理

(一)创业团队治理与企业运营

创业团队治理方式的差异会对企业运营结果产生显著影响。有研究表明,创业团队成员在背景、经验、偏好、合作动机和行为方式等方面的差异可能导致目标冲突和团队沟通、协调问题,从而增加创业团队的合作风险。实际上,近年来国内顶尖的 IT 商业区域内的企业倒闭率高达 30%,这很大程度上可归因于创业团队治理的失效。因此,建立一套有效的创业团队治理机制至关重要,这能确保团队成员之间顺畅地进行合作、沟通和决策,并最大限度地维护企业的利益。在实际案例中,我们可以清晰地看到创业团队治理对企业运营的重要性和深远影响。

(二)京东创业团队治理案例分析

以知名电商平台京东为例,其创业团队在企业成立之初便建立了一套完善的治理机制。创始人刘强东担任 CEO，并展现出卓越的领导能力和执行力，同时在团队中塑造了良好的榜样形象。在合伙人关系方面，京东的 3 位联合创始人张磊、沈皓瑜和徐雷携手共创，建立了基于相互信任、尊重和共同目标的稳固关系。此外，京东还实施了 AB 股股权分配方式，以确保团队成员的权益得到保障。

在决策机制方面，京东采用了"AB 股＋超级投票权"的股权结构，既维护了创始人的权力地位，又使其他股东对企业的长期发展拥有充分的话语权。同时，京东设立了董事会和监事会等机构，明确各自的职责和权力范围，以提升企业的决策效率和质量。

在沟通与协作方面，京东内部建立了多种沟通渠道和协作机制，如每周的高管会议、每月的员工大会以及各类跨部门协作机制。这些渠道和机制不仅保障了信息的畅通和工作的高效，还有助于增强团队成员之间的凝聚力和归属感。

在绩效评估方面，京东采用了 KPI 考核制度和 360 度评估方法。KPI 考核制度明确了员工的工作目标和绩效指标，能激发其工作积极性并提高工作效率。而 360 度评估方法则从多个角度对员工进行全面的评估，包括上级、下属、同事和自我评价等，有助于深入了解员工的工作表现和发展潜力。

综上所述，创业团队治理对于创业企业的长远发展具有举足轻重的意义。建立一套有效的治理机制不仅可以提高团队成员之间的合作效率，减少决策分歧，还可以激发员工的积极性，进一步提升企业的整体竞争力。因此，创业团队治理的优化和完善对于推动企业的快速发展至关重要，是创业企业取得成功的重要保障。

附 录

一、项目摘要

  雨霁科技团队专注于水质监测研究,运用先进技术开发前沿的产品和服务。雨霁科技团队自主研发的基于发光菌法重金属水质检测仪(其中包含3项发明专利、5项实用新型专利、1项软件著作权)是国内市场上首个将水质重金属检测完全脱离实验室的水质检测仪器,目前已完成产品测试。雨霁科技的水质重金属检测产品与市场上传统的实验室水质检测仪器相比,成本仅仅为其1/26,检测时间缩短 1/12。其重金属检测精度突破了传统低活性的检测精度,操作步骤简单,具有明显的市场优势。雨霁科技团队开发的水质监测多参数平台和小程序应用,可以满足水质监测服务的多种客户需求;雨霁科技团队具有完善的售前、售中、售后服务,为潜在客户提供专业咨询服务;为已购买客户免费提供安装与调试服务;提供 24 小时工程师远程服务,解决客户使用中出现的各种问题。从技术到产品,从销售到服务,雨霁科技团队打造了一站式服务,为国内城市治理、生态环保等多方面贡献出自己的一份力量,雨霁科技以水质检测技术研究为基础,开发具有竞争力的产品和服务体系,致力于成为国内水质监测领域的革新者。

二、市场分析

(一)市场细分及需求分析

(1)经常性监测市场——水利行政主管部门需求。我国污水年排放量持续增加,2021 年增至 554.65 亿立方米,同比增长 6.4%。过大的污水排放量已经在多地超过了法律规定的环境污染阈值,对当地的水循环造成了不可逆的损害,同时这也意味着水质检测设备需求的增加,特别是对污水进行重金属检测的设备。水质监测设备作为我国环境监测设备的重要分支,占据了环境监测仪器设备整体销量的 36%,成为环境监测设备行业中的第一大细分市场。为此,全国积极开展"五水共治"实践,形成了政府、企业、公众等多方联动,因此我国的水环境治理市场潜力巨大(见图1)。

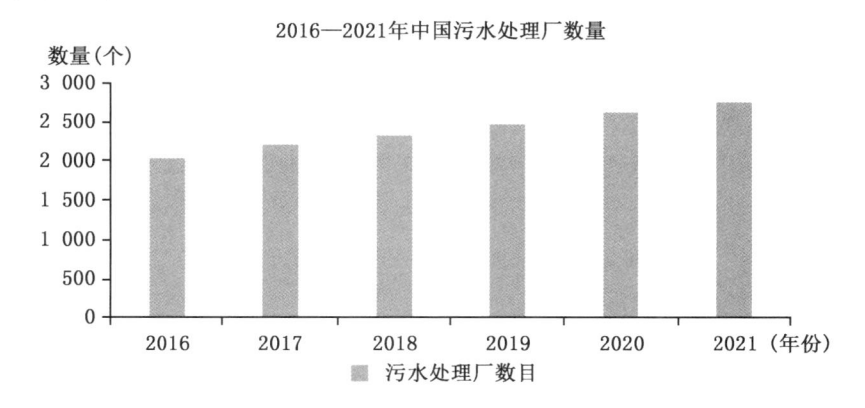

图 1 全国污水处理厂的变化情况

(2)监测性监测市场——排污类制造企业需求。目前我国共有2.12万家排污相关企业,浙江省以2 400余家企业排名全国第一。以浙江为例,全省共确定水环境重点排污单位2 410家,开展"污水零直排区"建设。多数类型的企业存在重金属检测需求。不同企业主要污染物类型如表1所示。

表1　　　　　　　　　　不同企业主要污染物类型表

企业类型	主要污染物
工程公司	COD、BOD、氨氮、总磷、总铬、余氯、苯胺、重金属
造纸印染公司	COD、悬浮物(SS)
生物制药公司	氟、氰、苯酚、重金属、汞化合物等有毒物质
制革公司	油脂、蛋白、纤维、硫化物、铬、盐类、活性剂等
石油化工公司	COD、BOD、氨氮、总氮、重金属
食品饮料公司	固体物质、油脂、蛋白质、酸、碱、盐、糖类、致病菌

(3)水环境科研服务市场——科研机构和相关院校。科研机构和相关院校在水环境研究领域通过各种实验促进科研进步的空间较大。大量水环境相关研究项目的立项表明我国水质研究领域的蓬勃发展。由于相关水质重金属检测设备的需求量急剧提升,关键技术仍然依赖进口。同时,科研机构和相关院校开展了服务社会的科研项目及活动,相关行业主要企业市场规模及份额如图2所示。

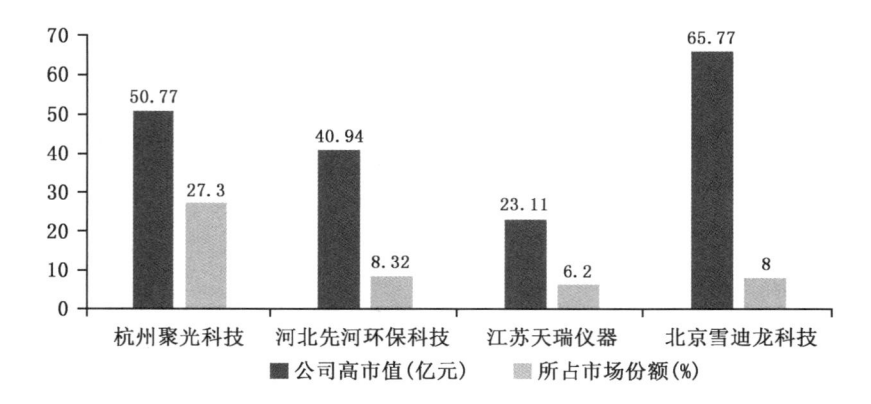

图2　水质监测主要企业所占市场份额图

(二)竞品市场及相关指标对比

(1)市场份额对比。目前,国内知名水环境检测企业有杭州聚光科技股份有限公司、河北先河环保科技有限公司、江苏天瑞仪器有限公司、北京雪迪龙科技有限公司等。其中,龙头企业杭州聚光科技股份有限公司占有高达27%的市场份额。该公司与雨霁科技同处浙江省,结合雨霁科技的发展规划和聚光科技在行业中的领导地位,我们将聚光科技视为潜在的主要竞争对手。

(2)检测方法比较。目前,市场上成熟的水质检测仪器的检测方法主要为光谱法、液相色谱法和电化学方法。光谱法在对水体质量检测分析时,其检测速度和检测准确度都相对可观,但缺点在于过度依赖高科技设备,价格高昂。此外,这种方法对活动性较低的非金属元素不能实现快速分析,具有较为明显的局限性。基于发光细菌法的检测设备可以利用光电路模块分析发光菌的发光情况,可迅速得出检验结果,其检测不依赖于专业人员操作、成本低且精度高。不同检测方法对比如表2所示。

表2　　　　　　　　　　　检测方法对比表

项目方法	光谱法	液相色谱法	发光菌法(本项目)
检测速度	大多超过2个小时	几分钟	10分钟之内
检测设备成本	非常昂贵	低	低
操作人员要求	专业人员	专业人员	普通人员
检测精度	非常高	低	高

(3)检测设备比较。市场上很少有利用生物化学方法检测水质的设备,雨霁科技团队自主研发的产品——综合利用发光菌法和光电系统分析法的重金属水质检测仪是水质检测市场上前所未有的产品。因此,该产品相对竞争对手的产品具有明显的竞争优势。相关产品对比如表3所示。

表3　　　　　　　　　　　相关产品对比表

公司名称	测量方法	设备名称	单价	所需电压	检验效率
安徽科环境工程股份有限公司	酸消解+铅敏达试剂分光光度法	总铅在线自动监测仪	3.5万元	220±22V	20~50分钟
杭州聚光科技股份有限公司	高锰酸钾氧化-二苯碳酰二肼分光光度法	SIA-2000系列重金属在线分析仪(单参数铬)	5万元	220±22V	30分钟
杭州陆恒水质检测有限公司	电化学分析方法与溶出伏安法	水质重金属多参数检测仪	4.98万元	220±22V	1~2小时
雨霁科技(本项目)	发光细菌法	水质多参数检测仪	1 700元	16-20V	10分钟内

三、团队简介

（一）主要成员及组织结构

雨霁科技团队是由来自中国计量大学和上海财经大学浙江学院的优秀学生组建的创业团队。团队现有 10 余人，分别来自电子、测控、设计、物流、会计、工管、国贸、生物等专业，是一个集研发、销售、服务等于一体的综合性团队。

团队拟成立金华雨霁生态环保科技有限公司，注册资本 1 000 万元人民币。拟注册地址为：浙江省金华市金东区上海财经大学浙江学院大学生创业园区。

其主要业务范围为：水质污染物监测及检测仪器仪表制造、生态环境监测及检测仪器仪表制造、技术服务。公司设有财务、研发、市场、生产、质检、办公室、行政 7 个部门，公司组织架构如图 3 所示。

图 3　组织架构图

（二）团队组织及研发经历

雨霁科技团队初建于 2020 年 8 月，目前已完成核心技术研发和产品测试，团队组织结构已初步成型，目前正在开展产品试销，即将注册公司并开展市场运营。本项目实践的关键节点如图 4 所示。

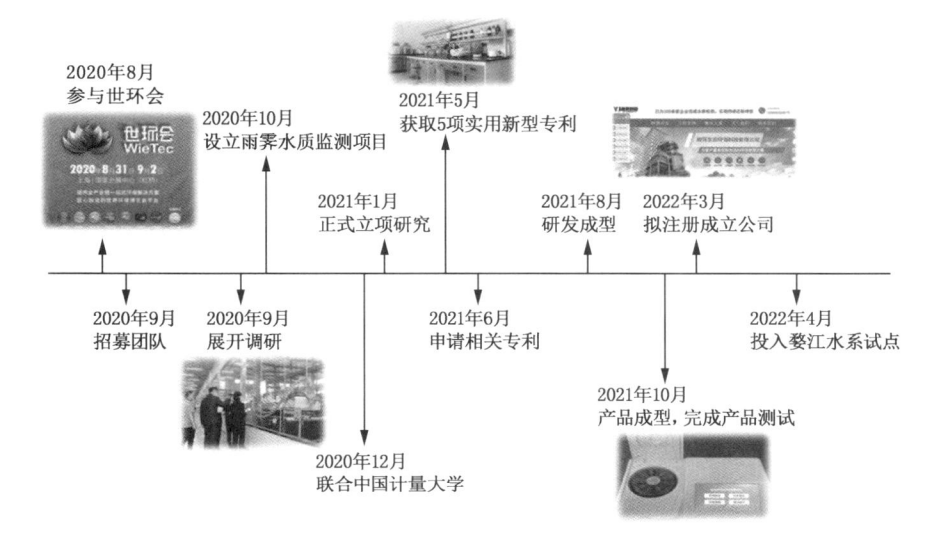

图 4　本项目实践的关键节点

四、产品与服务

（一）技术原理

(1) 发光菌重金属检测原理。发光菌的发光过程会有各种物质的参与,当其所处的环境不利于发光菌正常的生理代谢活动时,发光过程的代谢活动会立刻受到这些物质的影响,从而导致发光反应被不同程度地抑制,造成"荧光淬灭"现象。主要设备部件如图 5 至图 7 所示。

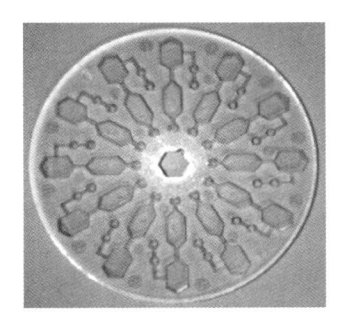

图 5　离心式微流控芯片　　图 6　华为 5G 模组实物　　图 7　W01-100E 产品

(2)微流控芯片的检测原理。微流控技术能够把痕量样品的制备、反应、分离、检测等基本操作单元集成在一块微米尺度的芯片上,并自动完成分析全过程,以实现低耗时、高通量的水质毒性检测。

(3)重金属检测的算法原理。该算法采用 GRNN 神经网络和遗传算法相结合的方式实现对水质毒性的计算,能够精准快速地测量出水样中所包含的铜、镉、锌、铅、铬 5 种重金属离子的种类及其浓度。

(4)网络化数据的传输原理。本产品采用 5G 物联网模组,核心采用华为巴龙 5 000 芯片,完全满足水质信息上传的带宽要求;自带高性能的处理器,算力达 14 400DMPIS,可高性能运行神经网络算法。

(二)主要产品

本团队完全自主研发的水质重金属检测仪。结合其他检测模块,本团队开发了水质多参数监测平台系列产品,其中包括 W01-100E、W01-200P、W01-1000E、W01-2000P4 个系列型号,基本参数如表 4 所示。

表 4 水质多参数检测平台基本参数表

项目	基本参数			
产品系列	W01-100E	W01-200P	W01-1000E	W01-2000P
响应时间	<10 分钟	<5 分钟	<5 分钟	<5 分钟
检测范围	重金属浓度在 ppb-ppm 之间			
精度等级	4.0 级	1.5 级	1.5 级	1.0 级
维护周期	4 天(连续工作) 15 天(常态)		6 天(连续工作) 20 天(常态)	
检测指标	铜、镉、铅、锌、铬离子浓度	pH 值、浊度等基础指标	包含国家标准 GB3838-02 所有的检测指标	包含国家标准 GB3838-02 所有的检测指标

本产品的工作流程如下:(1)设备每隔 10 分钟抽一次水样,将水样混合后静置直至预先设定的检测时间;(2)将复苏后的发光菌和水样注入微流控芯片反应区,使得溶液在充分混合并反应后流入检测口;(3)使用检测区旁的光电检测仪器探测发光菌的发光强度;(4)通过算法对光强数据进行定性与定量的综合解析,获取待

测水样中重金属离子的浓度。具体如图 8 所示。

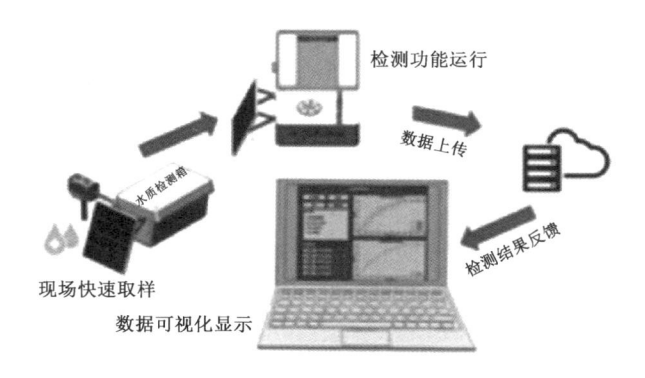

图 8　产品工作流程图

（三）技术服务

(1) 物联平台服务。本系列产品主要面向水质监测领域的客户提供服务。物联平台支持数据一键导出、自动预警等功能,本系列产品支持离线定时自动化检测、远程控制检测等模式,从而实现对某一流域水质远程、实时的监控,如图 9 所示。

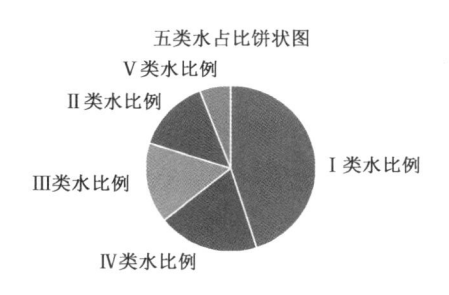

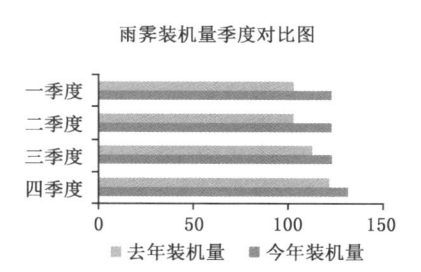

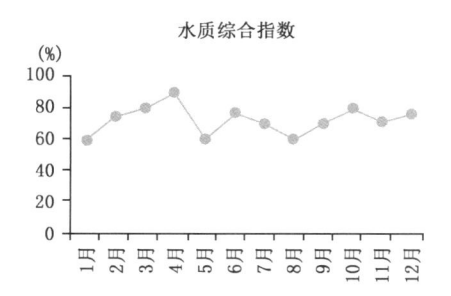

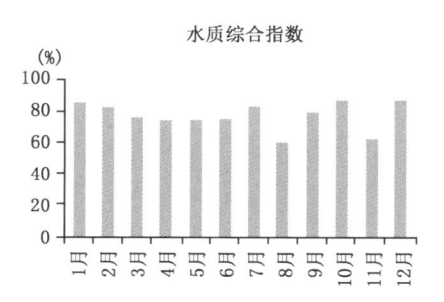

图 9　物联平台水质信息

（2）微信小程序平台服务。本系列产品也为社会大众提供便民服务，支持微信小程序查看相关水质信息（见图10）。客户在微信小程序端搜索雨霁水质监测平台，即可查看水样的各项指标，包括各种重金属的浓度、pH值、总氮、总磷、化学需氧量等一系列检测指标以判断其生活区水域是否受到污染。

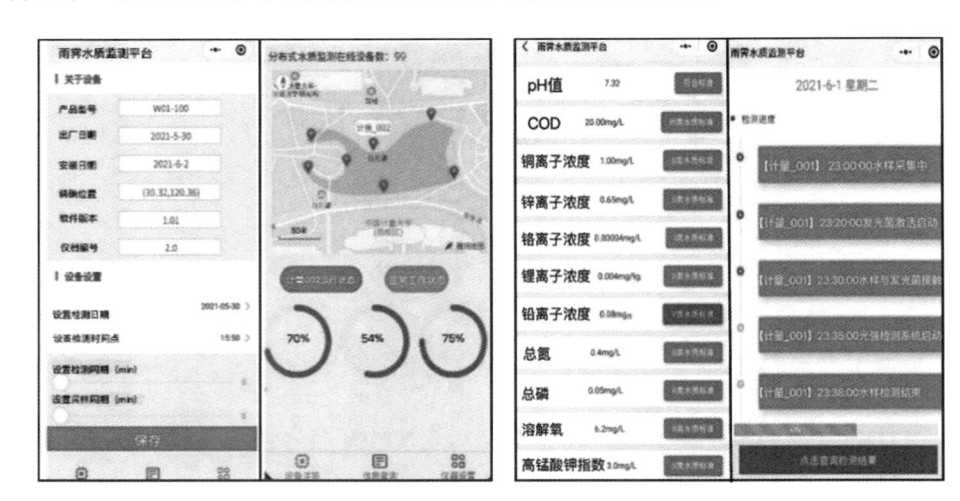

图 10　微信小程序端数据显示

五、营销推广

（一）市场开发策略

(1) 原材料销售。公司推出的水质检测仪需要定期更换耗材（即预埋发光菌的微流控芯片），持续检测工作所需要的耗材需求量大且只能配套本公司的原材料。

(2) 产品销售。公司将自行生产的用于水质检测的重金属及总氮总磷检测仪投入市场。产品和服务市场开发策略如图11所示。

(3) 技术服务。公司将通过终端数据库利用云计算、大数据集成等技术形成具有研究性质的数据报告，针对特定的服务对象给出分析报告和解决方案。

(4) 定制研发。根据用户群体的多样化用能需求定制环保产品，增加客户黏性。

(5) 第三方检测。第三方为被检测单位的水质报告提出合理性建议，提高水质报告的质量，增强预期使用者对水质报告的信赖程度。

附 录

原材料销售 → 产品销售 → 服务数据 → 定制研发 → 第三方检测

以水质检测仪为核心销售产品
衍生技术服务，定制研发和第三方检测
实现产品与服务的一体化盈利

图11 产品和服务市场开发策略

（二）营销方式

（1）网络服务。建设金华雨霁生态环保科技有限公司官方网站，提供订单预订、网上支付、在线客服等一站式服务，既能拓展销售渠道，也可以强化和传播公司品牌并维护客户关系（见图12）。

图12 雨霁网站首页

229

（2）广告宣传。在专业科技网站投放产品信息与广告。例如"果壳网""科技生活方式第一站""凤凰科技"等在业内具有权威与影响力的网络科技网站,在知名网站分享公司产品功能、优势从而获得曝光,得到业内专业人士的关注。

（3）一站式服务。逐步推广一站式服务,组建一支专业队伍,在线下建立一系列的服务点,为公司的客户和潜在客户提供全链条、全场景的一站式服务,如产品咨询、产品升级换代、维修维护、零配件更换保养及技术培训等,优化客户体验,提高客户黏性。

（三）推广方式

（1）学术论坛。参与国内各大与水质治理有关的学术论坛,如城市供水水质安全与水质污染控制论坛、智慧水务管理与新型监测技术论坛等,宣传企业产品,并获得业内人士的关注。

（2）展会推广。通过积极参与国内国际科学仪器展会(如中国国际科技展览会、水质检测展览大会等)来宣传公司的产品,深化公司的关系网络并同时争取客户的订单。举办客户线下产品试用会,将部分产品免费提供给客户使用,让客户在了解产品功能的同时也通过客户间的交流实现产品的再推广。

（3）公共关系。公司可以与政府、媒体、科学仪器门户网站以及消费者建立生态闭环联系。实时关注政府公布的各项政策法规,综合分析得出政府的政策方针和总体布局;与报纸、广播电台、自媒体直播平台开展密切的合作,完善公司与媒体界的关系网;通过加强与科学仪器门户网站的交流,在科学仪器门户网站中投放广告(见图13)。

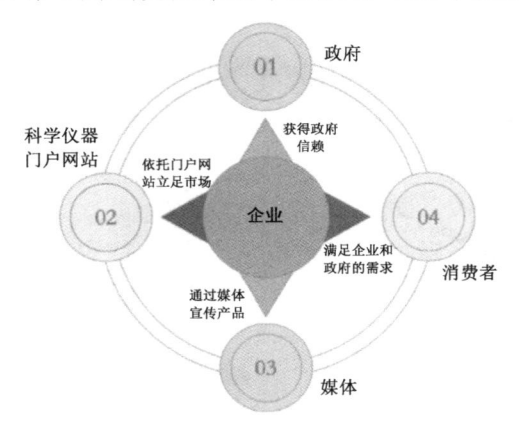

图 13　公共关系网络策略

六、战略规划

（一）战略定位

基于我国水质检测行业的发展环境和行业诉求,我们运用SWOT方法对雨霁科技进行分析。基于SWOT分析,我们得出了雨霁的战略定位。雨霁科技公司摆脱了水质监测中传统检测方法对检测环境、操作人员、实验室设备的高度依赖,实现了高效、准确、便捷的发展目标,突破了目前水质检测技术发展的瓶颈(见表5)。

表5　　　　　　　　　　　　战略定位表

名称	目标
行业地位	公司成立3年后拓展整个华东地区水质检测产品市场3%的份额,成为该地区的新企业动力来源之一,并逐步拓宽全国市场
品牌形象	通过高性价比产品及出众的服务,不断提升品牌知名度与美誉度,将"雨霁"塑造成国内知名品牌
社会效应	通过不遗余力地宣传水质污染问题,提高公众水质环保意识,最终形成人人共建绿色社会的氛围
上下游企业	凭借自身优势,促进水质检测产品优质化发展,提高上下游企业的利润率,为他们带来一定的经济利益
员工发展	通过合理安排员工岗位、培训及员工职业生涯规划等充分挖掘员工潜力,提升整体的员工素质
投资回报	通过快速的市场扩展带来较高的投资回报率,对股东负责

（二）发展规划

(1)起步阶段(2022年至2023年)。雨霁科技在创业初期资金有限,根据公司自身的产品与技术优势,将自主研发的水质重金属检测仪作为公司的核心产品,将从其他企业购入的总氮总磷检测模组搭配的产品作为支流产品,以丰富检测项目。在两年内达到1%～4%省内市场占有率,公司的初期目标是达到500万的销售额。

(2)发展阶段(2023年至2024年)。公司在水质检测领域已经具备一定的实力与影响力。公司将向相似衍生领域拓展服务以获取更高的附加价值。在技术发展方面,雨霁开始突破外购总氮总磷模块的局限,全力进行自主研发;在市场范畴拓展方面,雨霁从水质重金属检测延伸到土壤重金属检测领域。未来两年内,在保持省内市场占有率5%左右的基础上使营业收入增长30%。

(3)成熟阶段(2024年至2026年)。公司在保持原有市场优势的基础上,继续对新技术、新产品进行研发,并开始着眼于社会痛点问题,在居民生活息息相关的领域实现进一步发展。雨霁将强化生活类检测服务,向社会提供生活用水、农副产品等日常生活用品的检测服务。对于省内市场,力争保持第一梯队的竞争力,在营业额上争取突破5 000万元大关,同时将眼光瞄向国内市场。本项目发展规划如图14所示。

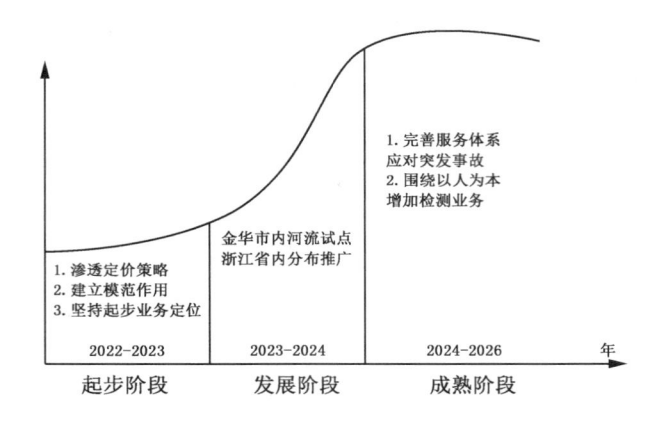

图14 发展规划图示

七、财务保障

(一)资本结构

公司在2022年获得风险投资、技术注资和团队注资,总计公司注册资本为1 000万元。本公司为有限责任公司,期末按注资比例分配利润,其中风险投资占资金规模的50%。具体的出资规模和所占比重如表6所示。

表 6   出资规模及所占比重表

资金规模＼资金来源	风险投资	技术注资	团队注资	公司注资
金额(万元)	500	100	100	300
比例	50%	10%	10%	30%

(二)财务预测

公司规划的 2022—2024 年收入预测如表 7 所示,同时还进行了 2022—2024 年成本预测,如表 8 所示。

表 7   公司 2022—2024 年收入预测(单位:万元)

年份	2022	2023	2024
设备销售收入	340	400	600
原材料销售收入	150	300	800
服务销售收入	30	100	200
定制研发收入	10	30	50
第三方检测收入	10	20	30
合计	540	850	1 680

表 8   公司 2022—2024 年成本预测(单位:万元)

年份	2022	2023	2024
产品成本	200	230	340
耗材成本	110	210	400
固定成本	100	120	150
销管费用	150	160	200
合计	560	720	1 090

佐证材料:

(1)核心技术的专利证明(略);

(2)核心技术的科技查新报告(略);

(3)主要产品的专家鉴证材料(略);

(4)团队合作及授权函件(略);

(5)主创成员的实验情景(略);

(6)部分客户反馈数据(略);

(7)本项目产品和服务的SWOT分析。

有关本项目的产品和服务SWOT分析如表9所示。

表9　　　　　　　　　　项目产品和服务的SWOT分析

内部环境 基本策略 外部环境	优势(Strength) 1. 适应多环境、高通量且可远程检测和循环利用的新产品; 2. 先进的水质检测手段和技术,绿色、环保的研发和制造理念	劣势(Weakness) 1. 资金面临难融资且前期依赖极高的局面; 2. 管理模式单一且经验不足,创新人才匮乏; 3. 技术创新动力不足,缺乏不断创新的意识
机会(Opportunities) 1. 中国水质检测产品市场发展潜力大; 2. 国家政策推动水质检测产品发展; 3. 国内水质检测产品尚有诸多局限; 4. 国内水质检测产品开发制造市场缺位	SO 1. 以高效能的产品优势适应发展潜力大的市场; 2. 以先进的技术优势弥补水质检测产品的局限和空缺; 3. 以视野广阔的理念优势打入缺位的市场	WO 1. 以市场变化和规则为准入,探寻技术创新的缺口; 2. 把握管理端和生产第一线的交互,依靠高效管理来提供产品可持续的动力; 3. 依靠国家政策优势创新福利制度,吸引专业创新人才
风险(Threats) 1. 作为新型高科技公司,面临被大型企业兼并的风险; 2. 前期对融资依赖性强,若遇资金链断裂,极易陷入借贷危机	ST 1. 保持我们技术和理念的先进性,避免被大型企业兼并的风险; 2. 将产品优势和技术优势转换为资金保障,建立自己的资金链,减少对外部融资的依赖	WT 1. 建立以本公司为主体的可持续的资金链系统; 2. 把握技术创新和引进创新人才的重要性,将技术优势转换为资金优势,为公司发展提供保障

八、财务细表

以企业建设初期所投入的第一批设备为例,一年后购入第二批设备,共计874 494.08元,设备采购明细如表10所示。

表 10　　　　　　　　　　　　　固定成本汇总表

名称	数量	单价(元)
—20度—4度冰箱	1	30 000
SPX-250B-D 型震荡培养箱	1	4 000
LDZX-50KBS 立式压力蒸汽灭菌锅	1	7 800
SW-CJ-2FD 超净工作台(双人)	1	8 000
85-1 型磁力搅拌器	1	13 600
phs-3c 实验室台式 ph 酸度计	1	600
5L 发酵罐(含参数传感器)	1	400
FA2004B 电子天平	1	10 000
DHG-9070A 干燥箱	1	1 400
MIX2000 漩涡振荡器	1	2 060
FD-1D-50 型真空冷冻干燥仪	1	1 000
5810d 冷冻离心机	1	16 500
XD-040 真空泵	1	14 000
台式计算机	4	4 499
电源	5	2 980
示波器 1	4	2 740
示波器 2	1	100 632.29
万用表	5	3 980
信号源	4	6 922.47
服务器硬件设备	1	25 825
服务器操作系统	1	6 230.91
机房硬件设施建设	35	15 000
服务器主机 ThinkSystemSR530	1	12 000
16T 机械硬盘	1	4 000
Windowssever2019	1	3 200
数控铣床	1	149 000
3D 打印机	1	16 800
SMT 贴片机	1	18 800
SMT 回流焊	1	13 000
电费		5 720 元/月
电子加工(其他)		5 000

九、产品具体信息参数表

本项目共有 4 个产品系列,不同系列产品的技术指标如表 11 所示。

表 11　　　　　　　　　　　　产品信息参数表

资产	行次	年初数（元）	期末数（元）	负债及所有者权益	行次	年初数（元）	期末数（元）
流动资产				流动负债			
货币资金	1	9 000 000	11 000 000	短期负债	1	7 000 000	6 000 000
应收账款	2	470 000	1 900 000	应付账款	2	0	0
坏账准备	3	60 000	360 000	应交税金	3	10 000	60 000
应收账款净额	4	410 000	1 540 000				
存货	5	1 000 000	1 200 000				
流动资产合计	7	10 410 000	13 740 000	流动负债合计	7	7 010 000	6 060 000
固定资产				所有者权益			
固定资产原值	10	1 000 000	1 200 000	实收资本	10	3 000 000	6 760 000
累计折旧	11	100 000	120 000	盈余公积	11		
固定资产净值	12	900 000	1 080 000	未分配利润	12	1 300 000	2 000 000
固定资产合计	14	900 000	1 080 000	所有者权益合计	14	4 300 000	8 760 000
资产合计	16	11 310 000	14 820 000	负债及所有者权益合计	16	11 310 000	14 820 000

参考文献

Bunderson J S, Sutcliffe K M. Management team learning orientation and business unit performance[J]. Journal of Applied Psychology, 2003, 88(3): 552—560.

Coase R H. The Nature of the Firm[J]. Economica, 1937, 4(16): 386—405.

Cowen T. Entrepreneurship, Austrian economics, and the quarrel between philosophy and poetry[J]. Review of Austrian Economics, 2003, 16(1): 2—23.

Dulbecco P, Garrouste P. Towards an Austrian theory of the firm[J]. Review of Austrian Economics, 1992(12): 43—64.

Foss N J. The theory of the firm: the Austrians as precursors and critics of contemporary theory[J]. Review of Austrian Economics, 1994(7): 3.

Foss N J. Misesian ownership and Coasian authority in Hayekian settings: The case of the knowledge economy[J]. Quarterly Journal of Austrian Economics, 2001, 21(4): 3—24.

Ioannides S. Orders and organizations, Hayekian insights for a theory of economic organization[J]. American Journal of Economics and Sociology, 2003, 15(2): 34—38.

Kirzner I M. Competition and entrepreneurship[M]. Chicago: University of Chicago Press, 1973.

Kirzner I M. The meaning of market process[M]. London: Routledge, 1992.

Lachmann L M. Capital and its structure[M]. Kansas City: Sheed, Andrews and McMeel, Inc, 1956.

Lachmann L M. The legacy of MaxWeber[M]. London: Heinemann, 1970.

Lachmann L M. Capital and its structure[M]. Kansas city: Sheed Andrews and McMeel, 1978.

Mehta A, Field H S, Armenakis A A, Mehta N. Team goal orientation and team performance: the mediation of team planning[J]. Journal of Management, 2009, 35(4): 1026—1046.

Nooteboom B. Methodological interactionism: Theory and application to the firm and to the building of trust[J]. Review of Austrian Economics,2007,20(2—3):137—153.

O'Driscoll, Gerald P J, Mario J R. The economics of time and ignorance[M]. Basil Blackwell,1985.

Watts T,Arbitrage and knowledge[J]. Review of Austrian Economics,2010,23(1):79—96.

Rothbard M N. Man,economy,and state:a treatise on economic principle[M]. Princeton:Van Nostrand,1962.

Skarbek D. Alertness,local knowledge,and Johnny Appleseed[J]. Review of Austrian Economics,2009,22(3):415—424.

VonHayek F A. Economic and knowledge[J]. Economic,1937,4(13):33—54

Yu T F. Toward apraxiological theory of the firm[J]. Review of Austrian Economics,1999,12(1):25—41.

Yu T F. Entrepreneurial alertness and discovery[J]. Review of Austrian Economics,2001(14):47—63.

埃德温·多兰. 现代奥地利学派经济学的基础[M]. 王文玉,译. 杭州:浙江大学出版社,2008.

布鲁斯·巴林杰,杜安·爱尔兰. 创业学——成功创建新企业[M]. 杜颖,译.北京:中国人民大学出版社,2022.

蔡坚. 日本的"企业家精神"[J]. 经济社会体制比较,1989(1):52—55.

陈桥华. 创业融资过程中的股权融资与债权融资探讨[J]. 商情,2022(45):3.

陈新岗,张秀娈,邱元东. 现代奥地利学派企业理论的最新进展[J]. 经济学动态,2011(10):6.

邓荣霖. 中国企业家成长问题研究:企业家理论的新突破[J]. 经济管理,2006(16):96.

冯兴元. 市场过程与企业家发现的价值——柯兹纳《市场过程的含义》译校序[J]. 民主与科学,2012(5):4.

葛宝山,姚晓芳. 创业融资:理论与实务[M]. 合肥:中国科学技术大学出版社,2003.

何树贵. 熊彼特的企业家理论及其现实意义[J]. 经济问题探索,2003(2):31—34.

何树贵. 柯兹纳的企业家理论述评[J]. 南京广播电视大学学报,2021(2):55—58.

贺小刚,刘丽君,曾鸣晔. 现代企业理论[M]. 上海:上海财经大学出版社,2016.

贺尊. 创业计划书的撰写价值及基本准则[J]. 创新与创业教育,2012,3(5):77—79.

胡君辰,吴小燕,吴洞庭. 试论企业高绩效团队的塑造[J]. 人类工效学,2002(3):51—54,71.

贾根良，项后军. 奥地利学派企业理论的诞生及其重要意义[J]. 天津社会科学，2005(2)：82—88.

姜景军. 企业本质及其异质性特征：演化经济学的解释[D]. 武汉：中南财经政法大学，2018.

李彩霞. 浅谈高职创业大赛计划书财务部分的撰写[J]. 中国管理信息化，2020,23(20)：232—233.

李冠. 众筹在大学生创业融资中的作用研究[J]. 中国外资，2021(9)：103—104.

李虹霖. 基于创业视角的民营企业成长规律研究[D]. 长春：吉林大学，2006.

李宇，张雁鸣. 大企业情境下企业家精神驱动的创新成长导向研究——以苹果公司为例[J]. 科学学与科学技术管理，2013,34(1)：154—163.

李亚杰. 大学生创新创业融资困境及对策研究[J]. 产业创新研究，2021(17)：157—159.

李哲君. 转轨时期国企治理研究[D]. 长沙：中南大学，2008.

林佳岳. A公司创业团队管理问题研究[D]. 哈尔滨：哈尔滨工业大学，2017.

刘东丽，吴学飞，马丽丽. 马歇尔企业家理论探析[J]. 商场现代化，2008(5)：395.

刘秀林，池召昌. 企业产生的原因与企业的规模[J]. 西安财经学院学报，2005,18(3)：68—72.

刘祯，汪天钰. 喜茶之道：新式茶饮，何以领先？[J]. 清华管理评论，2021(5)：106—112.

刘志铭. 竞争性市场过程，产业组织与经济增长：奥地利经济学派的发展[J]. 南开经济研究，2001(4)：7.

刘志铭，李晓迎. 企业家精神与经济增长——奥地利学派的视角[J]. 华南师范大学学报：社会科学版，2008(6)：12—19.

马克思. 资本论[M]. 中共中央马克思恩格斯列宁斯大林著作编译局，译. 北京：人民出版社，1975.

毛基业，李晓光. 创业中国故事[M]. 北京：中国人民大学出版社，2022.

欧绍华，马园园. 社会网络、创业融资与新创企业成长绩效[J]. 河南牧业经济学院学报，2021,34(3)：22—31.

朴光星. "汉江奇迹"与韩国的企业家精神[J]. 当代韩国，2009,63(4)：52—59.

钱颖一. 企业理论[J]. 经济社会体制比较，1994(4)：2—12.

邱元东. 现代奥地利学派的企业理论及其评述[D]. 济南：山东大学，2011.

邵立敏，邵立杰. 大学生创业融资渠道研究[J]. 产业创新研究，2019(11)：116—117.

石书德，张帏，高建. 新企业创业团队的治理机制与团队绩效的关系[J]. 管理科学学报，2016,19(5)：14—27.

孙洪义. 创新创业基础[M]. 北京：机械工业出版社，2016.

孙杰，许陶. 三星电子：基于创新的竞争优势[J]. 商业经济与管理，2004(11)：35－39.

汤洪波. 企业家理论的演进[J]. 经济评论，2006(3)：36－40.

王磊，俞敏洪. 破解组建核心创业团队之道[J]. 国际人才交流，2011(10)：31－33.

王卫红，杨悦，陈锋，等. 创新创业基础[M]. 北京：北京师范大学出版社，2018

王玉平. 企业技术创新体系研究[D]. 长春：吉林大学，2006.

韦诸霞，赵国安. 基于"全球创业观察"模型的广西创业环境分析[J]. 广西社会科学，2015(3)：16－23.

吴小云. 大学生创业计划书中财务模块撰写要点与原则探析[J]. 经济研究导刊，2018，377(27)：113－115.

伍山林. 企业起源理论：若干企业史检验[J]. 财经研究，2000，26(5)：23－27.

项后军. 奥地利学派企业理论研究[M]. 成都：巴蜀书社，2008.

新零售财经. 复盘2021：零售圈十大融资案[EB/OL]. [2023－4－3]. https://baijiahao.baidu.com/s? id=1720375080375188887&wfr=spider&for=pc.

晓红. 否定自我，推陈出新——美日企业家的创新思想与创新实践[J]. 中国科技论坛，1997(4)：62－65.

薛宪方，褚珊珊，宁晓梅. 创业团队目标导向、内隐协调与创造力的关系研究[J]. 应用心理学，2017，23(4)：336－344.

亚当·斯密. 国富论[M]. 杨兆宇，译. 北京：华夏出版社，2013.

闫敏，李松涛. 谈我国国企企业家队伍建设问题[J]. 桂海论丛，2003(2)：28－31.

杨芳. 创业设计和实务[M]. 北京：机械工业出版社，2016.

杨金凤. 中国企业家经济伦理素质研究[D]. 太原：山西大学，2003.

杨蒙莺，陈德棉. 风险投资介入的最优创业融资探讨[J]. 科学管理研究，2005，23(1)：4.

杨晔，俞艳. 上海创业环境的GEM模型分析和政策建议[J]. 上海财经大学学报，2007(2)：82－89.

伊斯雷尔·柯兹纳. 市场过程的含义[M]. 冯兴元，景朝亮，檀学文，等译. 北京：中国社会科学出版社，2012.

余兴. 我国现代企业家成长问题研究[D]. 福州：福建师范大学，2011.

张健. 喜茶营销策略优化研究[D]. 兰州：兰州理工大学，2021.

张建华，张若思. 儒家的价值观与新加坡华侨企业家精神[J]. 中华文化论坛，1994(3)：60－66.

张莉艳，高闯. 制度变迁下国企企业家的成长："企业官员"到"企业家"的必然选择[J]. 经济问题,2017(8):68—72.

张婷婷. 企业家职能与企业家能力研究[D]. 青岛:中国海洋大学,2005.

张维迎. 企业的企业家——契约理论[M]. 上海:上海人民出版社,1995.

张仁德,王昭凤. 企业理论[M]. 北京:高等教育出版社,2011.

张滟,陈维政. 论西方企业家理论的演变和发展[J]. 商情(教育经济研究),2008(1):178—179.

郑秀杰,李宗祥. 拓宽中小企业创业融资之路——天使投资[C]//中国会计学会财务成本分会2006年年会暨第19次理论研讨会论文集(下),2006.

周劲波,龙憧,古翠凤. 影响创业融资因素的实证分析[J]. 工业技术经济,2006,25(11):4.

周燕飞. 团队异质性对创业导向的影响研究[D]. 贵阳:贵州财经大学,2021.

周益明. 浅议新时代国企改革中弘扬企业家精神[J]. 四川有色金属,2020(3):64—67.

中国人民大学国家发展与战略研究院研究员. 企业家当勇担社会责任(新论)[N]. 人民日报,2020—8—6.